中社智库

全球智库评价研究报告2019

荆林波 / 主　编　　胡　薇 / 副主编

THINK TANK 2019

中国社会科学出版社

图书在版编目（CIP）数据

全球智库评价研究报告．2019／荆林波主编．—北京：
中国社会科学出版社，2020.8
ISBN 978－7－5203－7122－3

Ⅰ．①全…　Ⅱ．①荆…　Ⅲ．①咨询机构—研究报告—
世界　Ⅳ．①C932.81

中国版本图书馆 CIP 数据核字(2020)第 164108 号

出 版 人　赵剑英
责任编辑　喻　苗
责任校对　胡新芳
责任印制　王　超

出　　版　中国社会科学出版社
社　　址　北京鼓楼西大街甲 158 号
邮　　编　100720
网　　址　http://www.csspw.cn
发 行 部　010－84083685
门 市 部　010－84029450
经　　销　新华书店及其他书店

印　　刷　北京明恒达印务有限公司
装　　订　廊坊市广阳区广增装订厂
版　　次　2020 年 8 月第 1 版
印　　次　2020 年 8 月第 1 次印刷

开　　本　710×1000　1/16
印　　张　18.5
插　　页　2
字　　数　296 千字
定　　价　99.00 元

目　录

序　　篇

一　导言

中国社会科学评价研究院（以下简称“评价研究院”）于2017年7月21日经中央机构编制委员会办公室批准正式挂牌成立，其前身为2013年12月26日成立的中国社会科学院中国社会科学评价中心，是中国社会科学院的直属研究机构。在中国社会科学院党组的正确领导下，评价研究院积极参与构建中国哲学社会科学话语体系，不断完善哲学社会科学学术评价体系和评价标准，加强科研诚信管理，力争推动中国哲学社会科学健康发展，搭建国际化学术交流平台，参与全球学术评价标准的制定，掌握学术评价话语权。

评价研究院成立以来，一直围绕中国哲学社会科学评价以及第三方评价相关领域开展工作。基于对国内外智库的深入研究，评价研究院自主研创了“智库综合评价AMI指标体系”，并依据该体系开展了一系列智库评价研究工作。2014年，评价研究院首次启动“全球智库评价”项目，并于2015年发布了《全球智库评价报告（2015）》，该报告是首份由中国研究机构对全球智库做出的评价，在争夺智库研究话语权方面发挥了积极作用；2016年，评价研究院承接了全国哲学社会科学规划办公室（现工作办公室）委托的国家社会科学基金特别委托项目“国家高端智库综合评价指标体系研究”，由荆林波院长担任项目主持人，确立研究框架，制定详细的工作计划；2017年，评价研究院开展了“中国智库综合评价研究”项目，对中国智库发展状况分类别地进行了科学的分析和评价，有效推动了中国智库的健康发展；2018 年，评价研究院以智库成果和人才为切入点，对中国智库运行机制进行了更为深入的研究，进一步确立了“中国智库综合评价 AMI 指标体系”在指导智库建设中的重要作用；2019 年，评价研究院受国家高端智库理事会委托，参加国家高端智库建设综合评估工作。评价研究院在智库领域战略性地布局研究工作，从全球智库到中国智库，从一般智库到高端智库，从综合评价到分类评价，系统性地逐级递进，深入推进智库评价与智库建设的相关研究，形成环环相扣、互补完善的智库评价工作体系。经过多年跟踪研究，在智库理论研究、智库数据信息、智库网络建设等多个方面都有了较丰厚的积累，这些都为总结国际智库建设经验，构建中国特色新型智库话语体系，提供了良好的基础。

“2019 年全球智库评价研究”项目是评价研究院全球智库项目组继 2015 年后，对全球智库进行的第二轮评价研究。全球智库项目组再次更新、完善了“全球智库综合评价 AMI 指标体系”，并运用该指标体系深度分析总结了全球主要国家和地区的智库建设经验，为进一步探索中国特色新型智库发展路径、推动中国智库提高国际化建设水平发挥了积极作用。

二　目的与意义

自评价研究院于 2015 年首度发布《全球智库评价报告（2015）》以来，经过四年的时间，世界主要国家和地区的智库又有了新的发展变化。一方面，随着全球化进程的不断加深和社会问题的日益复杂化与多样化，开展跨学科研究的国际化智库在国家与国际舞台上发挥着愈来愈重要的作用，这是一个不容忽视的大趋势。另一方面，不同国家和地区由于经济基础、制度环境、文化传统等方面的差异，在智库发展状况上存在分化现象，发展经验兼具多样化和个性化特征，不可一概而论。在这种新情势下，评价研究院开展第二轮全球智库评价研究，既有助于了解近四年全球智库的整体发展趋势，对智库运行的普遍规律进行新一轮总结和反思；又能够对愈发多样化发展的智库进行有针对性的研究，通过比较不同国家和地区智库各具特色的发展经验，为建设中国特色新型智库提供有效建议。

同时，随着中国经济实力和国际影响力显著增强，中国参与国际事务的机会不断增加，这也为中国智库的国际化发展提出了更高要求，不仅要具有国际视野，了解世界其他国家的智库情况，更要不断提升国际影响力，增强话语权。特别是在智库愈发深入地参与到国际决策中的今天，如何以智库为窗口，发出中国声音，成为中国智库下一步发展面临的重要课题。在这样的现实背景下，评价研究院开展第二轮全球智库评价研究，一方面为国内智库提升国际影响力提供最新的建议，另一方面也努力建设中国自己的智库评价话语体系，以科学权威的评价研究成果向世界发出中国声音，为中国智库争夺国际话语权提供有力的支持。

最后，在本轮全球智库评价研究中，项目组以“一带一路”研究为切入点，深入探讨了各主要国家和地区智库在运行机制、决策研究、成果转化等多个方面的建设经验，通过研究，分析智库发挥功能的外部条件与影响因素，科学、客观地认识他国的智库建设经验，既强化了智库的理论建设，又在一定程度上对智库在推进“一带一路”倡议中所发挥的重要作用进行了分析总结，为中国智库有针对性和有选择性地借鉴他国智库经验、强化能力建设、更好地服务国家重大决策提供有益的参考。

三 评价原则与流程

评价研究院对智库的评价研究一贯坚持定量评价与定性评价相结合的原则。在定量评价方面，项目组通过邮件、调查问卷等方式收集信息，并以电话调研、实地走访等方式与智库建立直接联系，将回收问卷和人工信息采集相结合，不断充实客观评价数据。在定性评价方面，项目组成立了专家委员会，囊括了大量具有丰富智库建设管理经验和研究经历的各界专家，通过咨询专家意见对智库进行评价。同时，项目组坚持不以排名的方式展示智库评价结果，而是总结和分享全球智库建设经验，其目的在于为智库的下一步建设和发展指明道路，而非仅限于对智库的评价或者考核。

在智库评价研究的具体流程方面，项目组开展了三轮逐层深入的智库调研，为智库评价研究收集了丰富的数据资料。在第一轮调研中，项目组浏览了全球智库数据库中收录的两千多家智库的官方网站，对全球智库基本信息进行核实和更新，通过这一轮调研，对世界主要国家和地区的智库概况，包括数量分布、组织规范程度等情况有了初步了解，为进一步开展研究奠定了基础。在第二轮调研中，项目组通过发放中英文版调查问卷、电话调研、实地调研、座谈交流等多种方式开展信息采集和核查工作。调查问卷基于“全球智库综合评价 AMI 指标体系”，系统地收集了智库在吸引力、管理力和影响力三个方面的发展情况；在实地走访、座谈交流等其他调研形式中，项目组也依据该指标体系的理论框架开展数据采集工作，使调研过程与智库评价研究理论密切结合，提高了信息收集的针对性，也增强了调研的理论深度；持续收集智库信息，为深入研究智库运行机制和成果转化模式等奠定数据基础。在第三轮调研中，项目组基于前两轮调研成果，有针对性地开展了专家访谈和研讨交流活动，听取智库专家的意见和建议，对世界主要国家和地区的智库进行了更为深入和专业的分析研讨。项目组还针对智库研究的特定专题举办专场研讨会，例如智库提升国际影响力的经验交流与借鉴、中国智库与“一带一路”、智库的对外传播与话语体系建设等，这为全面、综合评价智库在政策研究中的作用提供重要参考。

项目组通过逐级推进的三轮调研，对全球主要国家和地区的大量智库进行了系统性考察，进一步充实完善了智库数据库；在动态展现全球智库的发展状况的同时，运用采集到的数据，系统深入地分析智库的内在运行机制，提高了评价结果的科学性和权威性。

四 评价结果

项目组依据“全球智库综合评价 AMI 指标体系”，基于调研掌握的翔实信息，对全球主要国家和地区的智库进行了深入研究，并遵循以下 4 项指导原则，撰写完成了 11 篇国别/地区智库评价研究报告。

第一，评价结果不以智库排名的形式呈现，而是通过案例研究，总结智库发展规律，分享智库建设经验。项目组对全球智库进行评价研究，主要目的在于从理论上深化对智库发展规律的认识，为智库建设提供理论指导，同时，总结和梳理全球智库建设经验，在结合中国实际情况的基础上，推动中国智库健全发展。因此，研究报告将重点放在对智库案例的深入解析和经验提炼上，而并未进行形式上的智库排名。

第二，智库案例选择具有代表性。项目组选取全球 5 个国家和 6 个地区的智库进行评价研究，这 11 个国家和地区包括中国、美国、日本等智库大国，也包括非洲、拉美等热点地区，还包括中亚、东南亚等处于“一带一路”沿线的国家和地区，这种区域划分和选择，较好地体现了不同地域、不同政策环境下的智库发展特点。在此基础上，项目组更进一步针对各国家和地区的智库遴选出具有较强代表性的案例，旨在充分反映案例智库所在国家和地区的智库建设水平、制度环境和文化传统，这样既能够通过案例研究了解智库所在国和地区的智库发展情况，也有利于比较分析各国家和地区的智库发展差异，进而为中国智库建设提供具有实效性和可行性的参考意见。

第三，各智库分报告统一以“全球智库综合评价 AMI 指标体系”为基础。一方面，基于该指标体系对案例智库在吸引力、管理力、影响力等方面做系统的分析，观察智库发展情况，总结智库建设经验。另一方面，通过智库案例反向论证该指标体系，实现了在本轮全球智库评价研究工作推进过程中对“全球智库综合评价 AMI 指标体系”的多轮检验与修订，这也体现出该指标体系的强大理论生命力。

第四，各智库分报告的作者均在其研究对象国家和地区的相关领域有长期的研究积累，或具有多年在当地学习工作的经历，与该国或地区的智库之间有经常性的往来，他们熟悉案例智库所在地的经济制度、发展水平和人文环境，因此能够结合具体语境对当地智库发展做出较为客观的评价，并分析出影响智库发展的关键因素，使研究报告的结论具有更高的可信度。

“2019 年全球智库评价研究”项目由中国社会科学评价研究院院长荆林波主持，负责构建理论、统筹全局，并指导项目组完成研究报告。机构与智库评价研究室副主任（主持工作）胡薇具体执行并完成项目研究的推进工作，并对《全球智库评价研究报告（2019）》进行统稿编校。《全球智库评价研究报告（2019）》由 11 篇分报告组成，即：中国智库研究报告（宋洋）；美国智库研究报告（吴田）；英国智库研究报告（王彦超）；日本智库研究报告（胡薇）；德国智库研究报告（周瑾艳）；大洋洲智库研究报告（闫素）；东南亚地区智库研究报告（赵渊博）；俄罗斯、乌克兰、白俄罗斯和中亚地区智库研究报告（周国长）；中东欧地区（含土耳其）智库研究报告（鲍宏铮）；拉丁美洲和加勒比地区智库研究报告（王飞）；非洲智库研究报告（周瑾艳）。

中国智库研究报告

中共中央办公厅、国务院办公厅于2015年正式发布《关于加强中国特色新型智库建设的意见》，明确了中国特色新型智库发展的总体目标和建设路径。中央全面深化改革领导小组于2015年和2017年，分别发布《国家高端智库建设试点工作方案》和《关于社会智库健康发展的若干意见》，对国家高端智库和社会智库的组织形态和管理模式给出了规范性的指导意见①。这些重要文件的出台，体现了国家层面对智库研究和建设工作的高度重视。中国社会科学评价研究院于2015年发布《全球智库评价报告（2015）》，到2019年已经经历了4年时间，在这期间中国智库发展迅速，对经济建设发挥了积极作用。基于评价学的理论和方法对中国智库进行深入分析，有助于深刻理解当前中国智库发展现状，把握其中存在的具体问题，为总结智库建设经验、增强对策研究能力，提供借鉴和参考。

本研究首先对中国智库近年来的发展总体状况进行回顾，概括建设成就，总结存在的问题，然后，基于“全球智库综合评价AMI指标体系”，通过案例研究对在吸引力、管理力和影响力建设方面取得显著成效的典型智库进行深入分析，系统梳理智库发展的内在逻辑，总结智库建设经验。同时，本研究还特别关注了中国智库在共建“一带一路”研究中的作用和特点，对特点突出的智库进行了归纳。最后，基于对中国智

① 荆林波等：《中国智库综合评价AMI研究报告（2017）》，中国社会科学出版社2018年版，第17页。

库建设经验的分析和总结，提出促进智库发展的政策建议。

一　中国智库发展的成绩与问题

（一）中国智库的发展成绩

随着改革开放的不断深入，中国经济社会快速发展，近几年，国内外形势发生着深刻变化，逐渐形成了有利于中国智库发展的客观环境①。一方面，国内经济正在由高速增长阶段进入高质量发展阶段，在资源禀赋、经济结构、发展约束等多方面均发生显著变化，迫切需要有新思路、新方法应对新形势、新问题，这对智库利用自主知识产品进行咨政研究提出了迫切要求，推动了中国智库的发展；另一方面，随着全球化进程的深入，中国参与世界经济分工体系的程度加深，大量参与国际事务，各类型的中国智库在不同层次、不同领域服务于中国参与全球化进程，在这个过程中提升了中国智库的研究能力和政策影响力，为智库发展创造了较为有利的国际环境。在这样的大背景下，中国智库建设取得了显著成绩②。

第一，中国智库整体规模不断增加，发展质量逐渐提升。中国智库的发展首先体现在智库数量的快速增加上。许多研究机构，包括一些咨询公司也组建成立智库。智库数量的增加有利于将科研机构的自主知识结合具体问题转化为咨政成果，从而更多地发挥出知识的现实价值③。并且，随着众多智库之间的竞争增加，迫使智库不断加强研究团队建设，提高管理能力，增强政策影响力，在此过程中中国智库由重视数量向提高质量的发展方向转变，这表明中国智库建设开始走向理智和成熟。

① 彭瑛、李树德、曹如中：《我国智库发展的历史追溯、实践探索与提升策略研究》，《图书馆理论与实践》2019 年第 6 期。

② 赵若锦、陈锐：《我国智库发展现状及提升路径研究》，《现代管理科学》2018 年第 11 期。

③ 李雪苗：《加强我国新型智库内涵发展的动因与策略研究》，《图书馆理论与实践》2019 年第 4 期。

第二，智库的多元化发展趋势愈加明显。一方面，智库的研究领域明显扩大，多层次、多角度地为经济社会发展提供智力支撑。在经济发展、国际关系、产业政策、社会文化、国家安全等多个领域都有大量智库进行跟踪研究。这反映出国家治理体系和治理能力向着现代化方向发展，决策咨询的科学化趋势明显加强①。另一方面，不同类型的智库从多个层面集聚智力资源，整体上提升了咨政研究能力。通过智库之间的相互比较，对智库做出科学客观的评价，在智库之间形成一定程度的竞争关系，使得一些优秀智库脱颖而出，产生示范效应，带动智库整体快速发展。

第三，智库前瞻性研究不断增加，建言咨政能力持续增强。智库的主要作用是要将自主知识产品通过政策研究服务决策，因此咨政建言一直都是智库工作的核心。前瞻性的研究积累是建设高水平智库的重要方面，随着中国智库逐渐向高水平方向建设，一些智库集中了较多科研资源，拥有了广泛的信息获取渠道，为开展前瞻性研究创造了条件，另外，由于智库之间竞争性的不断加强，前瞻性研究成为高水平智库建设的重要方面，一些发展基础较好的智库增大投入开展前瞻性研究，这些都为中国智库积累研究基础创造了良好的客观条件，促进了对策研究能力的提升。

第四，智库之间合作逐渐密切，智库联盟发展显现出良好趋势。中国的快速发展为决策质量提出了较高要求，智库面临的咨询课题难度将不断增加，只有通过多个智库之间密切合作，整合研究资源，发挥各自优势才能更好地解决问题，提供优质的决策咨询服务，这在客观上要求智库间加深交流合作。另一方面，中国智库近几年得到快速发展，数量显著增加，研究领域不断扩充，决策能力显著提高，这为智库间合作提供了基础条件。随着智库间合作交流的增加，智库联盟呈现出良好的发

① 陈振明、黄元灿：《智库专业化建设与公共决策科学化——当代公共政策发展的新趋势及其启示》，《公共行政评论》2019 年第 3 期。

展势头[①]，例如，复旦大学牵头倡议的“长江经济带智库合作联盟”由复旦大学、上海社科院、南京大学等12所高校及科研机构共同发起，将为长江经济带11省市共同面临的问题开展深入研究，提供高质量的决策咨询。智库间合作程度的加深和智库联盟的不断出现，为中国智库在整体上提高决策研究能力、发挥政策建言功能开创了新局面。

第五，中国智库的国际影响力显著增强，话语体系建设取得成效。随着中国越来越多参与国际事务，相关决策研究和政策宣传的需求不断增加，在这样的背景下，智库逐渐深度介入国际交流与合作。例如，国务院发展研究中心通过举办中国发展高层论坛，聚集了国内外众多知名专家学者共同探讨世界发展问题，形成了大量高水平决策研究成果，并加深了各国学者、智库之间的交流，有效传播了中国建设经验和发展理论，产生了显著的国际影响。因此，通过开展学术讨论、合作研究等多种形式，在进行决策咨询的同时中国智库增强了影响力，有效传播了中国的发展理念，在国际上赢得良好声誉，逐渐形成中国特色的智库话语体系，这也为进一步深化改革开放提供了有利条件。

第六，智库在共建“一带一路”中发挥更加重要的作用，对政策制定、项目落地、提升国际影响力等多个方面均产生了积极影响[②]。智库通过大量实地调研和深入的研究分析，为“一带一路”相关政策制定提供智力支撑，也为具体的合作项目实施提供决策咨询。在舆论引导方面智库的作用同样不可忽视，在“一带一路”研究过程中，各国智库间开展密切交流，通过具体的合作项目和研究成果，加强对“一带一路”合作理念的宣传介绍，引导国外智库理解、认同“一带一路”实质与内涵，为进一步加强国际合作创建良好基础[③]。这显示出智库在服务决策的过程

① 郑荣、孙筠：《协同创新理念下的产业智库联盟构建及其保障对策研究》，《图书情报工作》2018年第21期。

② 李艳双、烟小静：《“一带一路”优秀智库研究现状与对策建议》，《智库理论与实践》2018年第6期。

③ 张宇燕：《智库在“一带一路”建设中的角色》，《中国投资》2016年第4期。

中，对国家重大战略的实施产生推动作用，通过软实力发挥了“硬效果”①。从这个角度看，随着中国不断实施“走出去”战略，国际合作交流将更加密切频繁，因此，智库对未来中国经济社会发展产生影响的潜力十分巨大。

（二）中国智库建设存在的显著问题

中国智库近几年取得良好发展成就，数量快速增加，研究能力显著提升，但还存在一些明显的不足，限制了智库质量的进一步提升，中国智库发展显现出多而不强的趋势。究其根本，在于智库建设存在内涵发展缺失的现象，具体表现在以下几个方面。

第一，在重大问题的跟踪定位方面存在一定的不足。一是未能及时发现可能存在的重大经济社会问题，当具体问题暴发时没有充分的研究储备，导致无法对重大问题进行高效的相应。二是由于缺乏研究深度，面临要解决的重大问题时，无法深入问题本质，对问题的理解和分析无法准确定位，导致研究成果在建言资政方面流于表面形式，而未探寻到解决问题的根本。三是对重点问题研究的持续性不够，缺乏足够的研究基础和数据积累，难以支撑有价值的对策研究成果。

第二，智库人才培养方面的体制机制尚不健全。当前除了高校智库以外，只有少量综合性智库（例如，中国社会科学院）和专业性智库（例如，中国财政科学研究院）具有人才培养能力，其他绝大部分智库很难系统化地进行人才培养。这限制了智库的人才建设，导致大量智库人才缺口。人才队伍建设方面的问题，将显著放缓中国智库发展进程，十分不利于智库的健康持续发展。

第三，在智库国际影响力和话语权建设方面相对薄弱。虽然，中国智库发展迅速，每年大量经费投入于智库建设，在咨政建言方面取得了显著成果，但是，中国智库的国际影响力不大，还未形成强有力的话语体系。一是中国智库独立举办的有国际影响力的会议少，二是中国智库

---

① 史育龙：《以智库为支撑推进“一带一路”建设》，《中国发展观察》2016 年第 1 期。

在国际合作方面缺乏统筹，三是在国际有影响力的媒体上发声不够，四是中国智库成果的“走出去”仍然存在着许多空白点，五是中国智库在海外设立的分支机构数量十分有限[①]。这限制了智库在宣传中国政策和确立国家话语权方面的作用。

第四，管理体制机制建设需要进一步完善。智库的管理力对发挥科研资源价值、产生决策影响都具有基础性作用，当前大部分中国智库重视规章制度建设，但在实际工作中仍然存在大量限制科研效率提升、延缓工作进度等情况，尤其在科研激励和经费管理两个方面，问题比较突出。由于决策研究成功的实际价值在短时间内通常较难直接判断，相应成果经常被忽略，一些智库科研人员不得不将研究重点放在理论研究上，通过发表期刊论文获取学术影响力，而在较大程度上降低了对决策研究的重视程度，限制了理论成果向决策研究的转化。另外，在科研经费管理方面，由于智库研究既需要理论研究基础，又要在相对短时间内完成研究任务，传统的立项申请经费的方式，不利于经费快速拨付至智库研究所需之处，降低了经费使用效率。

第五，中小型智库发展难度较大，成长空间有限。中国的智库体系中，中小型智库在数量上占据主要部分，但是，在智库吸引力、管理力和影响力方面取得良好表现的智库通常规模较大，而中小型智库不仅资源基础薄弱，而且发展空间十分有限。一方面，中小型智库本身科研能力不强，较难产生重大科研成果，另一方面，中小型智库受到的重视程度不够，难以引起决策者的注意，这又进一步限制了对科研资源的获取，从而形成恶性循环。中小型智库发展艰难的重要原因，还是在于智库未能找准定位，不能集中科研力量进行特点细分领域的研究。同时，中国智库文化还需要更加理智成熟，逐渐对各类型智库提供平等的成长环境，使一些优秀的中小型智库在竞争中成长。

第六，一些机构热衷于智库排名，导致许多不规范、不合理的排名

① 荆林波：《提升我国智库国际影响力：问题与对策》，《中国社会科学报》2018 年 4 月 4 日第 4 版。

大量存在，一定程度上影响了智库的健康发展。由于智库发展的多元化，对智库的评价或排名应该持有谨慎态度，确保评价的科学性和权威性[①]，如果不顾智库发展规律，盲目追求排名，并简单地以提高排名智库发展为目标，有可能忽视智库在人才队伍、管理能力、决策影响力等方面的建设，导致失去智库发展的内在动力。并且，有些智库还迷信国外机构组织的智库排名，导致了中国智库话语权的进一步丧失，对中国智库的国际化十分不利。当前，智库管理部门已经意识到相关问题，并开始弱化智库排名，以正确方式引导智库评价研究工作。

当前智库建设中存在的问题阻碍了智库的发展，这些问题的存在体现了中国智库基础研究的薄弱，未能充分把握智库发展的科学规律，缺乏对智库建设经验进行系统而深刻的总结。因此，为解决中国智库发展中存在的问题，需要进一步深入研究智库的运行机制，从理论层面探索智库发展的一般规律，同时，更为关键的是，要用好评价的工具，在坚实理论的基础上，对智库进行科学公正权威的评价，通过评价研究总结智库建设经验，发挥优秀智库的示范作用，推动中国智库快速健康发展。

二　中国智库评价研究——基于 AMI 指标的分析[②]

“全球智库综合评价 AMI 指标体系”是对智库进行系统性分析的重要基础理论和方法，这一评价体系从吸引力、管理力、影响力三个方面对智库建设进行综合评价，这三个主要方面又通过次级指标对智库进行更详细的分析。基于“全球智库综合评价 AMI 指标体系”能够深入理论层面准确把握中国智库的发展特征，做出科学的评价分析，这有助于系统总结智库建设经验，为中国智库发展提供借鉴。

① 张宁：《TTCSP 对中国智库评价和发展的启示》，《中国高校科技》2018 年 Z1 期。

② 本部分基于中国社会科学评价研究院自主研创的“全球智库综合评价 AMI 指标体系”相关内容加以研究分析。

(一)中国智库的吸引力评价研究

根据“全球智库综合评价 AMI 指标体系”，智库吸引力(Attractive Power)指中国智库的外部环境，良好的外部环境能够吸引更多资源，提升评价客体的吸引力①。在该体系中，智库吸引力一般可以从声誉吸引力、人才吸引力、资金吸引力和环境吸引力四个方面进行分析。通过案例分析，以“全球智库综合评价 AMI 指标体系”为基本逻辑框架，对在智库吸引力建设方面具有良好经验的智库进行评价研究，为智库发展总结经验。

案例 1—1　中国社会科学院

中国社会科学院②(以下简称“社科院”)具有非常显著的智库吸引力。第一，在声誉吸引力方面，社科院长期以来肩负着党中央、国务院重要的“思想库”和“智囊团”职责，艰巨而光荣的使命和责任为社科院赢得了巨大的吸引力，在理论界和政策界社科院都有着良好的声誉，例如，在社科院建院 40 周年、成立中国历史研究院、成立中非研究院之际，习近平总书记三次亲自发来贺电，赋予社科院智库建设的新使命，这充分体现了社科院的良好的声誉吸引力。第二，在人才吸引力方面，社科院拥有数量庞大的哲学社会科学研究人员，集中了全国大量顶级哲学社会科学专家，同时以社科院大学和研究生院为平台每年为国家培养高水平毕业生，具有良好的人才培养能力，这使得社科院具有很强的人才吸引力，每年都有数以百计的哲学社会科学的学术精英加入其中，逐渐造就了一支高水平的科研队伍，为理论和对策研究创造了坚实基础。第三，在资金吸引力方面，社科院通过每年实施的创新工程，为科研人员提供了丰富的科研经费，同时，各类资助和课题基金为科研活动的顺

---

① 荆林波等:《中国智库综合评价 AMI 研究报告(2017)》，中国社会科学出版社 2018 年版，第 17 页。

② 资料来源：中国社会科学院，http://cass.cssn.cn/，2019 年 8 月 28 日访问。另外，还参考了案例智库在一些公开场合及经验交流会的介绍材料。

利进行提供了保障，因此，社科院在资金吸引力方面也有优异表现。第四，在环境吸引力方面，社科院拥有良好的独立办公环境，图书馆、数据库、讲座等各类资源非常丰富，为科研人员提供了优秀的软硬件环境，极大提升了科研工作的便利性，展示出社科院出色的环境吸引力。

通过上述总结，可以发现社科院在声誉吸引力、人才吸引力、资金吸引力和环境吸引力四个方面都有良好表现，这为其构建高水平智库创造了基础，社科院近几年在智库建设方面也确实取得了丰硕成果。一是围绕党和国家中心工作超前布局规划，准确把握研究的主要方向，例如，围绕马克思主义中国化特别是习近平新时代中国特色社会主义思想，设置重大理论研究选题，在习近平新时代中国特色社会主义思想的国际传播、推动马克思主义中国化和党的思想理论创新方面取得重要成绩。二是积极探索创新智库组织方式，充分发挥高端智库整体优势，社科院建立了由院党组直接领导的智库研究综合协调机制，在重要研究领域和重点交办任务上，由院领导直接牵头，整合全院优势资源和力量，开展集中公关，取得显著成就，例如社科院建立了季度宏观经济形势分析研究机制，由院主要领导直接牵头，全院 20 余名专家学者从宏观经济形势、工业经济和国企改革等多个角度共同研判，预测经济形势，提出对策建议，这项工作不断取得良好成效。三是积极行使智库话语权，提升智库研究成果影响力，一方面向社会公众提供准确、高水平的专业信息，用积极的声音引导舆论，另一方面，加强对外学术传播力度，发出“中国声音”，努力建设“中国社会科学论坛”“中国社会科学院高端智库论坛”等国际学术传播品牌，显著提升了国际学术影响力。四是完善智库工作体制机制，为智库健康长远发展提供基础保障。社科院积极深化科研体制改革，调整学科资源布局，着力推进基础研究和决策咨询相互促进、协调发展，使社科院在理论创新、对策研究、舆论引导等方面不断发挥重要作用。例如，社科院针对学科体系不健全、不系统、不完善导致的智库研究“碎片化”现象，从根本出发，对学科、人才情况开展调查和评估，为优化学科布局、培养学术人才、促进理论创新打好基础。

对社科院在智库吸引力和智库建设成效进行分析，可以发现，巨大的智库吸引力为社科院在提升管理能力、扩大智库影响力方面发挥基础性作用。第一，社科院的智库吸引力为其承接重大理论研究课题提供基础。第二，良好的人才吸引力，使社科院拥有了丰富的科研人才资源，为探索创新智库管理模式提供了前提条件，一方面，充实的人才队伍为体制机制创新提供了各种可能性，另一方面，高素质人才又能够通过积极探索，在各种可能性中优选符合智库建设规律的管理模式，从而为智库建设的创新指出了明确方向。第三，社科院的智库吸引力有效地提升了智库研究成果的影响力，使各类学术论坛、成果发布会较容易产生政策影响，并积极引导社会舆论。通过对社科院智库吸引力的深入分析评价，可以看出，由于在吸引力，包括声誉吸引力、人才吸引力、资金吸引力和环境吸引力四个方面的显著优势，社科院在管理力和影响力方面得以顺利提升，近几年社科院在智库建设方面的成就充分证明了这一理论逻辑，这显示出吸引力建设在智库发展中的积极作用。

案例1—2　中央党校（国家行政学院）

中央党校（国家行政学院）①（以下简称“中央党校”），在智库吸引力方面具有显著优势。第一，在声誉吸引力方面，中央党校是党中央培训全国高中级领导干部和优秀中青年干部的学校，也是研究宣传习近平新时代中国特色社会主义思想、推进党的思想理论建设的重要阵地，还是党和国家哲学社会科学研究机构和中国特色新型高端智库，并且中央党校有着光荣的革命历史，因此，在声誉吸引力方面，中央党校的优势十分明显。第二，在人才吸引力方面，中央党校拥有一支高水平的科研队伍，同时还能够培养研究生，具有较强的人才培养能力，而且科研人员有大量机会进修或挂职锻炼，这构成了中央党校良好的人才吸引力，使得科研实力不断增强，为其基础研究和决策咨询工作的开展创造了有

---

① 资料来源：中央党校（国家行政学院），http：//www. ccps. gov. cn/，2019 年 8 月 28 日访问。另外，还参考了案例智库在一些公开场合及经验交流会的介绍材料。

利条件。第三，在环境吸引力方面，中央党校拥有优美的独立办公环境，图书馆、数据库、会议室等各类硬件设施十分完善，为科研人员提供了良好的科研环境，极大提高了工作的便利性。

通过对中央党校在智库吸引力方面进行分析，可以发现，声誉吸引力、人才吸引力和环境吸引力这三个方面，中央党校具有明显优势，基于此优势，中央党校在近几年的智库建设中取得了显著成效。一是加强了党的理论创新，深入研究阐释习近平新时代中国特色社会主义思想，使党的创新理论更富成效，引领全社会更好地学习贯彻当代中国马克思主义、21 世纪马克思主义。例如，中央党校积极组织阐释宣传工作，对接中央主要媒体，做好需求分析，组织教研人员撰写理论文章，提高宣传的针对性和时效性，其中《中国共产党的郑重选择》《建设世界上最强大的政党》等文章产生了很大的社会反响。二是开展重大问题研究，始终把科研力量和资源集中到党和国家最需要的研究领域，围绕中央正在做的事情、关注的工作和社会热点难点问题，着力加强对重大现实问题和突出矛盾的对策性研究，例如，为庆祝改革开放 40 周年设置重大专项研究，形成《改革开放 40 周年中国社会经济发展研究》《改革开放 40 周年地区发展报告》，对各领域改革历程和各地区经济发展成就、当前存在的问题和对策进行深入研究。同时，还加强前瞻性和政策性储备研究，对社会经济发展未来可能的情形和发展趋势进行研究。三是积极整合智库资源，提升研究效率。中央党校的智库资源可以概括为四个主要方面：（1）数百位专职教研人员；（2）在中央党校轮训的中高级干部和理论骨干；（3）国家高端智库特约研究员；（4）通过交流合作而获得的科研力量。中央党校通过管理体系创新，不断释放这四类资源的科研能力，提升智库研究水平。例如，在中央党校参加培训的学员，他们了解大量基层存在的现实问题，也掌握很多一手信息，并且具有较强的分析和研究能力，通过与学员的深入交流，能够发现问题、了解情况，为对策研究提供众多机会，通过发掘学员在智库研究中的作用，中央党校形成了大量高质量调研报告，显著提升了决策研究能力。再比如，中央党校聘请的高端智库研究员来自各个领域，具有丰富工作经历，这些专家的加入显著增强了中央党校针对特定问题的研究能力。

对中央党校在智库吸引力和智库建设成效的综合分析，可以看出，良好的智库吸引力对中央党校提升决策研究能力、提升智库影响力产生积极作用。第一，中央党校在党的理论研究方面的传统和声誉，使其能够准确把握重大研究问题，并承担相应研究课题，这为中央党校进一步实现理论和决策影响力提供了前提条件。第二，中央党校还具有明显的人才吸引力，聚集了全国大量高水平研究人员，尤其是，还承担着培养中高层干部的重要职责，这促使中央党校在进行智库管理体系创新和加强智库研究方面都能够有充足的人才资源作为支撑，保证相关研究工作顺利进行。第三，中央党校在党的理论研究方面拥有大量权威专家，这是完成重大理论研究问题的前提保障，这些重大理论成果，一方面能够转化为对策研究成果，从而直接发挥智库影响力，另一方面，这些理论成果在学术界也产生广泛影响，这又进一步加强了中央党校的吸引力，形成智库吸引力到影响力，再到吸引力的良性循环。因此，通过对中央党校的智库吸引力进行评价分析，可以看出，在声誉吸引力、人才吸引力和环境吸引力方面中央党校优势明显，即中央党校具有良好的智库吸引力，这对智库影响力产生了显著的积极作用，并且，影响力又在一定程度上有利于吸引力建设，同时，智库吸引力对管理力的提升也具有一定的促进作用。

案例1—3　新华通讯社

新华通讯社①（以下简称“新华社”），在智库吸引力方面特点十分鲜明。第一，在声誉吸引力方面，新华社始终坚持围绕中心、服务大局，牢牢把握正确的政治方向和舆论导向，忠实履行“喉舌”“耳目”职能，充分发挥“消息总汇”功能，还编辑出版并公开发行20多种报刊，包括《新华每日电讯》《参考消息》《瞭望》《半月谈》等，为新华社在理论传

① 资料来源：新华通讯社，http://www.xinhuanet.com/，2019年8月28日访问。另外，还参考了案例智库在一些公开场合及经验交流会的介绍材料。

播、舆论引导方面赢得良好声誉。第二，在人才吸引力方面，新华社拥有全国最高水平的新闻媒体队伍，人才积累十分雄厚，可以快速高效地获取各类事件的一手信息，且这些高素质智库工作人员广泛分布在世界各地，这为相关智库工作人员掌握具体信息提供了便利，有利于智库研究能力的提升和人才能力的培养。第三，新华社还拥有较好的环境吸引力，尤其是，新华社在全国除台湾省以外的各省区市均设有分社，在台湾派有驻点记者，在一些重点大中城市设有支社或记者站，在解放军和武警部队设有分支机构，境外设有近200个分支机构，这些分支机构是新华社环境吸引力方面的一个显著特点，为智库研究人员扩大视野、掌握信息情报提供了便利，构成了特色突出的智库工作环境。

通过对新华社的智库吸引力进行分析，可以发现，新华社在智库声誉吸引力、人才吸引力和环境吸引力方面具有较强的优势，特别在环境吸引力方面，为智库研究人员完成相关任务提供了便利条件。基于良好的智库吸引力，新华社在近几年的智库建设中取得了良好成绩。一是突出“点题服务＋主动作为”的特色，形成智库调研选题的“源头活水”，例如，为服务党的十九大文件起草，从2017年初，新华社组织了百名骨干调研力量，深入国内众多省、市、县，采访基层干部群众、专家学者，同时还对国外多个智库进行深入调研，获得了数百万字的一手资料，形成了多份高水平内部资料，为党的十九大相关文件的起草提供了重要参考。二是突出“宏观研究＋一线调研”特色，着力提升智库调研的针对性和有效性，新华社为深入学习研究习近平新时代中国特色社会主义思想，创办了“智库学习会”平台，将理论学习、组织研讨、策划选题等进行融合，使智库及时深入学习领会习近平总书记重要讲话精神，并围绕重要问题开展研讨，对“互联网强国建设”“中国大国形象塑造”等一批重大课题进行了讨论，产生多篇研究成果。同时，配合宏观研究积极开展一线调研，准确把握实际情况，提出大量专业化、建设性的政策建议。三是通过“记者调研＋学者研判”，提升智库调研成果的参考价值和影响力，针对智库课题调研要求，注重选调专家型记者编辑参与智库调研，在提升智库调研成果参考价值的同时增强了成果的传播影响力，例如，在“中国大国形象塑造”课题中，采用了“德尔菲法”对经济、科技、文化等多个领域的数十名专家征询意见，经过多轮研讨，形成对未来发展趋势的预判，并提出相关政策建议。另外，新华社还在2018年牵头举办“一带一路”国际智库合作委员会、承办“一带一路”国际合作高峰论坛“智库交流”分论坛，积极推动“一带一路”研究和讨论。

综合分析新华社的智库吸引力和近几年的智库建设成就，可以看出，智库吸引力方面的优势对新华社提高智库管理力、扩大政策影响力产生了积极作用。第一，新华社具有很强的人才吸引力，高效的队伍能够迅速获取一手资料，并开展对策分析，这是新华社完成重大科研课题的基础保障，并且这些优秀人才通常具有较强的研究能力，有助于迅速发现并提出重要的研究问题，或对未来可能的情形做出准确预判，这些都提升了新华社作为智库的对策研究能力。第二，新华社的高素质研究队伍，为进行管理模式创新提供了有利条件，使得新华社在探索智库模式创新时能够有较大的调整空间，例如，通过“记者调研+学者研判”模式增强智库成果影响力方面，正是由于集中了大量能力出众的研究型记者，才具备了调研和研判有机结合的智库建设方式，这表明了高水平研究人员对智库管理力提升的基础性作用。第三，新华社的环境吸引力具有鲜明特色，具有遍布全球的广泛信息获取网络，这位研究人员快速准确了解实际情况创造了条件，这种优势能够产生大量一手资料，从而及时发现热点问题，提升了智库研究成果的时效性和决策参考价值。总之，通过对新华社智库吸引力的分析，并总结近几年智库建设成效，可以看出，智库吸引力方面的优势为新华社增强智库管理力和影响力产生了积极作用，是智库建设取得良好成绩的基础。

（二）中国智库的管理力评价研究

根据“全球智库综合评价AMI指标体系”，智库管理力（Management Power）指中国智库的管理者管理评价客体的能力，促进评价客体发展的能力[①]。在该体系中，智库管理力从战略、结构、系统、人员、风格、共同价值观、技能七个方面进行分析。通过案例分析，该体系为基本逻辑框架，对智库管理力建设方面具有良好经验的智库进行评价研究，为智库发展总结经验。

案例2—1　中国宏观经济研究院

中国宏观经济研究院[②]（以下简称“宏观院”），在智库管理力建设方面取得明显成就，为科研工作的开展创造了良好条件。第一，智库组织方面宏观院具有完备的规章制度，对科研管理、人员配置、经费使用都进行了详细的安排，并且有分工明确的机构设置，包括职能部门、科研机构、学会协会等，同时，作为宏观院还与政府部门关系紧密，经常承接部委研究课题。第二，在智库风格方面，宏观院作为国家发展和改革委员会直属研究机构，且是国内唯一的以宏观经济理论和政策为专长的国家级决策咨询智库，具有良好的科研传统。第三，在智库人员配置方面，宏观院拥有大量专业科研人才，而且每年吸收数十位优秀的应届博士生，人才建设优势明显。第四，在智库的技术层面，宏观院有较强的科研创新能力，并且在基础性研究方面投入巨大，每年都有大量的学术专著和期刊论文发表。总体上看，宏观院在智库管理力建设的多个方面都取得良好的成效。

通过对宏观院的智库管理力进行评价分析，可以发现，宏观院在智库组织、人员、风格和技术方面具有明显优势，尤其在智库组织方面达到了较高的建设水平。宏观院近几年继续强化智库管理力建设，为进一步提高科研效率创造了条件。第一，继续完善规章制度，做到有规可循，根据课题的任务来源和研究特点，建立起2类6种课题分类管理模式。具

① 荆林波等：《中国智库综合评价AMI研究报告（2017）》，中国社会科学出版社2018年版，第17页。

② 资料来源：中国宏观经济研究院，http://www.amr.org.cn/，2019年8月28日访问。另外，还参考了案例智库在一些公开场合及经验交流会的介绍材料。

体地，根据科研经费的来源，将课题分为纵向课题和横向课题两类，然后纵向课题又进一步细分为重大课题、重点课题、应急课题、常规课题、基本科研业务专项资金课题和战略平台课题6种，根据不同的课题形式，组织科研力量开展研究工作。并且，还进行了科研制度配套，对科研管理做出进一步完善，例如在2018年，宏观院新增了《战略平台课题管理办法》对相关工作做出明确规定。宏观院在科研管理方面形成的办法和规定对整合资源、提高效率发挥了积极作用。第二，宏观院在智库建设方面强调科研成果转化，增强正向激励，具体做法是，开展优秀研究成果评选活动，设立三项主要奖励：院优秀成果奖、基本科研业务费专项资金课题优秀成果奖和优秀调查报告奖，每年进行一次成果评选，通过宏观院学术委员会，按照制定好的规章流程，评选出优秀成果，进行奖励。第三，宏观院进一步提升学风，加强监管，规范科研行为，提高科研自律意识，倡导优良的院风、学风和文风，并专门制定了《院科研行为规范》加强管理监督。并且，为明确权责、降低风险，宏观院在课题组长负责制的科研组织模式下，进一步明确单位法人和课题组长在经费管理方面的权利和责任，有效提升了科研经费管理水平。第四，在宏观院良好的科研管理建设下，研究工作也取得了显著成效。2018年以来宏观院连续两年围绕国家发展战略，设立战略平台课题，开展针对性持续研究，例如，围绕“推动长江经济带高质量发展”战略，设立了“深入推动长江经济带绿色发展研究”战略平台项目，完成了多项重大课题，得到国家领导人批示。同时，宏观院还围绕“一带一路”建设，设立了“深入推进‘一带一路’建设问题研究”战略平台课题，有力地支持了“一带一路”相关工作的开展。

综合分析宏观院的智库管理力和近几年的智库建设的成就，可以看出，宏观院在智库管理力方面的优势和经验，为智库进一步完善管理体系，提高对策研究能力打下了坚实基础。第一，宏观院已经形成了较为完备的科研管理制度，并且研究部门设置清晰规整，这使得进行管理模式创新时能够做出明确规划和安排，提高了管理力建设的效率。第二，宏观院的科研传统在研究人员中形成了良好的氛围，有利于科研管理的新制度的推行，降低了管理创新的阻力。第三，宏观院的人员配置良好，高水平科研人员数量众多，且每年都有大量年轻人加入，良好的人才队伍建设成为管理力提高的潜在动力。第四，宏观院特别重视基础研究，协调理论研究和对策研究的关系，这为加强智库管理建设提出了较高要求，在一定程度上促进了管理模式创新。总之，通过对宏观院智库管理力的分析，并总结近几年智库建设成效，可以看出，智库管理力方面的优势成为宏观院进一步加强科研管理的基础，降低了管理创新的难度，并且，良好的智库管理力建设也为宏观院对提升运行效率，增强对策研究能力提供了保障。

案例2—2　中国国际经济交流中心

中国国际经济交流中心①（以下简称“国经中心”），在智库管理力建设方面优势明显，对智库对策研究能力的提高产生积极作用。第一，在智库组织方面国经中心具有完备的规章制度，《中国国际经济交流中心章程》共分八章四十九条，对科研管理、人事安排、经费使用都进行了详细的规定，并且有分工明确的机构设置，包括办公室、人力资源部、战略研究部等共计九个部门，同时，作为国经中心与政府部门联系密切，承接较多部委研究课题。第二，在智库信息化建设方面，国经中心专门设立了信息部，负责中心内、外网运维管理及数据库服务，同时编辑印发中心内部刊物及资料。国经中心的信息化建设程度较高，有力支撑了科研工作的顺利进行。第三，在智库人员配置方面，国经中心在著名经济学家的带领下，形成了一支科研实力雄厚的专业研究团队，并且每年引进大量国内外优秀毕业生，不断充实人才队伍，同时，国经中心还能够招收博士后工作人员，例如2019—2020年度计划招聘约10位博士后工作人员，这显示出良好的人才建设能力。第四，在智库的技术层面，国经中心研究领域集中在经济发展理论与对策研究，涉及多个细分领域，

① 资料来源：中国国际经济交流中心，http：//www. cciee. org. cn/，2019年8月28日访问。另外，还参考了案例智库在一些公开场合及经验交流会的介绍材料。

例如，世界经济发展趋势，国际金融、国际贸易、跨国投资，还包括国际经济领域的重大热点、焦点问题，中国宏观经济、财政金融、外资外贸、区域经济等，这同时体现了研究的专业化和多元化。另外，国经中心重视基础理论研究，不断产出重要创新成果，为提高对策研究能力建立了良好基础。第五，在价值观方面，国经中心是国际性经济研究、交流和咨询服务机构，集中经济研究领域高端人才并广泛联系各方面经济研究力量的综合性社团组织，有着明确的建设使命和价值观，这为智库凝聚共识，加强管理力建设提供了有力支持。

通过对智库管理力方面的评价分析，可以看出国经中心在智库组织、人员、风格、技术、价值观等多个方面发展良好，进一步加强智库建设创造了基础。事实上，国经中心在智库管理力方面继续加强建设，取得了显著成效。第一，充分发挥理事长会和学术委员会的主导作用，设立了体现新型社会智库发展特点的理事长会，以及理事长会领导下的学术委员会、咨询委员会、基金董事会和执行局，形成“三会一局”的管理架构。具体到科研管理方面，由理事会组织讨论和研判当前发展形势、国家重大战略问题和社会热点问题，对发展战略、重大制度建设、组织管理等方面进行研究，同时，学术委员会负责提出和讨论研究重大课题选题，对科研活动进行全过程管理，例如负责中期检查、结题评审、成果评定等。第二，不断加强课题的过程管理和质量控制，一是加强制度建设，完善管理规范，例如，出台了《国经中心基金课题管理办法》等规章制度，完善相关管理规定，二是明确科研选题原则，广泛征求立项意见，通过层层筛选、讨论，逐渐达成选题共识，聚焦到重大研究问题，三是规范课题过程管理，严格把关研究质量，不断规范从开题到中期再到结题的全过程管理机制，及时动态跟踪课题研究进展。第三，不断完善奖惩办法，形成有效激励机制，一是为激发研究人员的积极性和创造性，适当增加了奖励总金额，以体现研究人员的智力价值，二是明确奖惩机制，严格执行。通过不断改进智库管理模式，国经中心显著提升了对策研究能力。

综合分析国经中心在智库管理力和智库建设方面的成就，可以发现，智库管理力方面的优势为能够成为进一步推动管理创新的基础，同时良好的管理力建设能够有效推动智库决策研究能力的提升。第一，国经中心的科研管理制度比较完备，研究部门设置科学合理，总体建设思路清晰明确，这为进一步完善智库管理提供了良好的基础，有效促进了管理力建设。第二，国经中心的研究重心明确，智库定位十分清晰，形成了普遍接受的科研价值观，这有助于在智库管理模式创新方面达成共识，推动智库管理力建设。第三，国经中心的人才队伍建设水平较高，既有学术研究领军人物，又有大量中青年科研骨干，每年还持续补充年轻研究人员，高素质的研究队伍为智库管理力提升增加了潜在动力，也使得智库管理模式创新便于推行实施。第四，国经中心在研究方面兼顾专业性和多元化，一方面对重要理论问题持续跟踪研究，另一方面对重大战略问题、社会热点问题及时开展研究，形成智库成果，体现了在智库管理力的技术方面具有明显优势。总之，通过对国经中心智库管理力和建设成就的评价分析，可以看出，智库管理力的优势构成了管理模式进一步创新的有利条件，并且，良好的智库管理力建设显著提升了国经中心的对策研究能力和智库影响力。

（三）中国智库的影响力评价研究

在“全球智库综合评价 AMI 指标体系”中，智库影响力（Impact Power）指中国智库的直接表现，是吸引力和管理力水平的最终体现[1]。在该指标体系中，智库影响力从政策影响力、学术影响力、社会影响力和国际影响力这四个方面进一步展开分析。通过案例分析，以该指标体系为基本逻辑框架，对智库影响力建设取得较好成效的智库进行评价研究，为智库发展总结经验。

---

① 荆林波等：《中国智库综合评价 AMI 研究报告（2017）》，中国社会科学出版社 2018 年版，第 17 页。

案例3—1　国务院发展研究中心

国务院发展研究中心[1]（以下简称“国研中心”）在智库影响力建设方面取得显著成效，体现了中国智库发展的较高水平，具有明显的示范作用。根据“全球智库综合评价AMI指标体系”的内在逻辑，国研中心在智库影响力方面取得的优势，与智库吸引力和管理力的密切相关。第一，国研中心具有较强的智库吸引力，在声誉吸引力方面，国研中心是从事综合性政策研究和决策咨询的国务院直属事业单位，每年承接多项国家重大课题，在人才吸引力方面，国研中心为研究人员提供了大量调研、挂职、出国访学的机会，有力地支撑了科研人员的快速成长，在环境吸引力方面，国研中心具有完备的科研保障体系，提供了良好的办公环境和资料获取渠道，为科研工作提供了便利条件。第二，国研中心在智库管理力方面，也达到较高水平，一是规章制度较为完善，各项科研工作按照明确的管理办法持续开展，二是在科研队伍建设方面，国研中心在经济社会发展的各重要领域都有高水平专家，且中青年骨干数量众多，人才队伍建设扎实有效，具有很强的科研发展潜力，三是在研究领域规划方面，国研中心以经济社会发展重要理论和对策研究为主要方向，在此前提下形成较多细分领域，例如，宏观经济研究、产业政策、创新管理、金融体系等，即能够支撑综合性重大战略问题研究，又可以深入推进基础理论研究，形成坚实的科研储备，四是国研中心经过几十年的发展，形成了良好的科研文化传统，这为凝聚智库发展共识，推行管理体制机制改革创造了良好的前提条件。第三，在智库影响力方面，国研中心具有明显优势，一是通过大量完成党政部门的研究课题、提供决策咨询报告、获取国家领导批示等多种方式，形成了明显的政策影响力，二是科研人员在基础研究方面发表期刊论文、学术专著产生了良好的学术影响力，三是大量媒体对国研中心研究人员观点、评论的报道，逐渐积累了较强的

---

[1] 资料来源：国务院发展研究中心，http：//www. drc. gov. cn/，2019年8月28日访问。另外，还参考了案例智库在一些公开场合及经验交流会的介绍材料。

社会影响力，四是积极组织国内外专家学者参加学术交流，产生了一定的国际影响力。基于“全球智库综合评价 AMI 指标体系”的基本逻辑，对国研中心在吸引力、管理力和影响力三个方面进行分析，一定程度上表明在智库影响力方面的优势与智库吸引力和管理力有较强的相关性。

国研中心在智库影响力，尤其是国际影响力方面取得较好成绩。第一，国家层面多双边国际交流合作机制不断拓展与深化。党的十八大以来，建立了 19 个国家层面与宏观经济及社会发展相关的多双边部级国际交流合作机制，其中 11 个由国家领导人见签或纳入高访成果。第二，不断扩大并深化全球伙伴关系网络，坚持开门办智库的理念，积极巩固和拓展广泛、有效的全球多双边伙伴关系，通过签署合作备忘录（MOU），开展务实有效合作，截至 2019 年，已经与全球数十家智库、国际组织、国际企业、大学签署 MOU，同时从交流互访开始，不断提升合作内涵和层次。第三，不断彰显与发挥讲好中国故事的舆论优势，积极向全球展示中国发展成就，介绍中国发展理念，持续接待高层次外宾，以 2018 年为例，国研中心接待外宾近 200 批，共 1200 多人次。另外，国研中心还持续举办了中国发展高层论坛，形成了巨大的影响力，例如，2019 年第 20 届中国发展高层论坛邀请到全球企业领袖、国际组织负责人、国际知名学者、中央及地方政府官员等 1200 余名代表出席。同时，国研中心落实习近平总书记关于“中国将设立国际发展知识中心，同各国一道研究和交流适合各自国情的发展理论和发展实践”的指示，于 2017 年成立了国际知识中心，为落实联合国 2030 年可持续发展议程、开展发展理论与发展实践研究交流创造了重要平台。

国研中心在智库影响力方面的建设取得了显著成效，加强了智库软实力建设，从“全球智库综合评价 AMI 指标体系”的视角看，智库影响力的发展建立在吸引力和管理力的良好水平之上。第一，国研中心的智库吸引力较强，一方面有助于提高关注度，增强研究成果的社会影响力，另一方面有利于智库人才建设，吸引更多优秀中青年专家，为承接重大研究课题、进行基础理论研究、改善智库管理水平提供人才基础。第二，国研中心的智库管理力建设水平较高，为充分发挥科研人员的对策研究能力创造了条件，提高了智库运行效率，使得更容易产生高水平研究成果，这是智库影响力的直接来源，同时，国研中心在管理力方面的优势，有助于进一步推动管理创新，积极探索提升影响力的组织模式，有效推动了智库影响力建设。第三，国研中心的智库影响力，尤其是国际影响力建设取得了良好成效，这一方面得益于长期以来在影响力建设方面的积累，另一方面，也是体现了智库吸引力和管理力对影响力的支撑作用。第四，国研中心的影响力建设对相应智库吸引力的提升具有积极作用，例如，智库影响力的积累也有助于提升智库声誉，从而增强智库吸引力，另外，较强的国际影响力意味着能够有更多机会参与国际交流合作，这对科研人员具有一定的吸引力，从而有助于人才队伍建设，这也有利于智库管理力和影响力的提升，从这个角度看，智库的吸引力、管理力和影响力构成了一个连贯的有机整体，共同对智库发展产生作用。因此，智库建设应具有一定的综合视角，可以用影响力作为一种评判指标，但更要注意从总体上把握智库发展。

案例3—2　商务部国际贸易经济合作研究院

商务部国际贸易经济合作研究院①（以下简称“商务部研究院”）在智库影响力建设方面成效显著，根据“全球智库综合评价AMI指标体系”的理论逻辑，商务部研究院在智库吸引力和管理力方面的建设水平与影响力水平存在关联关系。第一，商务部研究院具有较强的智库吸引力，作为商务部直属事业单位，商务部研究院是集经贸研究、信息咨询、新闻出版、教育培训于一体的综合性、多功能社会科学研究咨询机构，前身是1948年8月创建于香港的中国国际经济研究所，在60多年的发展历程中，研究院人求真务实、积极进取，为我国商务事业的发展发挥了积极作用，在国内外享有较高声誉。同时，拥有各类高级专业技术职称人

① 资料来源：商务部国际贸易经济合作研究院，http：//www.caitec.org.cn/，2019年8月28日访问。另外，还参考了案例智库在一些公开场合及经验交流会的介绍材料。

员110多人，硕士研究生以上学历120多人，享受国务院政府特殊津贴30多人，派驻我国驻外经商机构、国际机构工作人员数十人，因此，商务部研究院在声誉吸引力、人才吸引力方面都达到了较高水平。第二，在智库管理力方面，商务部研究院规章制度较为完善，各项科研工作均有章可循，同时，组织结构设置清晰明确，并且，与政府部门联系较为紧密，每年可承接多项部委重要课题，在智库人员方面，总体素质较高，一定程度上兼顾学术研究和对策研究，总体上，商务部研究院表现了较好的智库管理力。第三，在智库影响力方面，商务部研究院具有明显优势，一是通过大量完成政府课题、提供咨询报告、获取国家领导批示等多种方式，积累了一定的政策影响力，二是大量媒体对国研中心研究人员观点、评论的报道，形成了较强的社会影响力，三是积极参与国际学术交流，产生了一定的国际影响力。通过上述梳理可以看出，商务部研究院在智库影响力建设方面具有一定优势，同时，在智库吸引力和管理力这两个方面也具有较高的发展水平，这与“全球智库综合评价AMI指标体系”中的基本逻辑表现出一致性。

对商务部研究近几年在智库影响力方面的成就做进一步梳理，发现在决策研究成果、对外话语体系和国际影响力方面成效较为突出。第一，高质量、全方位推进智库咨政建言工作，近三年来完成智库认领课题44项，完成研究报告100万字，形成智库报告200多篇，其中十余篇由《国家高端智库报告》刊发，3篇由《成果要报》刊发，同时，还承接20余家中央决策部门委托课题258项，20余篇研究报告获得领导人批示。第二，多领域、全视角开展国际化智库对外交流，提升国际话语权，立足国家战略，着眼现实需求，形成长效机制，加强话语体系建设，一是利用多边平台，服务国家战略，做好预研、预判、预演，服务国家总体对外战略，例如，通过举办首届上海合作组织经济论坛，构筑永久性上合经济智库合作“大本营”，强化对外交流话语权。二是开创论坛品牌，拓展智库外交，发挥智库外交独特优势，服务对外开放总体战略，开创一系列具有前瞻性、专业性、时效性的论坛品牌，例如，连续三年举办中国开放与发展论坛，阐释我国实现自身开放发展与推动各国共同发展的大国担当。三是联手国际智库，打造专业成果，通过加强与国际智库的交流合作，形成具有国际合作背景的智库成果，高端智库建设以来，与 17 家国际组织合作，完成了 20 多部研究成果，显著增强了国际影响力。第三，高频次、精准化构建特色鲜明的智库对外宣传，通过主动发声、借力发声、合作发声三位一体的宣传模式，正确引导舆论，凝聚发展共识，不断增强中国声音，努力讲好中国故事。一是引导议题设置，积极主动发声，把中国成就、中国理念、中国立场与国际社会关注结合，形成自有话语体系、特色议题话题，做着政策解读和形势预判。二是借力国际交流，丰富宣传思路，增强国际交流的务实性、有效性和价值性。三是拓宽宣传渠道，有效借力发声，通过与国际智库的交流合作，借助“外脑”“外口”宣传中国理念，增强我国的对外话语权。四是创新合作方式，强化合作发声，借助国际力量，形成多层次对话机制，增强我国对外话语体系的亲和力、影响力。

商务部研究院在智库影响力尤其是国际话语体系建设方面积极探索，取得了良好成绩。从“全球智库综合评价 AMI 指标体系”的视角看，这一成绩的取得与智库吸引力和管理力建设密切相关。第一，商务部研究院的智库吸引力具有一定优势，有助于提高关注度，带来更多承接部委重要课题的机会，也为拓展国际合作研究提供了有利条件，同时，商务部研究院能够吸引更多优秀中青年专家，对改善管理水平、增强对策研究能力、扩大国际影响力等多个方面都具有基础性作用。第二，商务部研究院的智库管理力建设水平较高，调动科研资源，高水平完成重大课题创造了先决条件，同时良好的智库管理力建设，有助于提高智库运行效率，充分发挥研究人员的创造力，从而形成高水平研究成果，并且，商务部研究院在管理力建设方面的经验，有助于进一步推动以提升影响力为目标的管理创新，从而高效调动智库资源提升影响力、加强话语权。第三，商务部研究的智库影响力，尤其是在国际话语权方面的建设取得一定成效，这一方面由于长期以来在影响力建设方面的积累，同时，也是说明了智库吸引力和管理力对影响力提升的重要作用。第四，商务部研究院在影响力建设方面的成就，是智库发展水平的直接体现，同时，良好的智库影响力也为智库进一步提升吸引力和管理力创造了良好条件，因此，智库吸引力、管理力和影响力是一个有机整体，共同作用于智库发展，这表明了智库建设的综合性和系统性。

三 中国智库与“一带一路”研究

共建“一带一路”对中国深度融入世界经济体系，促进中国发展具有重大意义。在这个过程中需要面对众多决策难题，这为中国智库发挥建言资政作用提供了机会①，大量智库开展相关研究，得到众多决策研究成果。通过对中国智库在共建“一带一路”中的作用进行分析，有助于进一步发现智库在决策研究中的运行机制，总结智库建设经验。

2013 年习近平总书记提出“一带一路”倡议，随后大量智库开始通过学术和政策研究推动“一带一路”建设，产生了丰硕成果。同时，“一带一路”这一重要主题也为智库发展提供了宝贵机会，既丰富了智库的研究内容，又为智库发挥决策影响力提供了舞台。尤其是近几年，智库在共建“一带一路”的过程中发挥了更加重要的作用。

第一，为共建“一带一路”积极建言献策。近年来，大量智库对“一带一路”相关问题进行了深入研究。一方面，对“一带一路”的时代背景、理论内涵、国际环境等进行深入分析，另一方面，又逐渐深入到“一带一路”合作国的具体情况，由研究工作逐渐转为具体项目对接，例如，在金融、能源、基础设施建设等方面进行具体的研究，并直接推动相关项目落地。概括地说，智库在“一带一路”的研究中，从理论研究逐渐具体化到特定项目的政策研究，为相关产业在“一带一路”沿线发展提供决策服务，为具体项目的推进做出重要贡献。

第二，积极开展交流活动，提升中国软实力。在推动共建“一带一

① 刘海峰、刘畅、曹如中：《新型智库服务政府决策的发展契机与提升策略研究》，《情报杂志》2018 年第 1 期。

路”过程中，智库一方面通过参加和举办高端国际会议，在国际舞台上阐释中国发展道路，分享中国发展经验，让世界其他国家更加了解中国；另一方面，同世界重要智库、“一带一路”合作国智库建立对话交流机制，开展联合研究[①]。这些行动增强了中国与“一带一路”合作国的交流，帮助合作国家准确理解“一带一路”的理论内涵和实际意义，对提高中国的国际话语权发挥了重要作用。

第三，在“一带一路”研究中积极推进理论研究，产生了大量学术成果。随着“一带一路”实践的深入，需要不断提出新的理论体系，积累理论储备，当前的实际问题，对传统的基础理论提出了挑战，通常一个问题涉及多个学科的交叉，这既增加了对问题研究的难度，又为开展新的研究，进行理论创新创造了条件。事实上，智库在共建“一带一路”的研究过程中，形成了较为丰富的理论储备与学术创新[②]，有研究指出，从中国知网的查询结果看，以“一带一路”为主题的文献，2014 年约为 0. 19 万篇，2015 年和 2016 年分别增至达到 2. 27 万篇和 2. 17 万篇，2017 年激增到 3. 78 万篇，截至 2018 年 8 月已有 1. 84 万篇[③]。

第四，发挥智库的宣传作用，为共建“一带一路”创造有利的舆论氛围。众多智库积极发挥在共建“一带一路”中的舆论引导作用，通过传播理念、解读政策等方式形成桥梁和纽带，通过加强对外宣传广泛增进交流，并明确宣传方向、找准定位，为推动共建“一带一路”向高质量发展创造了良好的国际舆论环境[④]。

梳理中国智库在“一带一路”研究中的积极作用，可以发现，参与决策、合作交流、理论研究和对外宣传四个方面构成了智库发挥决策影响的主要途径，这四个方面也成为评价智库在共建“一带一路”发挥作

① 上海社会科学院智库研究中心课题组:《五年来智库这样助力“一带一路”》,《决策探索（上)》2018 年第 10 期。

② 金鑫、林永亮:《“一带一路”建设中的智库交流——“一带一路”智库合作联盟建设实践及发展前景》,《当代世界》2019 年第 5 期。

③ 上海社会科学院智库研究中心课题组:《五年来智库这样助力“一带一路”》,《决策探索（上)》2018 年第 10 期。

④ 同上。

用的重要方面。因此，基于“全球智库综合评价 AMI 指标体系”的基本逻辑，再结合上述四个主要方面，对众多参与研究“一带一路”的中国智库进行资料整理、评判分析，整理出在“一带一路”研究中特色鲜明的 20 家智库，如表 1 所示。

表 1　“一带一路”研究特色智库
（根据智库名称拼音字母顺序排列）

智库名称
北京大学国家发展研究院
北京第二外国语学院中国“一带一路”战略研究院
北京交通大学丝绸之路研究中心
北京外国语大学丝绸之路研究院
凤凰国际智库
复旦大学国际问题研究院
华侨大学海上丝绸之路研究院
兰州大学中亚研究所
瞭望智库
盘古智库
清华大学全球共同发展研究院
清华大学中国与世界经济研究中心
商务部国际贸易经济合作研究院
上海国际问题研究院
上海外国语大学中东研究所
西北大学丝绸之路研究院
“一带一路”百人论坛
中共中央对外联络部当代世界研究中心
中国人民大学重阳金融研究院
中国与全球化智库

资料来源：作者收集整理。

四 结论与政策建议

（一）全球智库综合评价 AMI 指标体系在智库研究中具有重要意义

中国智库近几年迅速发展，在数量上大幅增加，同时在智库建设方面逐渐趋于理性，在智库发展质量和服务决策能力方面也得到了实质性提高，为国家治理能力和治理体系现代化水平的提高发挥了积极作用。通过对中国智库近几年发展的评价研究，总体上显示了“全球智库综合评价 AMI 指标体系”在指导智库建设方面的科学性和有效性，对中国智库进一步建设具有重要参考意义。

第一，在吸引力方面，通过本报告的研究可以发现，智库吸引力有助于使智库获得更多智力资源，为人才队伍的建设提供了基础。在智库建设中，人才是首要因素，只有聚集大量高素质科研人才，才能形成知识积累，并将自主理论知识转化为政策研究成果，发挥智库建言咨政的作用。本文的案例研究也支持了这一逻辑，从智库的建设实践显示了智库吸引力的重要作用。

第二，在管理力方面，本报告的研究结果说明完备的组织结构和高效灵活的管理方式，能够有效提升智库的运行效率，尤其是能够在更大程度上发挥人才资源的科研效能，既有利于在理论研究上积累学术成果，又能促进政策研究水平的提高。事实上，管理力在一定程度上调控着智库吸引力作用的发挥，当智库管理水平较高时，智库吸引力产生的各类资源能够以较高效率发挥作用，从而使资源的价值得到更充分体现。案例研究也表明这种判断，显示出智库管理力对智库发挥建言资政的积极作用。

第三，在影响力方面，研究显示影响力是智库价值的一种重要表现方式，通过影响力的构建，智库对学术界和政策界产生影响，将智库研究成果的价值传递出去①，同时，更高水平的智库影响力还有助于为智库

① 李雪苗：《加强我国新型智库内涵发展的动因与策略研究》，《图书馆理论与实践》2019 年第 4 期。

提升吸引力，从而获取更多智库建设资源。这样从吸引力、管理力再到影响力，形成了一个智库发展建设的逻辑循环，在这样的循环中，智库不断积累和发展，最终通过智库影响力直接体现智库的作用和价值。因此，对智库影响力的认识既要在智库价值层面进行理解，同时也要认识到其对智库进一步发展的重要意义。

（二）推动中国智库发展的政策建议

中国智库近几年快速发展，为经济社会建设发挥了重要作用。但是，通过本文的研究和总结，发现中国智库建设还具有很大潜力，在诸多方面有提升和改进的空间。

一是要进一步明确智库的发展定位，有的放矢地规划智库发展。智库是主要从事研究工作并服务决策的组织，找准研究领域，理顺成果发布渠道，是智库建设最基本，也是最重要的一环①。即使在规模较大的综合性智库中，明确智库研究方向也具有重要意义，这能够帮助智库规划发展方向，避免全面铺开而未能深入研究的局面。对于社会智库，明确发展定位则更加重要，尤其是一些规模较小的智库，只有通过专注某一细分领域，进行深入系统的长期研究，才能确定领域优势，从而获得进一步发展的空间。

二是要注重智库内在要素的积累和利用，扎实做好智库发展工作，避免急功近利。由于智库的极端重要性和长期以来智库建设的欠缺，智库在近些年爆发式发展，在这个快速发展的过程中，一些智库盲目追求影响力，而在一定程度上忽视了对智库内在要素的积累和利用，导致人才队伍建设未能稳步发展，管理体系未能高效组织，从而丧失了智库发展的重要内在支撑力，从长期看，这样的智库建设很难取得成功②。因此，本研究建议智库从吸引力、管理力和影响力等多个维度统筹发展规

---

① 詹国辉、张新文：《中国智库发展研究：国际经验、限度与路径选择》，《湖北社会科学》2017 年第 1 期。

② 许佃兵：《中国特色新型智库内涵式发展》，《河南社会科学》2017 年第 3 期。

划，在培育智库内在要素和高效发挥要素的基础上，逐渐稳步提升智库影响力，将智库建设工作扎实全面推进。

三是要科学合理地进行智库评价工作，为智库建设提供引导和启发。智库的评价结果对智库建设具有一定的指示作用，尤其是一些有影响力的评价和排名经常引起智库管理者的重视，影响着智库的建设和发展[①]。但是，评价是一项十分专业而严肃的学术性活动，需要有公正的态度、科学的理论和规范的方法，是一项成本较高的研究过程。当前国内外一些智库评价机构由于未能严格做到科学、公正、规范的评价，而对中国智库建设产生了负面影响，这需要引起智库工作者的注意。对中国智库的评价必须坚持习近平新时代中国特色社会主义思想，从中国实际情况出发，以科学的理论为基础，客观公正进行评价。

四是要将智库建设与国家治理体系和治理能力现代化相结合，使智库真正融入社会主义现代化建设。国家治理体系和治理能力现代化是在新时代下推动中国经济社会健康稳定发展的重要方面，智库在决策研究中占据重要地位，在严谨的学术研究基础上提出符合实践的政策建议，这对实现国家治理体系和治理能力现代化具有积极作用。因此，智库建设要与国家治理体系相结合，通过学术积累和决策服务逐渐融入国家治理体系建设，实现智库的决策价值。

五是要进一步发挥智库在提升国家软实力中的作用，为中国经济参与国际竞争创造有利条件。智库通过与国家其他机构的交流合作，介绍中国发展成果，宣传中国建设经验，提升中国在国际社会的地位和影响。另外，通过智库间的交流，还有助于国际社会了解中国未来的发展方向，为其他国家与中国开展务实合作创造条件[②]。例如，在共建“一带一路”中，中国智库通过研讨会、学术论坛等形式让更多国家了解中国改革开放成果，并共同探讨未来发展规划，这些学术活动加强了国际社会对共

① 文庭孝、姜坷炘、赵阳：《国内外智库发展及其评价》，《高教发展与评估》2016年第5期。

② 戴琦、袁曦临：《议题设置推动智库国际化发展的实证研究》，《情报资料工作》2019年第3期。

建“一带一路”的认识，为相关工作顺利进行创造了有利条件。因此智库组织的学术交流活动可以成为中国扩大影响力的重要途径，在智库建设中要有意识地利用这种机制，扩大中国影响力，提升国家软实力。

（中国社会科学评价研究院　宋 洋）

参考文献

［1］荆林波等：《中国智库综合评价 AMI 研究报告（2017）》，中国社会科学出版社 2018 年版。

［2］荆林波：《提升我国智库国际影响力：问题与对策》，《中国社会科学报》2018 年第 4 期。

［3］荆林波：《中国智库发展的问题及策略》，《新闻与写作》2018 年第 6 期。

［4］李艳双、烟小静：《“一带一路”优秀智库研究现状与对策建议》，《智库理论与实践》2018 年第 6 期。

［5］任恒：《国内智库研究的知识图谱：现状、热点及趋势——基于 CSSCI 期刊（1998—2016）的文献计量分析》，《情报科学》2018 年第 9 期。

［6］上海社会科学院智库研究中心课题组：《五年来智库这样助力“一带一路”》，《决策探索（上）》2018 年第 10 期。

［7］赵若锦、陈锐：《我国智库发展现状及提升路径研究》，《现代管理科学》2018 年第 11 期。

［8］彭瑛、李树德、曹如中：《我国智库发展的历史追溯、实践探索与提升策略研究》，《图书馆理论与实践》2019 年第 6 期。

［9］陈振明、黄元灿：《智库专业化建设与公共决策科学化——当代公共政策发展的新趋势及其启示》，《公共行政评论》2019 年第 3 期。

［10］戴琦、袁曦临：《议题设置推动智库国际化发展的实证研究》，《情报资料工作》2019 年第 3 期。

［11］金鑫、林永亮：《“一带一路”建设中的智库交流——“一带

一路”智库合作联盟建设实践及发展前景》，《当代世界》2019 年第 5 期。

［12］李雪苗:《加强我国新型智库内涵发展的动因与策略研究》,《图书馆理论与实践》2019 年第 4 期。

［13］张宁:《TTCSP 对中国智库评价和发展的启示》,《中国高校科技》2018 年 Z1 期。

［14］刘海峰、刘畅、曹如中:《新型智库服务政府决策的发展契机与提升策略研究》,《情报杂志》2018 年第 1 期。

［15］许佃兵:《中国特色新型智库内涵式发展》,《河南社会科学》2017 年第 3 期。

［16］詹国辉、张新文:《中国智库发展研究：国际经验、限度与路径选择》,《湖北社会科学》2017 年第 1 期。

［17］文庭孝、姜坷炘、赵阳:《国内外智库发展及其评价》,《高教发展与评估》2016 年第 5 期。

［18］张宇燕:《智库在“一带一路”建设中的角色》,《中国投资》2016 年第 4 期。

［19］史育龙:《以智库为支撑推进“一带一路”建设》,《中国发展观察》2016 年第 1 期。

［20］郑荣、孙筠:《协同创新理念下的产业智库联盟构建及其保障对策研究》,《图书情报工作》2018 年第 21 期。

美国智库研究报告

美国智库的历史可以追溯到19世纪末20世纪初的“进步主义运动”时代，一方面，第二次工业革命为美国的经济发展创造了机会窗口，一批大企业、大城市在这一时期蓬勃发展；但另一方面，经济的迅猛发展与国家治理制度的缺陷形成了突出矛盾，各种政治、社会问题激增，改革呼声强烈。这样的时代背景催生了现代智库的雏形，持不同观点和分立不同意识形态立场的有识之士纷纷发起并建立不同的社会团体、研究机构，针对各种社会问题向国会和政府提出解决方案，推行自身的政治主张。至今全球知名的卡内基国际和平研究院（Carnegie Endowment for International Peace，1910年），政府研究所（The Institute for Government Research，1916年，系布鲁金斯学会 Brookings Institution 前身），胡佛研究所（The Hoover Institution on War，Revolution，and Peace，1919年），美国对外关系委员会（Council on Foreign Relations，1921年）都是在这一时期发端[①]。

发展至今，综合各方面指标，美国仍然是世界第一智库强国，经过上百年的发展，美国智库无论在数量、类型、地域、资金流向的分布，还是在单个智库的规模、人员结构、研究领域和运营模式等方面都基本趋于稳定，研究美国智库势必对国内新型智库建设具有重要的启示性意义。与此同时，全球范围内黑天鹅事件频出却导致对智库作用的质疑声

---

① 周琪：《美国智库的组织结构及运作——以布鲁金斯学会为例》，《理论学习》2015年第6期。

四起,美国智库无疑首当其冲,借此反思智库发展进程中面临的挑战和存在的问题也有利于在国内智库研究和建设的热潮中回归冷静。

本报告主要分为五个部分:第一部分对美国智库近五年的研究和发展概况进行了梳理,并结合"全球智库综合评价 AMI 指标体系"对智库代表性的运行特点进行了归纳;第二部分对美国智库有关中国研究的代表性机构、学者等进行了概括和评价,并遴选出了 35 位美国智库中的"知华派"学者;第三部分对美国智库近年来关于"一带一路"主题的相关研究进行了分析和讨论,对其中代表性的观点和成果进行了归纳和介绍;第四部分是通过对美国智库的研究提出对中国特色新型智库建设发展的启示;第五部分是结语。

一 美国智库概况

美国有许多耳熟能详的智库机构,例如布鲁金斯学会、兰德公司(RAND)、卡内基国际和平研究院、传统基金会(the Heritage Foundation)、美国进步中心(Center for American Progress)、美国和平研究所(United States Institute of Peace)、伍德罗·威尔逊国际学者中心(Woodrow Wilson International Center for Scholars)、胡佛研究所、美国战略与国际问题研究中心(Center for Strategic and International Studies)、美国对外关系委员会、卡托研究所(Cato Institute)等。其中大多智库都曾经扮演过美国时任政府重要智囊的角色,在政府内政外交政策的制定中发挥着重要的影响。布鲁金斯学会、兰德公司和卡内基国际和平研究院三家在智库界的地位已无需赘述,除兰德公司外,其余两家智库的历史已过百年,兰德也是自二战起一直作为美国联邦政府最重要的军事决策咨询机构,曾多次对古巴导弹危机、美国经济大萧条等重要的历史事件进行过成功预测,有获取白宫机密文件的特权。他们基本已成为各国智库的榜样和效仿的对象。传统基金会是美国保守派的第一大智库,曾积极支持并影响过里根政府。美国进步中心曾作为克林顿(William Clinton)和奥巴马(Barack Obama)两任总统从竞选到执政的重要智囊;美国和平研究所是一个董事须由美国总统提名，并经参议院任命同意的智库机构；伍德罗·威尔逊国际学者中心是为了纪念美国唯一拥有研究型博士学位（Ph. D.）[①] 的总统伍德罗·威尔逊（Woodrow Wilson）而成立和命名；胡佛研究所则直接是由美国第三十一任总统赫伯特·胡佛（Herbert Hoover）建立的。这些智库的故事和美誉被全球各地的智库研究者和从业者传颂，可谓是耳熟能详。[②] 因此，为更加多元地展示美国智库的风貌，本报告在对智库运行特点进行分析时将尽可能在这些著名智库之外再寻找到一些其他有特色的智库案例，呈献给读者。

（一）美国智库研究概况

2013 年是国内智库研究的分界点，之前的代表性研究以概念界定、类型划分和国外经验介绍为主，且基本以现代智库发源地美国的智库为主要研究对象。学者结合自身的研究领域，从各个角度探讨了智库发挥的作用。丁煌[③]、任晓[④]、林芯竹[⑤]等从整体视角梳理了美国智库的发展历程、发挥的功能及运作机制，薛澜[⑥]分析了在美国公共政策制定过程中

---

① 其他为人耳熟能详的是以奥巴马总统为代表的许多美国政治家获得的法律职业博士文凭（Juris Doctor，简称 J. D.），虽然也有“博士”字样，但非“博士学位”，无法与研究型的博士学位比肩，但却也足以说明法律专业在美国政治家职业选择中的重要作用，许多拥有政治理想的美国人都会去额外攻读一个法律职业博士，这种现象体现在州长、联邦议会、总统内阁等各群体中。详细可参考于永达、吴田：《成长路径与领导力发展关系的中美比较》，《中国行政管理》2014 年第 1 期。

② 有关美国智库的发展历程、类型、运行机制等基本情况的详细介绍可参考本研究院 2016 年发布的评价报告（沈进建：《美国智库的形成、运作和影响》，《中国社会科学评价》2016 年第 2 期）。有关布鲁金斯学会、兰德公司和传统基金会的分析及其政策影响机制的详细介绍可参考作者的前期相关研究成果（吴田：《美国智库影响政策议程设立的多源流模型设计与应用》，《智库理论与实践》2016 年第 1 期）。本报告是本研究院发布的第二本《全球智库评价研究报告》中的组成部分，主要探讨 2015 年以来近五年时间内美国智库的发展趋势及特点。

③ 丁煌：《美国的思想库及其在政府决策中的作用》，《国际技术经济研究学报》1997 年第 3 期。

④ 任晓：《第五种权力：美国思想库的成长、功能及运作机制》，《现代国际关系》2000 年第 7 期。

⑤ 林芯竹：《为谁而谋：美国思想库与公共政策制定》，知识产权出版社 2007 年版。

⑥ 薛澜：《在美国公共政策制订过程中的思想库》，《国际经济评论》1996 年第 Z6 期。

智库扮演的角色，朱旭峰[①]论述了美国智库对社会思潮的影响，王莉丽[②]从舆论传播和公共外交的角度介绍了美国智库的功能与角色，陶文钊[③]从智库的角度对中美关系进行了探讨。这一阶段研究的探索性强，观点多元，为之后对中国特色新型智库的功能界定奠定了基础。

2013 年之后，国内智库研究成果井喷式增长，尤其是两办《意见》出台后，研究基本以官方文件为依据，从不同视角阐释中国特色新型智库的发展路径。在借鉴国外经验方面，美国仍是最被青睐的国家。杨尊伟和刘宝存[④]、沈进建[⑤]等从美国智库的类型划分、发展阶段和影响等全方位的宏观视角进行了分析和借鉴，赵可金[⑥]、张康之和向玉琼[⑦]则具体到智库的结构特点、运作机制和人才培养等微观层面进行讨论，吴田[⑧]借用政策分析中的“多源流”框架，从政策过程视角，对美国智库影响政策议程设立的机制进行了分析。

综合来看，国内学者的研究一方面仍以介绍性、归纳性的成果为主，思路大多局限在就两办《意见》中涉及的相关内容进行解读，上升到理论层面、范式层面的研究还较少；另一方面研究的整合性和系统性较差，多是就智库建设中的某一个点，或者是就某一家或多家代表性智库进行分析，国内学术界还没形成一套关于智库研究的话语体系和逻辑框架。

概观全球，美国在智库研究领域也处在领先地位。早在 1971 年，保罗·迪克森（Paul Dickson）便出版了第一本专门介绍美国智库的著作[⑨]。美国智库研究的高潮期出现在20 世纪90 年代，对智库概念、种类和功能的

① 朱旭峰：《美国思想库对社会思潮的影响》，《现代国际关系》2002 年第 8 期。

② 王莉丽：《旋转门：美国思想库研究》，国家行政学院出版社 2010 年版。

③ 陶文钊：《近来美国智库关于美对台政策的争论》，《现代国际关系》2012 年第 2 期。

④ 杨尊伟、刘宝存：《美国智库的类型、运行机制和基本特征》，《中国高校科技》2014 年第 7 期。

⑤ 沈进建：《美国智库的形成、运作和影响》，《中国社会科学评价》2016 年第 2 期。

⑥ 赵可金：《美国智库运作机制及其对中国智库的借鉴》，《当代世界》2014 年第 5 期。

⑦ 张康之、向玉琼：《美国的智库建设与 MPP 教育》，《中国行政管理》2014 年第 9 期。

⑧ 吴田：《美国智库影响政策议程设立的多源流模型设计与应用》，《智库理论与实践》2016 年第 1 期。

⑨ P. Dickson, *Think Tank* , New York: Atheneum, 1971.

界定同样是研究者普遍关注的角度。美国智库的功能也基本集中在生产政策思想、提供政策方案、培育储备人才、教育服务公众等方面①②，除却部分智库需服务于两党分野的政治争夺外，基本与中国智库的作用无差别。

在美国的智库研究成果中，理论性和系统性相对更强。精英主义和多元主义一直是美国政治社会中两种主要的理论模式，精英主义认为权力的精英主导着政策的制定③，作为“政策精英”的智库专家更多地通过与“政治精英”之间的关系纽带来影响决策④；而多元主义则认为政策是利益平衡的结果⑤，智库的作用发挥更多地受到多种利益集团和政策参与主体间相互博弈的影响，智库越来越倾向于向拥有财团资金支持和市场需求的议题领域集中⑥。

在研究内容的选取方面，学者就美国智库的研究早已超出了泛泛而谈的介绍性阶段，而是依托于政治学、外交学、公共政策和公共管理等学科基础，推演出一系列严谨的理论开发和实证研究成果。这些研究大多基于丰富的案例和详细的数据，从而深入剖析智库如何在外交、税改、医改等不同的政策子系统中发挥作用⑦⑧⑨，并解释智库如何在政策过程

---

① K. R. Weaver, The Changing World of Think Tanks, *PS*: *Political Science & Politics*, Vol. 22, 1989; J. G. Mcgann, *Think Tanks and Policy Advice in the US*: *Academics*, Advisors and Advocates, London & New York: Routledge, 2007.

② J. G. Mcgann, *Think Tanks and Policy Advice in the US*: *Academics*, Advisors and Advocates, London & New York: Routledge, 2007.

③ W. C. Mills, The Power Elite, *Political Science Quarterly*, Vol. 71, 1957.

④ J. A. Smith, *The Idea Brokers*: *Think Tanks and the Rise of the New Policy Elite*, Michigan: Free Press, 1991.

⑤ R. A. Dahl, Dilemmas of Pluralist Democracy, *Political Science Quarterly*, Vol. 71, 1982, 98 (2).

⑥ A. Rich, Think Tanks, Public Policy, and the Politics of Expertise, *Journal of Politics*, Vol. 69, 2010.

⑦ D. E. Abelson, *American Think-Tanks and Their Role in US Foreign Policy*, New York: St. Martin's Press, 1996.

⑧ H. J. Wiarda, The New Powerhouses: Think Tanks and Foreign Policy, *American Foreign Policy Interests*, Vol. 30, 2008.

⑨ A. Rich, Think Tanks, Public Policy, and the Politics of Expertise, *Journal of Politics*, Vol. 69, 2010.

的不同阶段借助各种渠道扩大影响力①②，这其中涉及知识交流、连锁董事、“旋转门”等多种重要机制。

综合来看，美国学者基于自身的环境优势，研究的结构性、系统性和逻辑性更强，这种依托于成熟的理论框架和丰富的实证数据进行的研究一方面更具有说服力，另一方面也更加有利于解构出智库发挥各种作用背后的相关机理。

（二）美国智库的运行特点

美国智库发展至今“已经形成了一个由规模不等、专业不同、价值取向各异、来自不同类型的智库组成的智库方阵”③。在这一方阵中，非营利组织是最为典型，也是最为常见的智库组织类型。这一类型的组织运营需要严格遵守《美国国内税收法典》（US Internal Revenue Code）中501（C）（3）条款的有关规定，同501（C）条款中的其他类型的组织（共有28个类别）不同，501（C）（3）涉及的组织具体有三大类，公共慈善机构、私人基金会和私人运营基金会，与其他免税实体相比，这三类组织获得的最独特的优待条件是对捐赠的免税。通常而言，公共慈善机构等非营利组织的捐赠主体可以是个人、公司、政府或其他慈善机构，在这些主体捐赠的款项中，最多可以获得50%的税收减免。此外，部分州也会对501（C）（3）组织免征销售税和财产税。与这些优惠条件相对应的，501（C）（3）组织也受到法律的严格管制，包括组织中任何的个体都不可借助组织来谋利，更不能分割组织的资产和收益；此外组织的各类活动都要保证不干预政治和选举④。由此，大多数智库都会在官方介绍中明确表明自己的非营利性、独立性和政治中立性。但在实际运行中，

---

① D. E. Abelson, *Do Think Tanks Matter: Assessing The Impact Of Public Policy Institutes*, Montreal: McGill-Queens University Press, 2002.

② James G. Mcgann, *Global Go To Think Tank Index Report* ($1^{st}-11^{th}$ *edition*), Think Tanks and Civil Societies Program, University of Pennsylvania, 2008 - 2019.

③ 沈进建:《美国智库的形成、运作和影响》,《中国社会科学评价》2016年第2期。

④ 资料来源：Foundation Group, https://www.501c3.org/what-is-a-501c3/, 2019年6月1日访问。

难免会面对各种冲击和挑战。美国智库需要为其产品寻找“买主”，为其资金来源寻找“金主”，迎合决策者的“口味”和满足金主的需求，都是难以避免的；与此同时，“旋转门”机制带来的卸任后进入智库工作的前任政府官员难免会带有其自身已有的政治立场和人脉关系。因此智库的独立性和中立性在现实中都难以保障。

具体来看，针对美国智库运行特点的分析，学术界和智库界已产出许多成果，本报告在此便不再面面俱到地进行分析，而是挑选其中最具特色和代表性的几方面要素，结合“全球智库综合评价 AMI 指标体系”进行阐述。AMI 指标体系由智库的“吸引力、管理力和影响力”共同组成，结合美国智库的运行特点，本报告将选取美国智库在“三力”中表现最突出、最具特色、最值得借鉴的方面加以阐释。鉴于影响力是“三力”中权重最大的指标，本报告将在影响力方面多着笔墨。

1. 吸引力——智库的数据库资源及共享

数据库资源是智库的宝藏，是衡量智库“环境吸引力”的重要指标。建立所在专业领域的高质量数据库，不仅可以服务于本智库的研究，也可以通过开放共享带动整个研究领域的水平提升。美国智库在数据积累和数据库建设方面的重视程度很高，数据库的建立可以是选择在“小切口”领域的深耕，但要绝对保证数据的权威性和代表性。

经济政策研究所（Economic Policy Institute，EPI）位于华盛顿特区，是一个目标非常明确的小型专业化智库，专注于研究经济趋势和政策对美国工薪阶层的影响。EPI 认为，每个劳动者都应该得到一份有公平报酬、负担得起的医疗保健和退休保障的好工作。为了实现这一目标，EPI 对美国就业的经济状况和相关政策进行研究，并基于政府数据编制建立了“美国工作状态数据库（The State of Working America Data Library）”，为研究人员、媒体和公众提供了关于美国劳动力的即时、便利和全面的历史数据。用户只需在研究成果中进行科学规范的标注便可以免费使用其数据①。位于伊利诺伊州的美国哈兰学会（Heartland Institute）是世界

① 资料来源：经济政策研究所，https：//www. epi. org/data/，2019 年 6 月 2 日访问。

领先的自由市场智库之一，使命在于发现、发展和促进自由市场解决社会和经济问题。学会拥有一个名为 PolicyBot 的在线数据库和搜索引擎①，包含了来源于约 300 个自由市场智库和倡导团体的 3.2 万多份报告和评论的全文（不仅仅是链接），在争取个人自由和有限政府的国家，甚至越来越多的国际运动中发挥着重要作用。基于这一资源优势，学会每月向全美的公务人员、商业领袖和公民发放三份政策性报纸——《预算与税收新闻》《环境与气候新闻》和《学校改革新闻》。总部位于新泽西州的迈斯麦提卡政策研究中心（Mathematica Policy Research），一直从事政策评估工作，并在美国境内开展了第一个社会政策实验——新泽西负所得税实验（the Negative Income Tax Experiments）②。中心坚持用严谨的方法收集和分析高质量的定性和定量数据，并且会根据用户的需求提供数据科学和分析的定制服务，具体包括：数据分析设计，数据集成、管理、验证，数据可视化等内容③。华盛顿特区的世界资源研究所（World Resources Institute，WRI）以“让伟大想法成为现实（Making Big Ideas Happen）”为口号，重点关注为减少贫困、发展经济和保护自然系统必须应对的紧迫性的全球挑战。为此，WRI 将自己的数据和研究成果免费开放，使用户能够基于此创建自己的产品、进行自己的分析并得出自己的结论。为了支持这一愿景，WRI 承诺开放数据的三个关键原则：“数据应该免费公开许可，允许任何人使用、共享和修改我们的工作；数据应该易于访问和下载，全面描述，机器可读，并随着时间的推移进行维护；数据应该是完整的和有重点的，以便其他人能够测试和检查我们的工作。”④

由上述案例可以看出，美国智库非常重视在研究过程中积累和使用

① 资料来源：哈兰学会，https：//www. heartland. org/policybot/index. html，2019 年 6 月 2 日访问。

② 资料来源：迈斯麦提卡政策研究中心，https：//www. mathematica – mpr. com/news/the – robots – are – coming，2019 年 6 月 2 日访问。

③ 资料来源：迈斯麦提卡政策研究中心，https：//www. mathematica – mpr. com/services/data – science – and – analytics，2019 年 6 月 2 日访问。

④ 资料来源：世界资源研究所，https：//www. wri. org/resources，2019 年 6 月 2 日访问。

数据资源，坚持高质量研究源于高质量数据的理念；并且智库建立的数据库基本都是向社会免费开放的，鼓励大众合理应用这些数据资源产出更多有意义的成果以回报社会发展和进步。

2. 管理力——智库的使命与价值观

对于一个组织而言，其使命或者宗旨是其发展的目标和方向，也是其价值的体现，智库也不例外。共同的价值观是智库全体成员为实现其使命而认可和推崇的基本信念，是智库“管理力”发挥的重要体现。美国的智库在设立自身的使命和价值观方面都较为用心，用精练的语言高度概括智库的使命，不仅可以帮助智库成员更好地理解自身的工作目标，并增强组织的凝聚力和向心力；也可以使外界对智库有一个更加形象和具体的认识，了解其主要研究方向以及基本主张和立场。

位于密歇根州的阿克顿研究所（Acton Institute for the Study of Religion and Liberty）以英国历史学家约翰·阿克顿勋爵（1834—1902 年）的名字命名。他最著名的观点是：“权力导致腐败，绝对的权力导致绝对的腐败。”受他关于自由与道德之间关系论述的启发，阿克顿研究所试图阐明一种自由与道德并存的社会愿景。基于此，其使命在于促进建立一个以个人自由为特征，以宗教原则为支撑的自由和道德并存的社会[①]。美国第 39 任总统吉米·卡特（Jimmy Carter）同其夫人罗莎琳·卡特（Rosalynn Carter）建立的卡特中心（The Carter Center）位于佐治亚州，致力于预防和解决冲突，加强自由和民主，以及改善人类健康。[②] 中心通过与近 90 个国家和地区的合作来实现其使命，强调行动的重要性和产生可以衡量的结果，是典型的行动型智库。哥伦比亚大学的地球研究所（Earth Institute，Columbia University）是一家自然科学领域的高校智库，其坚持“可持续发展”是“科学、合作、教育、影响”的集合（Science + Collaboration + Education + Impact = Sustainability）的价值

① 资料来源：阿克顿研究所，https：//acton. org/about/mission，2019 年 6 月 1 日访问。

② 资料来源：卡特中心，https：//www. cartercenter. org/about/index. html，2019 年 6 月 1 日访问。

观，利用知识制定政策，制定切实可行的解决方案，以应对当前人类面临的诸多在环境、资源和气候变化方面的挑战①，充分体现了当代科学家的使命和情怀。

这些精练且具有号召力的使命或价值观的表述，首先有助于智库组织有效且准确地招揽到具有共同价值观和认同感的成员，“道不同不相为谋”，各路人才在决定加入该智库前，势必会权衡自身能力、素质和价值观是否与组织的价值观相契合；其次有助于智库内成员迅速树立共同的目标，认清个体在组织实现其宗旨的进程中的定位；再次有助于广大社会公众监督智库工作的方向和成效是否与其公开的价值观、使命或宗旨相符合，有助于智库在所处的国家和社会环境中获得威望。

3. 影响力——智库的网络和联盟建设

“国内网络”和“国际网络”的建设都是智库发挥“社会影响力”和“国际影响力”的重要路径。美国的智库以小规模、小体量为主，专职研究人员数量不多，上百人规模的智库在美国已属大型。因此建立机构间、专家间的协作网络成为美国智库运营中较为常见的一种方式。

东西方研究所（EastWest Institute，EWI）是一个具有全球影响力的多元化网络型智库，通过在代表政府、军事、商业和民间社会的全球领导人和有影响力的人之间建立新的联系、推动有意义的对话，以便在世界各地建立信任和防止冲突。相关实践可以追溯到冷战时期，主办了北约和华约组织国家之间的首次军事对话，增进了美苏之间的信任和理解②。在物理意义上，EWI 分布在各大洲的办公室连接着全球不同的专家和领导者，从而提供了一个多样化的知识库来支持其项目工作。政策研究所（Institute for Policy Studies）的焦点外交政策项目（Foreign Policy In Focus，FPIF）是一个“没有围墙的智库”，联系着全球 600 多名学者、

① 资料来源：地球研究所，https：//www. earth. columbia. edu/articles/view/1791，2019 年 6 月 1 日访问。

② 资料来源：东西方研究所，https：//www. eastwest. ngo/info/about，2019 年 6 月 3 日访问。

倡导者和活动家的研究和行动，致力于建设一个更加公平、和平和可持续的社会，也致力于使美国成为一个更负责任的全球伙伴①。国际私企研究中心（Center for International Private Enterprise，CIPE）的办公场所涉及全球，在50多个国家开展130多个项目。CIPE积极与当地商业领袖合作，通过以市场为导向的解决方案扩大相关企业包容性增长的机会②。国家安全商业主管组织（Business Executives for National Security）是由450多名企业和行业高管自发建立的民间非营利组织，他们自愿拿出自己的时间和专业技能，应对国家安全领域最紧迫的挑战③。

网络的建立可以拓展智库的工作范围，提升智库的工作效率，充分利用分布在全球各地的相关资源开展本领域的研究和推广研究成果，提升智库的影响力和行动力。

4. 影响力——智库的产品种类及呈现形式

智库产品是智库思想的载体，也是智库发挥“政策影响力”和“学术影响力”的重要依托，美国的智库多是通过推广自己的产品来倡导自己的思想。由此，产品的类型、质量、呈现形式往往直接影响着决策者的关注度和采纳度。

位于宾夕法尼亚州的外交政策研究所（Foreign Policy Research Institute）是一家关注美国面临的外交政策和国家安全挑战的小型但颇具影响力的智库，其产品种类丰富，面向政策制定者、教育工作者和公众等广泛的人群。首先研究所创办了一本始于1957年的世界事务季刊：《奥比斯》（Orbis：FPRI's Journal of World Affairs），为相关领域学者提供发声平台。智库的相关研究类成果主要有电子笔记系列（E-notes）、课堂脚注系列（Footnotes）、地缘政治：FPRI博客系列（Geopoliticus：The FPRI Blog）、费城公报系列（The Philadelphia Papers）、研究报告和专著系列、国会听

① 资料来源：焦点外交政策项目，https：//fpif. org/about/，2019年6月3日访问。

② 资料来源：国际私企研究中心，https：//www. cipe. org/who - we - are/，2019年6月3日访问。

③ 资料来源：国家安全商业主管组织，https：//www. bens. org/about - bens/our - mission，2019年6月3日访问。

证会证词系列、存档出版系列（Archived Publication Series）等[①]。以“大胆、创新、两党（Bold. Innovative. Bipartisan）”为主题词的新美国安全中心（Center for a New American Security）致力于围绕国防、安全等相关领域开展开拓性、创新性的研究，基于此，其研究成果的种类也相对多元和新颖，除传统的研究报告外，还包括国会证词、评论、博客、视频和播客等，此外智库还有一系列文章是专门为帮助下一任总统及其竞选团队提供安全议程建议的。这其中视频和播客类的多媒体产品比较有特色，在传统的文字类成果的基础上为受众提供了更多的选择，可以随时随地关注和获取智库的产品[②]。2017 年，中心还与 21 世纪福克斯公司（21st Century Fox）联手推出了 CNAS－21CF 系列电影，与政策专家和民选官员围绕 21 世纪福克斯公司有关国家安全和退伍军人问题的电影和电视节目展开讨论。位于佐治亚州的经济教育基金会（Foundation for Economic Education）是一个面向新一代年轻人的，寻找未来领袖的行动性智库，为此，其提供的产品也比较符合年轻一代的偏好。基金会出产的视频系列生动有趣，例如名为“常识”的系列短剧通过简短的视频、喜剧化的台词和有趣的苏格拉底人物动画形象从古典自由主义的角度对流行的问题和重要的概念进行阐释；“自由的故事”系列影片则是以历史上推动自由主义发展进程的英雄为主角，制作的一系列强大而感人的叙事短片[③]。

鉴于美国智库大多以慈善机构的性质存在，寻求各种机构和个人的资金支持，寻求决策者和广大民众的关注，都是美国智库生存发展的必需。因此，成果形式的丰富性、多样性和产品的创新性、精美性是美国智库相对普遍的一种优势。

① 电子笔记是涵盖各种新闻主题的定期公告，通过电子邮件和传真分发；课堂脚注是专为教师和学生设计的文章，通常选取自讲座内容；费城公报是一系列篇幅较长的文章，致力于阐明当时的外交政策和国家安全问题；存档出版系列是选取了一些重要的档案、电报、舆情监测成果，围绕重要战略主题进行的研究成果，围绕重要事件选取的成果等进行存档。资料来源：外交政策研究所，https：//www. fpri. org/publications/，2019 年 6 月 3 日访问。

② 资料来源：新美国安全中心，https：//www. cnas. org/，2019 年 6 月 3 日访问。

③ 资料来源：经济教育基金会，https：//fee. org/shows，2019 年 6 月 3 日访问。

（三）美国智库近五年发展变化

智库的发展一方面同所在国家的政治制度、政治环境息息相关。美国实行总统制，每四年举行一次大选，每次换届都伴随着政府班底的大换血，涉及变动的官员达4000余人，新任总统组建的执政团队有相当数量是来自其青睐的智库，而上届政府卸任的官员也多会到智库从事研究工作，这种智库学者与政府官员之间的角色转换，就是美国智库广为人知的“旋转门”机制。因此在美国，总统的个人偏好，政策观点导向，对智库的态度和支持程度等都会影响到智库阶段性的发展态势。

美国的主流思想流派向来有保守派和自由派之争，简单来说，自由派更加倾向于大政府，相信和重视政府在维护正义和保证机会均等中能够起到的作用；而保守派则提倡有限政府，除必须的国防等事业外，应当限制政府超出其边界去破坏社会应起到的作用。大多数美国智库是没有党派属性的（non-partisan），但是有其思想流派的差异。相较而言，从奥巴马（Barack Obama）政府到特朗普（Donald Trump）政府的转变，也在一定程度上代表了从自由派占主导向保守派占主导的转变。特朗普上任后，以美国保守派大本营著称的传统基金会等智库明显比从前受到了更多的重用，也是这一轮政府换届中的最大智库赢家。2016年，传统基金会发布了第七期《领导人的职责》（Mandate for Leadership）系列报告，确定了新任总统（特朗普）一入主白宫就可以采取的具体行动方案，截至11月，传统基金会共完整发布了该报告的三个部分：《平衡蓝图：2017年联邦预算》《改革蓝图：2017年新政府的全面政策议程》和《新一届政府蓝图：总统的优先事项》①，为新政府提供了实施保守主义的全套步骤。

特朗普上任伊始便削减了对智库的经费支持，许多资金来源中联邦

---

① The Heritage Foundation, Mandate for Leadership: A Comprehensive Policy Agenda for a New Administration, https://www.heritage.org/budget - and - spending/report/mandate - leadership - comprehensive - policy - agenda - new - administration，2019年6月3日访问。

政府资助占比较大的智库，例如城市研究所（Urban Institute）、威尔逊中心（Wilson Center）等都因此而受到了影响，至少会面临一段预算不确定时期。此外，特朗普政府的决策过程基本是封闭的，并且政策重点具有分散性和不可预测性，智库难以在短期内给出有见地的、可靠地分析，并且特朗普走马灯式地更替内阁成员，更是让智库工作无从下手。特朗普的一些个人属性也在很大程度上打破了总统与智库原有的互动方式，偏爱于推特（Twitter）治国，很难听取他人的意见，并且仅能接受很简短的信息，这些都使得智库咨政建言角色的重要性受到严重打击①。

事物都具有其两面性，尽管特朗普的执政方式给智库带来了挑战，但如果有机会加以利用，智库的影响力并不会削弱。智库影响决策是要通过应对不同权力层级的人员来实现的，当前美国政治中广泛的权力分配、分裂的党派格局恰好为智库分散其影响渠道，针对分散的决策者个体施加影响。与此同时，智库可以把更多的关注力转移到广大美国公民身上，向更广泛的受众传播智库的研究成果和相关信息。如果能够得到重视和认同，这也会成为其增加融资收益的一条渠道②。

智库的发展另一方面与所处的经济社会发展的大环境息息相关。近五年来，信息技术和经济全球化飞速发展，“以智能化、网络化、数字化为核心特征的新一轮工业革命正处于由导入期向拓展期转变的关键阶段”③。在这样的大背景下，传统智库面对着多重考验和挑战，而美国智库作为全球智库大军中的领头羊更是首当其冲。

首先，信息技术的快速迭代使得单纯依靠研究质量和研究能力取胜的智库丧失了优势，学术界和智库界的荣耀之路已经越来越分道扬镳，仅依靠“慢工出细活”“十年磨一剑”的研究耐力对于智库而言已经难以在近五年的快节奏中脱颖而出，智库一方面要抓住热点、重点、痛点，

① J. R. Christopher, Thinking about Trump: American think tanks and their new political reality, https://onthinktanks.org/articles/thinking-about-trump-american-think-tanks-and-their-new-political-reality/, 2019 年 6 月 4 日访问。

② 同上。

③ 谢伏瞻：《论新工业革命加速拓展与全球治理变革方向》，《经济研究》2019 年第 7 期。

迅速产出一些有价值、有水平的产品；另一方面也要学会推销和宣传，使得自己的产品和观点得到决策者等客户的青睐。

其次，大数据和人工智能时代，智库的“竞品”迅速增多，每个个体都可以成为一个智囊，甚至这个个体可以是虚拟的、是机器。许多趋势性的、舆情检测性的，甚至是预测性的研究分析工作都可以被人工智能所替代，并且在时效性、数据丰富性等方面都占有更大优势。

再次，近年来新技术的迅猛发展使得投资者和捐赠者更愿意把资金投入到技术性产品领域，对智库生产的智力性产品的投资力度降低，而美国智库对非政府财政资金的依赖度较高，经费大多来自个人、公司或其他慈善机构的捐赠，因此这一趋势使得智库需要将精力更多地转移到管理战略、沟通和运营策略、融资渠道等方面的创新上。

近五年来，美国智库的数量基本呈现饱和状态，根据詹姆斯·麦甘（James McGann）团队《全球智库报告》的统计，美国智库数量在近年来一直维持在1800余家[①]，进入内部整合阶段。但与此同时，与智库数量趋于稳定相伴随的是其影响力的停滞不前，尤其与近年来中国等国家智库的蓬勃发展相比略显疲态。

二　美国智库的中国研究

美国智库按照研究领域进行划分有一个重要的类别，那就是地域性研究智库，例如美国印度研究所（American Institute of Indian Studies）、乔治城大学当代阿拉伯研究中心（Center for Contemporary Arab Studies, Georgetown University）、芝加哥大学伊比利亚—拉丁美洲研究中心（Center for Iberian Latin American Studies ，Chicago University）、伊朗研究基金会（Foundation for Iranian Studies）、韩国经济研究所（Korea Economic Institute of America）等，这些智库对于美国了解相关地区的政治、经济、

① James G. Mcgann, *Global Go To Think Tank Index Report（1st – 11th edition）*, Think Tanks and Civil Societies Program, University of Pennsylvania, 2008 – 2019.

文化风貌，发展与相应地区的关系，制定相关的外交政策具有重要作用。近年来，随着中国国际地位的提升和国际影响力的增强，美国智库中与中国研究相关的机构、项目、平台和成果越来越多，专门从事中国问题研究的美国智库“知华派”学者也越来越多。

（一）美国智库中的“中国中心”

中国问题向来是美国智库关注的焦点之一，尤其是随着近年来中国国际地位的快速提升，特朗普上台后，美国的对华战略日渐碎片化、具体化①，美国智库对中国的关注进一步提升。这其中，有些智库建立了亚洲问题，或者是更加聚焦的中国问题研究中心；有些智库设立了中国问题的研究项目或者是数据平台；有些智库推出了中国问题研究的系列成果。

早在1928年，哈佛燕京学社（Harvard-Yenching Institute）便作为一家独立的基金会而成立，致力于亚洲人文社会科学高等教育的发展，尤其关注中国文化的研究。1955年，哈佛大学现当代中国研究学者费正清（John K. Fairbank）教授又设立了“东亚研究中心”，现今更名为费正清中国研究中心（Fairbank Center for Chinese Studies），以突出其在中国问题和汉学研究领域的专业性地位。随着中美两国关系的日渐密切，美国智库建立的中国问题研究中心也日渐增多。布鲁金斯学会设立了约翰·桑顿中国中心（John L. Thornton China Center），并在北京设立了办事处，即清华—布鲁金斯公共政策研究中心②。卡内基国际和平研究院开设了亚洲项目（Asia Program），并同样在清华大学设立了清华—卡内基全球政策中心作为项目的一部分③。美国战略与国际问题研究中心在夏威夷设立了

---

① 王缉思：《特朗普的对外政策与中美关系》，《当代美国评论》2017年第1期。

② 约翰·桑顿中国中心官方网站为 https://www.brookings.edu/zh-cn/center/john-l-thornton-china-center/，清华-布鲁金斯公共政策研究中心官方网站为 https://www.brookings.edu/zh-cn/center/brookings-tsinghua-center/。

③ 亚洲项目的官方网站为 http://carnegieendowment.org/programs/asia/，清华-卡内基全球政策中心的官方网站为 http://carnegietsinghua.org/。

相对独立的研究机构——太平洋论坛（Pacific Forum CSIS），关注东盟国家的相关问题[①]。伍德罗·威尔逊国际学者中心下设有基辛格中美关系研究所（Kissinger Institute on China and the United States），并会定期推出中美关系月报等研究产品[②]。胡佛研究所不仅拥有中国现代史档案馆珍藏的重要的历史档案，还有自2002年1月起公开发行的电子季刊杂志《中国领导观察》（China Leadership Monitor），专门针对中国主流媒体上发布的官方或知名学者的重要议题和观点进行观测和整理[③]。美国对外关系委员会的研究成果中专门按照地域进行了分类，其中在亚洲区域板块下便有专门针对中国的栏目[④]。此外，密歇根大学的李侃如—罗睿弛中国研究中心（Lieberthal - Rogel Center for Chinese Studies，Michigan University）[⑤]，加州大学伯克利分校的中国研究中心（Center for Chinese Studies，University of California，Berkeley）[⑥]，夏威夷大学的中国研究中心（Center for Chinese Studies，University of Hawaii at Manoa）等[⑦]，这些高校中设立的专门的中国问题研究中心也在关于中国研究的学术讨论中做出了重要贡献。

（二）美国智库中的“知华派”学者

从上述这些美国智库中的中国问题研究中心脱颖而出了许多著名的“知华派”学者，他们对于美国对华政策及美国对华舆论走向有着重要的引导作用。2015年1月15日，由外交学院国际关系研究所课题组完成的《美国知华派评估报告》在京发布。报告选取美国高校、智库、政府及军方的158名“知华派”专家为研究对象，分析他们在2003—2013年这十

---

① 太平洋论坛的官方网站为 https：//www. csis. org/programs/pacific-forum-csis。

② 基辛格中美关系研究所官方网站为 https：//www. wilsoncenter. org/program/kissinger - institute - china - and - the - united - states。

③ China Leadership Monitor 的官方网站为 https：//www. hoover. org/publications/china-leadership-monitor。

④ 美国对外关系委员会中国栏目的官方网站为 https：//www. cfr. org/asia/china。

⑤ 密歇根大学的李侃如 - 罗睿弛中国研究中心官方网站为 http：//www. ii. umich. edu/lrcc。

⑥ 加州大学伯克利分校的中国研究中心官方网站为 http：//ieas. berkeley. edu/ccs/。

⑦ 夏威夷大学中国研究中心官方网站为 https：//manoa. hawaii. edu/research/centers/。

年内的观点，并从政策影响力、学术影响力和社会影响力三个维度进行评估[①]，遴选出了20位美国的中国问题专家。5月27日，暨南大学国际关系学院陈定定在《瞭望智库》发文遴选了十位涵盖“老中青”三代的“中国通”[②]。8月，中国人民大学国际关系学院左希迎在澎湃新闻上发表专栏文章“探微美国研究中国外交的新一代”[③]，列举了近十年来获得博士学位的12位中国问题研究领域的中青年学者，并指出这些学者及其研究成果值得国内学界和政界的关注。

结合相关研究成果，本报告在前人研究的基础上遴选出了35位美国智库中的“知华派”学者——“知华三十五人”。[④] 本报告遴选的主要依据有：第一，过去五年中在相关领域有过发声，因此例如费正清等在此之前便已辞世的著名学者不在本报告的遴选范围内；第二，曾经（或现职）有过在智库的工作经历，如果仅拥有政府官员工作经历，则不在本报告的遴选范围内；第三，综合考虑学者的年代分布和研究领域分布的多元化和代表性。

表2　美国智库的“知华三十五人”（按英文名首字母排序）

序号	姓名（英文）	中文名	（曾）任职智库	主要研究领域
1	Andrew Erickson	艾立信	美国海军军事学院、美国对外关系委员会	军事和外交政策
2	Andrew Mertha	毛学峰	康奈尔大学	公民行动、中国政治
3	Avery Goldstein	金骏远	宾夕法尼亚大学	国际关系、安全、中国政治

① 《外交学院发布美国中国问题专家排名》，《中国社会科学报》2015年1月12日001版。

② 陈定定：《美国智库的十大“中国通”》，http://www.china.com.cn/opinion/think/2015-05/29/content_35692752.htm，2019年7月3日访问。

③ 左希迎：《谁是未来的李侃如、柯庆生：探微美国研究中国外交的新一代》，https://www.thepaper.cn/newsDetail_forward_1358998，2019年7月3日访问。

④ “知华三十五人”的遴选一方面结合了大量的相关研究文献，另一方面也征求了国内多位美国智库研究专家的意见。

续表

序号	姓名（英文）	中文名	（曾）任职智库	主要研究领域
4	Barry Naughton	巴里·诺顿	加州大学圣迭戈分校	中国经济
5	Bates Gill	季北慈	布鲁金斯学会	国际和地区安全、军事
6	Bonnie Glaser	葛莱仪	美国战略与国际问题研究中心	台湾问题
7	Bruce Dickson	狄忠蒲	乔治·华盛顿大学	中国政治
8	Charles Freeman	傅立民	美中政策研究基金会、美国大西洋理事会	中国外交、中美关系
9	Cheng Li	李成	布鲁金斯学会	中国政治
10	David Dollar	杜大伟	布鲁金斯学会	中国经济、中美经济关系
11	David Lampton	大卫·兰普顿	约翰·霍普金斯大学	中美关系
12	David Shambaugh	沈大伟	乔治·华盛顿大学	中国军事、政党、中欧关系
13	Douglas Paal	包道格	卡内基国际和平研究院	外交与安全、台湾问题
14	Elizabeth Perry	裴宜理	哈佛燕京学社、费正清中国研究中心	中国工人运动、中国社会和政治
15	Evan Medeiros	麦艾文	兰德公司	国家安全
16	Ezra Feivel Vogel	傅高义	费正清中国研究中心	中国社会和政治，汉学
17	Harry Harding	何汉理	弗吉尼亚大学	中美关系
18	Iain Johnston	江忆恩	哈佛大学	中国历史、文化
19	J. Stapleton Roy	芮效俭	美国战略与国际问题研究中心	中美关系
20	Jeffrey Bader	杰弗里·贝德	布鲁金斯学会	中美贸易、能源问题
21	Jessica Chen Weiss	白洁曦	康奈尔大学、美中关系全国委员会	中国政治、中国外交、民族主义
22	Ken Lieberthal	李侃如	密歇根大学、布鲁金斯学会	中国政治、中美关系

续表

序号	姓名（英文）	中文名	（曾）任职智库	主要研究领域
23	Melanie Hart	韩美妮	美国进步中心	中国能源与环境问题
24	Michael Glosny	郭达安	美国海军研究生院	中国外交和安全政策
25	Michael Swaine	迈克·史文	卡内基国际和平研究院	国家安全
26	Oriana SkylarMastro	梅惠琳	乔治城大学	中国军事战略
27	Richard Bush	卜睿哲	布鲁金斯学会	中美关系、台湾问题
28	Robert Ross	陆伯彬	波士顿大学、费正清中国研究中心	中美关系
29	Robert Sutter	罗伯特·萨特	乔治·华盛顿大学	中美关系
30	Scott Harold	斯科特·哈罗德	兰德公司	中国外交政策、东亚安全
31	Scott Kennedy	甘思德	美国战略与国际问题研究中心	中国政治、中国经济
32	Susan Shirk	谢淑丽	加州大学圣迭戈分校	中国政治经济学
33	Susan Thornton	董云裳	外交政策研究所	中国外交、中美关系
34	Taylor Fravel	傅泰林	麻省理工学院	中国的安全战略和领土争端
35	Tom Christensen	柯庆生	麻省理工学院、普林斯顿—哈佛中国与世界项目	中国外交、联盟政治和亚洲安全

数据来源：作者收集整理。

上表中呈现出的这些“知华派”学者大多为自己取了一个具有辨识度的中文名，讲一口流利的中文，经常往返于中美两国，亮相于各大中美问题相关论坛活动。其中不乏时任总统的政策顾问，或者高级官员。例如傅立民曾任尼克松访华期间的首席翻译。后担任美国国务院主管中国和蒙古国事务办公室主任、美国驻华大使馆副馆长、助理国防部长等职务；李侃如曾任克林顿政府国家安全委员会特别助理，亚洲政策资深主任，曾当选奥巴马政府中国顾问团成员；芮效俭曾任美国驻华大使，美国国务院助理国务卿；包道格曾任中央情报局亚洲事务高级专家，老布什政府的国家安全委员会特别助理兼亚太事务资深主任；谢淑丽曾任克林顿政府时期国务卿助理，主管中国事务；麦艾文曾任奥巴马政府国家安全委员会亚洲事务高级主任；罗伯特·萨特曾任国家情报委员会负责东亚和太平洋事务的情报官，国务院情报和研究局中国科主任等。[①] 这些人都在美国对华态度走向和对华政策的制定中发挥着举足轻重的作用，都可以凭借自身的地位和扮演的角色直接影响国家决策。2019 年 7 月 3 日，在中美贸易争端陷入僵局之际，美国《华盛顿邮报》刊登了一封标题为《中国不是敌人》（China is not an enemy）的致美国总统特朗普以及国会成员的公开信，由傅泰林、芮效俭、迈克·史文、董云裳和傅高义 5 人领衔撰写，其他 95 位美国学术界、外交政策界、军队以及商业界的资深亚洲及中国问题专家联合署名，共计 100 人。[②] 公开信从 7 个方面论证为什么把中国塑造成美国的敌人对美国不利，这在美国国内乃至整个亚太地区都引起了极大反响。中国外交部发言人耿爽在 7 月 4 日的例行记者会上就信中的理性、客观声音和观点表示了肯定。

从年代分布来看，上表中的“知华派”学者横跨了“老中青”三代，基本体现了美国学者自新中国成立以来 70 年的研究历程。以傅高义为代表的新中国成立后第一代中国问题研究学者，自 20 世纪 50 年代末起便开始学习中文，研究中国问题，在信息还非常闭塞的年代凭借扎实的田野调查和细致入微的资料搜集完成了多部影响至今的著作。在这样的传统影响下，李侃如、兰普顿、卜睿哲、何汉理、包道格等学者涌现，不仅关注的领域更加广泛、对中国的理解更加深入，而且对美国对华政策的影响力也极大增强。这些学者一方面在各大高校的中国问题研究机构或者项目中从事学术研究；另一方面也大多通过美国重要智库，或直接担任总统顾问，影响决策。而柯庆生、谢淑丽、江忆恩为代表的中生代学者也早已在各自的领域扮演着领头羊的角色。时至今日，一批在 2000 年

---

① 相关任职信息源自各学者在维基百科、所在机构官方网站等渠道公开的个人简历信息。

② China is Not An Enemy，*The Washington Post*，July 3，2019，https：//cis. mit. edu/publications/analysis – opinion/2019/china – not – enemy，2019 年 9 月 3 日访问。

之后获得博士学位的青年才俊，例如麦艾文、郭达安、梅惠琳、白洁曦等已经崭露头角，在专业度和细分性更强的研究领域贡献智慧。从研究领域来看，这些智库型学者的关注点仍主要集中在中国政治、军事、外交等几个传统方面，对经济问题、环境和能源问题近年来的关注度提升。在相关研究成果中，老一代和中生代学者的视角相对更加宏观，观点比较温和，多关注战略层面和国际关系层面的问题；而新生代学者关注的议题则更加具体，技术性和专业性更强，论证的学理性和逻辑严密性更强，有时对中国读者而言，其观点也显得更加犀利和刺眼。

三　美国智库的“一带一路”研究

“一带一路”倡议自2013年提出以来，一直受到世界各主要国家政府、智库、媒体以及民间的广泛关注，美国也不例外。虽然不是“一带一路”的合作国，也没有签署相关的战略协议，但却一直密切关注着“一带一路”倡议的发展和走向。从奥巴马向特朗普政府的过渡进程中，不同阶段也或多或少呈现出了不同的特点，基本经历了从观察、观望到研究、应对的方向转变①，态度则是经历了从漠不关心，到产生兴趣，到负面敌对的演变过程。

（一）美国智库关注“一带一路”倡议的分阶段辨析

奥巴马政府时期对亚投行和“一带一路”倡议主要采取的是一种消极抵抗、漠不关心或者委婉拒绝的态度，扮演着一种观察者、观望者的角色，但却以敌视和抗拒的立场为主。2017年特朗普政府接任后，随着“一带一路”倡议和亚投行项目的初见成效，美国政府开始释放积极信号，对“一带一路”倡议表现出了积极认同的态度。2017年6月，卡托研究所的一份题为“‘一带一路’：为什么特朗普应该支持中国的经济增

---

① 曹筱阳：《美国学界对“一带一路”倡议的评析》，《北京工业大学学报》（社会科学版）2018年第2期。

长计划”的文章中指出“中国应当分享其全球经济领导地位，可以通过开放资本市场，放宽进口壁垒，让更多外国人在中国工作和经商，同时应当解决美国的担忧，更加强调‘一带一路’的经济目的，而不是其他，更加注重私人投资和参与，而不是政府和国有企业”①。同年10月，卡托研究所的另一份研究报告“负责任的利益相关者：为什么美国应该欢迎中国的经济领导”中再次重申这一观点，并指出“中国政府可以成为推动自由贸易和支持区域经济伙伴关系的负责任的利益相关者，而对此，美国自身的资源和声望并没有受到威胁。因此美国可以通过与中国的合作成为促进日益重要的亚太地区贸易和繁荣的成功伙伴”②。这些都体现出当时的美国愿意尝试通过“一带一路”寻找经济上的合作和发展机会。

但随着特朗普执政的逐步深入，其自身的商人特质和其所坚持的“美国优先”路线突显，着重提升美国在经济和军事方面的竞争力，并同时降低其承担国际领导责任的成本③，这一态势的转折点出现在2017年12月，特朗普发布的任内首份《国家安全战略报告》（The National Security Strategy of the United States of America）中第一次将中国定位为“战略竞争者”，措辞鲜明地表现出中国争夺全球领导力的雄心，即中国正在寻求“在综合国力和国际影响力方面成为全球领导者”，并且考虑到中国已经成为世界第二大经济体和拥有世界上最大规模的军队之一，报告指出从长期来看，中国正在准备与美国在全球层面上展开竞争，争夺领导者地位④。自此以来，美国国内智库和学界围绕“一带一路”倡议的研究和政策争论显著升温，并在研究的基础上开始寻找应对措施。

---

① B. Doug, One Belt, One Road: Why Trump Should Get behind China's Economic Growth Plan, https://www.cato.org/publications/commentary/one-belt-one-road-why-trump-should-get-behind-chinas-economic-growth-plan，2019年7月6日访问。

② G. Colin, Responsible Stakeholders: Why the United States Should Welcome China's Economic Leadership, https://www.cato.org/publications/policy-analysis/responsible-stakeholders-why-united-states-should-welcome-chinas，2019年7月6日访问。

③ 赵明昊：《大国竞争背景下美国对“一带一路”的制衡态势论析》，《世界经济与政治》2018年第12期。

④ 吴田：《美国主流智库关注“中国新时代”的视角及观点探析》，《国外社会科学》2018年第5期。

2017年12月，卡内基国际和平研究院发布的《2018年亚太地区安全展望》（CSCAP Regional Security Outlook 2018）中的一部分以"'一带一路'去向何方"为题，明确判断"中国已经崛起为一个真正的全球经济和军事强国"，同时这份报告指出了"一带一路"倡议的三方面缺陷：缺乏明确目标，没有任何绩效标准，以及没有一个时间表①。2018年1月25日，全美亚洲研究所（The National Bureau of Asian Research，NBR）的罗兰德（Nadège Rolland）②在美国国会听证会上就中国的"一带一路"倡议主题面向美国国会中国经济与安全审查委员会（US China Economic and Security Review Commission，USCC）进行发言，他指出："一带一路"的无形表现，与实实在在的物质进步同等重要。通过共建"一带一路"，中国不仅加强了自己作为一个真正的全球大国的形象，还与全球三分之二的人口建立了多层次的政治、经济、教育、工业和安全网络，播下了在未来重塑欧亚经济和地缘政治格局的种子。毕竟，"一带一路"的成功主要在于中国影响力的增强，及其在世界关键地区可能占据的主导地位。面对此，罗兰德给出的建议是：美国可以在"一带一路"建设上与中国进行接触或合作，或将能说服中国精英改变其为中国设定的道路方向；同时应更系统地指出"一带一路"存在的问题，更明确地指出中国试图剥夺"开放、全球化"等概念的本来内涵和意义；此外美国还可以制定替代方案，并与其他自由民主国家进行协调以实现这些方案③。传统基金会的杰夫·史密斯（Jeff Smith）在其文章"中国的'一带一路'倡议：战略意义和国际反对"中指出，中国的"一带一路"倡议正在重塑沿线地区的经济和地缘政治格局。中国"一带一路"倡议近来面对国际社会的反对声音不断增强。美国是几个表达重大关切的国家之一；美国需明

① G. Alexander, Belt and Road to Where?, https://carnegie.ru/2017/12/08/belt-and-road-to-where-pub-74957，2019年7月6日访问。

② 罗兰德是NBR政治与安全事务高级研究员，著有《中国的欧亚世纪？"一带一路"倡议的政治和战略意义》（*China's Eurasian Century? Political and Strategic Implications of the Belt and Road Initiative*）一书。

③ N. Rolland, China's Belt and Road Initiative: Five Years Later, https://www.nbr.org/publication/chinas-belt-and-road-initiative-five-years-later/，2019年7月10日访问。

确“一带一路”建设为其带来的新挑战和风险，并就如何应对达成共识；他认为美国不能直接与“一带一路”竞争，也没有必要这样做，而是可以有多种选择，比如推动更透明的地区互联互通新愿景的实现，并向美国政府提出了 11 条政策建议，以缓解“一带一路”倡议对美国利益构成的挑战。[①] 在新美国安全中心的丹尼尔·克里曼（Daniel Kliman）与拉什·多西（Rush Doshi）等人合写的评估报告“为‘一带一路’打分”中，提出了一份评估“一带一路”基础设施项目的检查清单，包括“主权维护、透明度、经济可持续性、当地的适应性、地缘政治方面的谨慎度、环境发展可持续性和腐败的预防性”七个条目[②]。

随着中美贸易争端的出现，美国智库对于“一带一路”的态度愈加尖锐，基本呈现出一边倒的负面和攻击态势。2018 年底，外交政策研究所斯科特·摩尔（Scott Moore）在“为什么中国的‘一带一路’是偏离轨道的”一文中列举了“一带一路”存在的经济、政治和环境风险。他指出，项目中的大部分资金来自中国国有银行，这些银行坐拥巨额外汇储备，并受益于消费者的高储蓄率。但由于贸易战的爆发，这些机构面临的压力越来越大。与此同时政治不稳定的威胁在马来西亚，甚至巴基斯坦等邻近国家也日趋严重。而从长远来看，“一带一路”的最高成本可能将由地球承担，项目正在加剧原本便已稀缺的所在地的资源压力[③]。

除了这些态度鲜明、立场坚定的观点陈述性研究报告之外，美国智库还有一类具有突出特点的研究成果便是具有技术性和量化可操作性的行动指南。美国进步中心推出的“‘一带一路’沿线投资”报告便是一份内容详实的投资指南，内附动态的互动地图详细展示了中国在“一带一路”倡议中的投资地点、类型和规模，并基于这些数据总结出了投资项

① S. Jeff, China's Belt and Road Initiative Strategic Implications and International Opposition, https：//www. heritage. org/asia/report/chinas - belt - and - road - initiative - strategic - implications - and - international - opposition, 2019 年 7 月 10 日访问。

② K. Daniel et. al. , Grading China's Belt and Road, https：//www. cnas. org/publications/reports/beltandroad, 2019 年 7 月 11 日访问。

③ M. Scott, Why China's Belt and Road is Off Track, https：//www. fpri. org/article/2018/12/why - chinas - belt - and - road - is - off - track/, 2019 年 7 月 11 日访问。

目的四方面特点：一是它们为中国创造了另一种贸易路线，以实现经济渠道的多元化；二是它们增强了巴基斯坦和印度尼西亚等中国贸易伙伴的国内经济活力；三是它们在地理上集中在已经与中国建立积极双边关系的国家，这些国家清楚地表达了它们的基础设施需求；四是它们得到中国企业和政府的支持，为实现“一带一路”的总体目标而共同努力①。东西方研究所专门设立了“一带一路”倡议研究主题网页②，于2018年6月正式上线，汇集了“一带一路”建设的综合数据库，重点分析了“一带一路”建设的条件和物流。该数据库还附有时间轴和一系列文章，利用这些数据分析“一带一路”如何改变亚太地区和世界。这一实证分析框架旨在为这些项目提供透明度，为投资者和研究人员更好地理解“一带一路”的前景和陷阱打下基础。全美亚洲研究所则是推出了“一带一路”建设简明指南，图文并茂地系统介绍了“一带一路”的背景、缘起和相关基本内容。兰德公司的一系列相关报告则是通过定性和定量的科学分析方法，从交通方式、生物多样性、多边贸易等具体角度切入，就相关问题进行了分析，并给出富有可操作性的政策建议③。第二届“一带一路”国际合作高峰论坛召开后，2019年6月，美国亚洲协会政策研究院（Asia Society Policy Institute）发布了题为“为‘一带一路’倡议导航”的研究报告，从美国智库的视角为“一带一路”的未来发展提出了12点具体可行的建议，并就每点建议分别从“如何实施，有何影响和参考案例”三个方面进行分析，报告的中文版由中国人民大学重阳金融研究院翻译并在国内发布。④

---

① Ariella Viehe et. al., Investments Along China's Belt and RoadInitiative, https://www.americanprogress.org/issues/security/news/2015/09/22/121689/investments - along - chinas - belt - and - road - initiative/，2019年7月11日访问。

② 资料来源：美国进步中心，https://www.eastwest.ngo/pillars/belt - and - road - initiative，2019年7月12日访问。

③ 资料来源：兰德公司，https://www.rand.org/search.html? query = belt + road，2019年7月12日访问。

④ 资料来源：美国亚洲协会政策研究院，英文版 https://asiasociety.org/policy - institute/belt - and - road - initiative；重阳金融研究院，中文版 http://rdcy - sf.ruc.edu.cn/Index/news_cont/id/60044.html，2019年9月3日访问。

（二）对美国智库相关研究成果的反思[①]

总结而言，美国智库在关注“一带一路”倡议的研究成果中除部分经济合作领域和相关的技术性分析之外，基本是以负面言论为主，而其表现出的敌对负面情绪基本集中在其认为对美国的全球领导地位产生直接威胁的方面，具体涉及对中国军事力量壮大的关注，对中国提出构建新型国际关系、构建人类命运共同体的外交使命的关注，对中国表达的将成为世界强国和大国自信的关注等。这些领域的实际举措和相关表述在美国看来都是中国意图在世界范围内与美国争夺“领袖”、“霸主”等地位。美国智库在涉及这些领域的一些明显带有敌视或挑衅态度的负面评论一方面是源于对中国的了解不全面、不深入，以二手资料和媒体等发布的片段性的或加工后的消息为文本依托而产生了误读、误判；另一方面是为了提振美国的民族自信，寻找情绪的发泄渠道和矛盾的转移对象，有意而为之，进而期望能够帮助美国尽快走出经济衰退、社会不满情绪充斥的困境。无论其目的如何，目前美国的态度都已经对我国国家形象的塑造以及新型外交关系的构建造成了不良影响。对此，结合对美国智库的相关研究，本报告提出以下政策建议。

第一，国内首先应当对新时代具有中国特色的外交政策和对“一带一路”倡议的相关内容和基本表述在全党、全社会形成统一的、深入的认识，做好内宣和外宣工作。这种认识不能是模棱两可的，更不能是随意解读的。中国向来坚持开放的、合作的、共赢的发展，致力于推动建设互相尊重、公平正义的新型国际关系。这些不应该只是官方的口号，而应当成为被全国各族人民充分理解的思想观念。尤其是各级党政部门的工作者，高校、媒体和各类智库中从事文化、教育、宣传等相关工作的从业者更应当形成统一认识，把握解读的分寸和原则，不过度渲染，也不偷工减料。对外讲好中国故事，用世界听得懂的语言和表述传播中国智

① 此部分内容主要引自作者的前期相关研究成果。吴田：《美国主流智库关注“中国新时代”的视角及观点探析》，《国外社会科学》2018 年第 5 期。

慧；对内做好宣传教育，用百姓喜闻乐见的形式和载体解读国家政策。

第二，充分了解他国心态，不过分争强，也不过分示弱。从美国智库的研究和论述中，不满情绪的产生不乏是基于中国官方文件中英文翻译的不恰当或不准确导致的，或者是由于东西方思维模式的差异造成的；但美国确实对一些类似于“领导者”“强国”“大国”等字眼非常敏感，也对中国的崛起和强大存有较大危机感。部分欧洲资本主义国家也有类似的反应。而同样针对“一带一路”倡议，不仅是西方社会，沿线的发展中国家在直接受益的同时，也会出现一些反对的声音。众所周知，美国向来坚持“实用主义”哲学，因此只有当他国政策威胁到其切身利益时，才会真正抵制。新时代中国外交的主要意图是希望打开互利共赢的世界新格局，并非损害他国利益。中国人的处世哲学向来主张“不卑不亢”，在国际交往中也应当善用这样的艺术。

第三，面对美国为代表的西方世界的挑衅，无须畏惧，坚持自身的科学主张，积极应对。中国步入新时代后积极进取的新格局和国际战略的新目标都是在正确把握了新的历史方位、认清了世界新形势的基础上作出的科学抉择。中国日渐走向世界舞台的中心是大势所趋，也体现出中国强大起来之后勇于承担国际责任的担当意识。这样的发展和变化势必会给美国为首的资本主义强国带来危机感和紧张感。我们不应因其表达的不满甚至挑衅而退缩或动摇，对于已经选择的科学道路要勇于坚持，面对西方世界的敌视要“有理、有利、有节”地应对。承担大国责任的同时体现大国风范，通过实际行动让世界理解中国，接纳中国新时代的选择和努力。

四　对中国特色新型智库建设的启示

尽管面对中国问题和中美关系，美国部分智库的言论和观点不客观，不可取。但研究美国智库的运作机制和成果产出，对我国新型智库的建设和发展仍具有重要的启示性价值，尤其是在中国特色新型智库体系建设的起步阶段。目前高端智库建设试点工作刚刚完成第一个三年发展期，对美国智库进行系统研究，知己知彼，有助于在分岔路口做出正确抉择，在前进道路上少走弯路。

（一）注重设计明确的价值观和使命，突出自身特色

特色鲜明，言简意赅，“口号式”的价值观或使命设计，有利于帮助智库成员加强对所在智库的认同感，有利于形成合力，增强成员的凝聚力；也有利于智库外人员对智库形成更加具体和形象的认识。这方面，国内智库的意识不及美国智库强，大多数智库都没有花足够的心思设计自己的价值观，或者是设计的内容比较冗长、拖沓，难以让人留下深刻印象。在新型智库下一步的发展建设中，可以考虑在这方面多花心思，设计出独具匠心的价值观，不仅追求在中文方面的朗朗上口，也可以对应设计出被国际社会认可的外文标语。

（二）加强智库的特色数据库建设，鼓励资源共享

国内智库目前在数据库的建设和使用方面的工作还有待进一步加强。许多智库并非困于没有数据，而是由于眼光过于“高远”，试图建立的数据库大多规模宏大，内容高端，但受现实条件所限，迟迟没有成效。其实从小领域、小切口入手同样可以建立起具有研究和使用价值的数据库。数据库资源不在于广和大，而在于数据的扎实性和权威性，要保证每一个数据的真实可靠，深耕于擅长的领域，积少成多，总会积累形成智库独有的、宝贵的数据库资源。美国智库在这方面的意识比较强，仅是借助某一次课题开展的契机便可以着手积累。例如近两年来美国智库才开始着力关注的“一带一路”合作国投资项目的相关资金数据，持之以恒便可以建立起一个小型专业化的数据库。数据库建立起之后还要注重资源的共享，鼓励全球各地的研究者借助智库的数据开展有意义的研究。当然，这一目标的实现还需要配合以全社会知识产权保护意识的提升和相应法治体系的健全。

（三）重视智库协作网络和联盟的建设，发挥集聚优势

国内新型智库随着建设发展的深入，协作意识、联盟意识不断增强，不同行业的、不同地域的智库联盟纷纷涌现，但目前的模式基本停留在每年共同举办几场论坛的层面，深层次的合作和交流较少。因此，如何借助外部资源，形成高质量、高效率的协作，是国内新型智库下一步需要突破的关键点。目前，许多智库都建立了自己的外聘专家、客座专家团队，以提升自身的研究实力，但是这些外部专家究竟对智库的贡献有多大，对智库工作的参与度有多高，情况并非乐观。因此，如何建立高效互通的智库间和智库人员间协作网络，发挥资源的集聚效应，提升智库的国内外影响力，尤其是未来如何在全球范围内开展合作和建立工作机制，都将成为国内智库下一步发展的着力点。

（四）丰富智库产品的种类和呈现形式，增强感染力

智库产品是智库吸引力、管理力和影响力最终呈现的载体，是智库的门面，是让智库外人员在第一时间形象生动地、快速地认识和了解一家智库的名片。智库产品的高质量和产品形式的多样化不仅有利于决策者更便捷、更快速地找到合适的信息，也有利于不同品味和接受程度的广大民众在众多产品中找到自己需要的内容。目前国内新型智库的产品种类不断推陈出新，但主流仍然是研究报告、论文、著作等传统产品，少数智库推出了一些视频类、音频类产品。但要达到美国智库这样丰富的产品种类，尤其是根据不同客户需求产出的定制类产品，还需要国内智库工作者的进一步努力和创新。

（五）细分研究领域，深耕其中，做实做精

中国特色新型智库发展至今已经度过了初创时的火热阶段，逐步回归冷静。接下来的发展方向应逐步转向研究领域的细分和深耕细作，这方面需要向美国智库取经。美国许多智库在经历数十年甚至上百年的沉淀后，延续和保留下来的都是其最为擅长的研究领域和方向。因此发展

至今，保持稳定和活跃的近两千家美国智库基本都拥有着属于自己的细分市场，都有安身立命的看家本领。智库的规模无需很大，主要精力需放在组建一支精干高效的精英团队，通力协作，在某一或某几个领域做实做精，持之以恒，产出原创性的代表性成果，而非随波逐流，一味追逐研究热点和眼球效应。能够努力在所在研究领域做到国内领先，甚至全球知名，研究成果得到决策者和大众的认可，这对智库而言便是成功的体现，也应是国内智库下一步追求的方向。

五 结语

总而言之，美国智库历经百年发展，其总结的经验值得我们学习和借鉴，产生的问题需要我们规避和反思。而面对美国智库在中美关系发展进程中扮演的角色，面对其近年来针对“一带一路”倡议等议题产出的研究成果，我们应当客观理性面对，不卑不亢对待。诚如习近平总书记所言，“无论中国发展到什么程度，我们都不会威胁谁，都不会颠覆现行国际体系，都不会谋求建立势力范围”①。我们只是向世界提供一种寻求美好、实现梦想的方案，提供一条通向“罗马”的道路。这是新开放时代我们每一个个体都应当坚持的，也应当是党和国家大力支持的高端智库机构应当向全世界表达的。这是责任，也是担当。

（中国社会科学评价研究院　吴田）

参考文献

［1］周琪：《美国智库的组织结构及运作——以布鲁金斯学会为例》，《理论学习》2015 年第 6 期。

［2］丁煌：《美国的思想库及其在政府决策中的作用》，《国际技术经济研究学报》1997 年第 3 期。

① 引自习近平总书记在博鳌亚洲论坛 2018 年年会开幕式上的主旨演讲。

［3］任晓:《第五种权力:美国思想库的成长、功能及运作机制》,《现代国际关系》2000 年第 7 期。

［4］林芯竹:《为谁而谋:美国思想库与公共政策制定》,知识产权出版社 2007 年版。

［5］薛澜:《在美国公共政策制订过程中的思想库》,《国际经济评论》1996 年第 Z6 期。

［6］朱旭峰:《美国思想库对社会思潮的影响》,《现代国际关系》2002 年第 8 期。

［7］王莉丽:《旋转门:美国思想库研究》,国家行政学院出版社 2010 年版。

［8］陶文钊:《近来美国智库关于美对台政策的争论》,《现代国际关系》2012 年第 2 期。

［9］杨尊伟、刘宝存:《美国智库的类型、运行机制和基本特征》,《中国高校科技》2014 年第 7 期。

［10］沈进建:《美国智库的形成、运作和影响》,《中国社会科学评价》2016 年第 2 期。

［11］赵可金:《美国智库运作机制及其对中国智库的借鉴》,《当代世界》2014 年第 5 期。

［12］张康之、向玉琼:《美国的智库建设与 MPP 教育》,《中国行政管理》2014 年第 9 期。

［13］吴田:《美国智库影响政策议程设立的多源流模型设计与应用》,《智库理论与实践》2016 年第 1 期。

［14］谢伏瞻:《论新工业革命加速拓展与全球治理变革方向》,《经济研究》2019 年第 7 期。

［15］王缉思:《特朗普的对外政策与中美关系》,《当代美国评论》2017 年第 1 期。

［16］曹筱阳:《美国学界对“一带一路”倡议的评析》,《北京工业大学学报》(社会科学版) 2018 年第 2 期。

［17］赵明昊:《大国竞争背景下美国对“一带一路”的制衡态势论

析》,《世界经济与政治》2018 年第 12 期。

[18] 吴田:《美国主流智库关注“中国新时代”的视角及观点探析》,《国外社会科学》2018 年第 5 期。

[19] P. Dickson, *Think Tank* , New York: Atheneum, 1971.

[20] K. R. Weaver, The Changing World of Think Tanks, *PS: Political Science & Politics*, Vol. 22, 1989.

[21] J. G. Mcgann, *Think Tanks and Policy Advice in the US: Academics*, Advisors and Advocates, London & New York: Routledge, 2007.

[22] W. C. Mills, The Power Elite, *Political Science Quarterly*, Vol. 71, 1957.

[23] J. A. Smith, *The Idea Brokers: Think Tanks and the Rise of the New Policy Elite*, Michigan: Free Press, 1991.

[24] R. A. Dahl, Dilemmas of Pluralist Democracy, *Political Science Quarterly*, Vol. 71, 1982, 98 (2) .

[25] A. Rich, Think Tanks, Public Policy, and the Politics of Expertise, *Journal of Politics*, Vol. 69, 2010.

[26] D. E. Abelson, *American Think-Tanks and Their Role in US Foreign Policy*, New York: St. Martin's Press, 1996.

[27] H. J. Wiarda, The New Powerhouses: Think Tanks and Foreign Policy, *American Foreign Policy Interests*, Vol. 30, 2008.

[28] D. E. Abelson, *Do Think Tanks Matter: Assessing The Impact Of Public Policy Institutes*, Montreal: McGill-Queens University Press, 2002.

[29] J. G. Mcgann, R. Sabatini, *Global Think Tanks: Policy Networks and Governance*, London & New York: Routledge, 2011.

[30] James G. Mcgann, *Global Go To Think Tank Index Report* ($1^{st}-11^{th}$ *edition*), Think Tanks and Civil Societies Program, University of Pennsylvania, 2008 – 2019.

英国智库研究报告

英国智库有着上百年的发展历程，一直以高质量的政策决策成果著称，两党制的政党制度使英国智库的发展沿革和成功经验都富有特色。然而，相比于对美国智库的研究，中国学者对英国智库的研究较少。通过对英国智库展开更加深入、全面的了解和研究，我国智库可以借鉴英国智库的发展经验，结合中国特色，完善中国特色新型智库的建设与发展，加强中国智库在全球智库舞台上的话语权。英国智库研究报告介绍了英国特色的两党制背景，以及在此环境下建立和发展的英国智库概况和特点。此外，本报告结合英国智库相关资料和数据，分析了英国智库对中国的相关研究及对“一带一路”倡议的研究。最后，本报告吸收英国智库的发展经验，并结合中国智库特色，为中国特色新型智库的建设提出建议。

一　英国的政治体制

英国是最早建立两党制的国家之一。然而近年来，由于英国新兴政党的快速发展对两大主要政党造成了巨大的影响，英国难以继续坚守纯粹的两党制传统。

（一）传统两党制及其衰落

英国在 1688 年“光荣革命”后，建立了议会制君主立宪制，通过对这一制度的不断完善，巩固了资产阶级在英国的统治地位。议会制君主立宪制的主要特点是“议会至上”、以内阁为权力核心、君主处于统而不治的地位。在英国，内阁由在下院中获得多数席位政党的领袖组建，同时，由在下院中获得次多数席位的政党作为反对党组成“影子内阁”，对执政党进行监督。①

英国作为现代政党的发源地是最早且典型的实行两党制的国家，由右翼保守党（Conservative Party）和左翼工党（Labour Party）占据着英国政治的主要地位。然而，自 1970 年以来，英国第三政党的选举力量日益上涨。② 21 世纪后，第三政党愈发有竞争力，已经形成打破英国传统两党制的可能，呈现出对保守党和工党的牵制和影响，两党制已不是纯粹的两党。③ 英国的两党制形成了既稳定又脆弱的特点。

近年来，英国两大政党正逐渐与英国民众的诉求产生偏离。造成两大政党核心选民流失的主要原因之一是随着复杂棘手的政治问题的增多，英国保守党和工党放弃了立党之初极端意识形态诉求，转而追求中立选民的支持。而当保守党或工党没有在竞选中获得超过半数席位的选票时，就会由获得最多票数的政党联合其他政党组建联合政府进行联合执政。2010 年英国保守党和英国自由民主党（Liberal Democrat Party）组成联合政府，由保守党领袖大卫·卡梅伦（David Cameron）出任联合政府首相④。2017 年，英国保守党和北爱尔兰民主统一党（Democratic Unionist Party）组建联合政府，由保守党领袖特蕾莎·梅（Theresa May）出任联合政府首相。英国两大政党日渐式微，英国政党联合执政的出现也显示了英国政党政治的新走向。⑤

---

① 邢国宏：《英法德三国政治体制及其特点》，《云南社会主义学院学报》2014 年第 2 期。

② 玄理、刘玉安：《边缘政党的主流化：探究英国独立党的崛起》，《新视野》2017 年第 1 期。

③ 周建勇：《英国：稳定又脆弱的两党制？——基于 1979—2017 年十次大选的分析》，《当代世界与社会主义》2017 年第 4 期。

④ 李善风、蔡攸敏、王今朝：《新时代混合所有制改革的目标、推进速度与模式探索——基于契约视角和中外历史及现实经验的思考》，《西部论坛》2019 年第 4 期。

⑤ 刘红凛：《政党政治发展与政党制度变迁：以英国为例》，《探索》2017 年第 4 期。

（二）新兴政党的兴起及对英国主流政党的影响

近年来，苏格兰民族党（Scottish National Party）和英国独立党（UK Independence Party）趁势而上，成为英国新兴选举力量。苏格兰民族党成立于1934年，为英国中左翼政党，以苏格兰为基地并以苏格兰独立为主要政治目标。[①] 该党借英国“脱欧”公投之机，将苏格兰独立的公投提上议程。英国独立党成立于1993年，为英国极右翼政党。该党反对泛欧主义，秉持强硬的疑欧主义，以支持英国“脱欧”为主要政治目标，目前已成为英国第三大党。

英国新兴政党的主要支持者来自在经济全球化中形成的新的弱势阶层，被称作“被遗弃的”工人阶层。这一阶层由过去30年中认为自己被保守党和工党所抛弃的老年、低学历、低技能、工人阶级的民众构成。英国独立党主要利用这一阶层民众的疑欧主义、反移民等情绪以及对未来政治和经济生活的悲观态度来获得支持。而正逢卡梅伦无法实现上任时关于控制移民数量的承诺，使英国部分选民认为主流政党没有意愿和能力控制移民数量。借此机会，英国独立党呼吁通过公投推动英国退出欧盟，得到了不少选民的支持，给英国主流政党造成了强烈的冲击。英国保守党和工党不得不采取与英国独立党相近的立场和政策以挽留选票。这一举措更加使英国独立党显示出其有能力迫使英国主流政党认同自己的政策，从而获得更多支持。[②]

然而，英国独立党的未来发展也面临挑战。首先，英国独立党的部分支持者来源于传统右翼保守党选民。这一部分选民是由于不满卡梅伦“中间化道路”的执政方针而转投英国独立党阵营的，并非对英国独立党抱有强烈的认同感。一旦保守党重新采取能够满足这一部分选民诉求的政策，这些选民有较大可能会重新回到保守党阵营。其次，英国已成功

---

① 王薇：《英国公投脱欧下政党政治格局的新变化》，《政党世界》2017年第2期。

② 玄理、刘玉安：《边缘政党的主流化：探究英国独立党的崛起》，《新视野》2017年第1期。

举行“脱欧”公投，英国独立党的主要政治目标已基本实现，因此在欧洲议题方面所占据的优势不再凸显。但由于英国独立党拥有英国“被遗弃的”阶层的坚定支持，其影响力和竞争力仍会长期存在。

英国智库的产生与发展路径和英国两党制政党制度息息相关，无论在运行方式、功能还是制约因素上都深受英国政党制度特色的影响。

二 英国智库的发展沿革与运行特点

（一）英国智库的发展沿革

在英国，“智库”一词第一次被使用是作为中央政策评论部（Central Policy Review Staff）的指称。中央政策评论部是由当时的英国首相爱德华·希思（Edward Heath）于1971年在内阁办公室所创立的一个中央职能单位，其目的是“帮助政府进行跨部门的政策协调，鼓励部长们就未来可能出现的难题预先作出思考”；该单位于1983年6月被撒切尔夫人（Margaret Hilda Thatcher）废除。自那以后，英国智库经历数十年的发展，已经形成较为成熟的体系。

英国智库的发展沿革大致经历了四个阶段。[①]

第一阶段主要是19世纪。19世纪末费边社的建立使政党广泛听取舆论的趋势得到进一步发展，赢得了英国社会的信任。

第二阶段是20世纪上半期。[②] 在第一次和第二次世界大战期间，英国智库得到了很大的发展。例如，建立于1920年的查塔姆社（皇家国际事务研究所）［Chatham House（The Royal Institute of International Affairs）］，建立于1938年的英国国家经济社会研究所（National Institute of Economic and Social Research），建立于1940年的纳菲尔德基金会（Nuffield Trust）等。这一阶段建立的智库大多数具有鲜明特色，坚持为决策者

① 陈广猛：《英国学者对本国思想库的研究》，《国外社会科学》2012年第4期。

② 同上。

提供实用性政策建议。

第三阶段是20世纪70—80年代。这一时期的英国智库大多明确了自身学术性及非营利性的基本属性①，运作方式愈发专业化和多元化；同时，他们大多带有明确的政党背景和意识形态倾向。在撒切尔夫人的任期内，这些智库对政策制定产生了重大影响，例如对政治和经济危机进行了准确的预判。这一时期的代表性右翼智库有经济事务研究所（Institute of Economic Affairs）、政策研究中心（Centre for Policy Studies）、亚当·斯密研究所（Adam Smith Institute），中左派倾向的公共政策研究所（Institute for Public Policy Research）。

第四阶段是20世纪80年代以后。这一阶段是英国智库的活跃期，出现了一批意识形态较淡薄的“新智库”，例如狄莫斯（Demos）、欧洲改革中心（Centre for European Reform）。“新智库”还具有专业性强的特征，例如致力于环境问题的国际环境与发展研究所（International Institute for Environment and Development）、欧洲环境政策研究所（Institute for European Environmental Policy）。②

在21世纪成立的英国智库中，伦敦政治经济学院国际事务与外交战略研究中心（The London School of Economics and Political Science, IDEAS）成功跻身于英国顶尖智库阵营中。③该机构成立于2008年，隶属于高校，依托高校雄厚的科研积累和政界网络，为英国的国际关系研究和外交事务成功搭建了重要桥梁。

图1展现的是英国从19世纪起智库发展的数量变化。样本数据区间为19世纪至21世纪期间，从20世纪40年代起，英国智库的数量开始明显增长，20世纪80年代起，英国智库的数量呈快速增长趋势，详见图1。

---

① 王军、李双进：《英国的思想库及其政治功能》，《当代世界社会主义问题》2003年第1期。

② 袁莉莉、杨国梁：《英国智库概况及对我国智库建设的启示》，《智库理论与实践》2016年第2期。

③ 陶郁、马岩：《英国顶尖智库的特点及其扩散涉华观点的途径》，《智库理论与实践》2016年第3期。

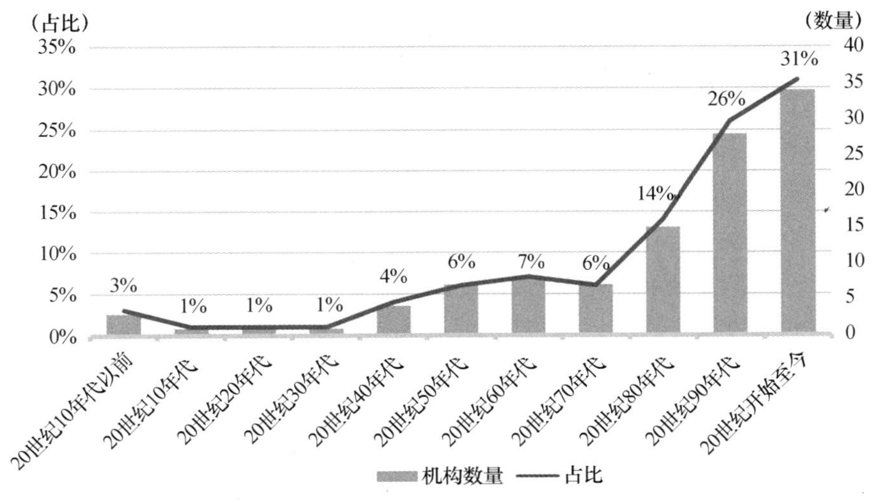

图1　英国智库发展数量变化

数据来源：作者根据英国智库中114家“样本智库”的相关数据绘制。

（二）英国智库运行特点——基于AMI指标的分析①

中国社会科学评价研究院自主研创的“全球智库综合评价AMI指标体系”涵盖了吸引力、管理力、影响力三个方面，下文分别选取了具有代表性的指标对英国智库的运行特点加以研究分析。

表3　英国重要智库

Adam Smith Institute	亚当·斯密研究所
Centre for Economic Policy Research	经济政策研究中心
Centre for European Reform	欧洲改革中心
Centre for Policy Studies	政策研究中心
Chatham House (The Royal Institute ofInternational Affairs)	查塔姆社（皇家国际事务研究所）

① 本部分基于中国社会科学评价研究院自主研创的“全球智库评价AMI指标体系”相关内容加以研究分析，该指标主要从吸引力（A）、管理力（M）、影响力（I）三个方面对全球智库进行综合分析与评价。

续表

Adam Smith Institute	亚当·斯密研究所
European Council on Foreign Relations	欧洲外交关系委员会
Institute for European Environmental Policy	欧洲环境政策研究所
Institute of Development Studies	发展研究所
Institute of Economic Affairs	经济事务研究所
International Institute for Environment and Development	国际环境与发展研究所
International Institute for Strategic Studies	国际战略研究所
Overseas Development Institute	海外发展研究所
Policy Exchange	政策交流
Royal United Services Institute	皇家联合军种国防研究所
The London School of Economics and Political Science, IDEAS	伦敦政治经济学院国际事务与外交战略研究中心

资料来源：作者根据相关机构资料整理编制，按机构英文首字母排序。

结合“全球智库评价 AMI 指标体系”对表 3 中英国重要智库的运行特色进行分析。

1. 吸引力——英国智库的资金和人才

（1）英国智库的资金来源多元化且力求独立。虽然资金的筹集问题是世界各国智库所面临的共同挑战，但这一情况在英国智库中更为复杂。在英国智库的党派属性是普遍的，只是关系紧密的程度不同。但很多英国智库都明确声明维护智库声誉的最重要的方面就是捍卫智库的独立性。因此，即使是和党派有联系，英国智库还是在资金来源上尽量做到多元化。英国智库主要的资金来源渠道有五类，分别是政府资助、欧盟资助、企业（含慈善机构）和个人捐赠、信贷支持、研究委托。[①][②] 此外，收取会费、出版专著、召开收费论坛或会议、提供有偿培训、咨询服务等也

① 杨亚琴、李凌：《英国著名智库运行特点及对中国智库发展的启示》，《当代世界》2017 年第 9 期。

② 杨耀云：《英国科技类高端智库概况及特点》，《全球科技经济瞭望》2017 年第 9 期。

是英国智库获取资金的方式。[①][②] 在一些隶属于党派或党派倾向性强的智库中，政府资助在所有经费来源中占比较高，但这类智库也力求做到资金来源的多元化。英国智库能获取的资助金额与智库本身的声誉和影响力有很大关系。为避免资助金额过高而影响研究的独立性和公正性，英国智库对资助金额设有上限，一般项目的资助金额不超过 5 万英镑。[③] 亚当・斯密研究所就对每个企业的资助金额设有 5 万英镑的上限。[④] 同时，项目委托方不能指定资金用途，也无权修改研究结论。智库发布研究成果时无须报经委托方同意。英国智库对资金使用也有严格限制，资助资金由智库全权安排和使用，主要用途是研究支出和研究相关人员的薪资报酬[⑤]。

（2）英国智库在人才吸引力方面有较完善的激励机制。激励性的薪资待遇、优胜劣汰的科研评价制度都是英国智库的主要特色。在薪资待遇方面，根据研究人员的级别和参与研究工作量等指标综合评估年薪。在科研评价制度方面，除了通过量化的方法计算发布研究报告和发表文章的数量，一些英国智库还采用了研究带头人主观评价法，以避免单纯量化人才智力的死板方式。考核结果优异将予以升职考虑，考核不合格则将被淘汰。[⑥]

2. 管理力——英国智库的人员素质和人员结构

（1）智库研究团队形成梯队化、多元化、国际化的建设。英国智库强调人才质量，例如教育背景、跨领域研究经历、国际化背景。海外发展研究所（Overseas Development Institute）的研究人员就大多出自于名

---

① 刘旺洪等：《英国智库运行特色和发展》，《唯实》2017 年第 1 期。

② 袁莉莉、杨国梁：《英国智库概况及对我国智库建设的启示》，《智库理论与实践》2016 年第 2 期。

③ 刘旺洪等：《英国智库运行特色和发展》，《唯实》2017 年第 1 期。

④ 国务院发展研究中心公共管理与人力资源研究所“国外智库管理体系研究”课题组：《注重提升影响力的英国智库》，《管理观察》2013 年第 28 期。

⑤ 杨耀云：《英国科技类高端智库概况及特点》，《全球科技经济瞭望》2017 年第 9 期。

⑥ 戴慧：《英国智库的管理方法、研究方法及启示》，《中国经济时报》2014 年 1 月 28 日第 5 版。

校。而亚当·斯密研究所则认为有相似教育背景的人会有相似的想法，所以更注重有独到见解和想法的人才。查塔姆社（皇家国际事务研究所）在招聘时，不仅要看研究人员的研究能力，同时还会考察筹资能力、沟通能力和创新能力。①

（2）英国智库的领军人物、资深专家、专职研究人员、科研辅助人员的配比较严密且分工明确。领军人物会凭借自身在行业中的知名度和影响力统领智库发展，资深专家会带领团队开展研究工作，专职研究人员配有专职科研辅助人员。例如，查塔姆社（皇家国际事务研究所）的专职行政人员和专职研究人员的比例基本是1∶1②。这种研究和行政分工明确的架构能确保研究的顺利开展免于行政杂事的干扰。

（3）英国智库的研究成果具有跨学科与专业化相结合的特征，并且注重研究的前瞻性。英国智库的研究领域非常广泛，覆盖了国际事务、军事安全、能源与环境、科学技术、国家安全与公共安全、人口与老龄化、医疗健康等领域③。这其中，除了专注于自身研究领域，不断深化研究的智库，还有部分英国智库基于长期研究积累的深厚基础，选择细分领域开展跨学科研究，形成了专业化与交叉学科相结合的发展模式。这种发展模式避免了盲目追随研究热点的情况，有利于减少资源浪费，有效拓宽和不断深化研究领域，形成智库自己的特色研究网络。例如：查塔姆社（皇家国际事务研究所）的优势研究领域是国际安全，在此基础上更深入到网络安全、全球治理、公共健康等领域。伦敦政治经济学院国际事务与外交战略研究中心的核心项目集中在冷战、全球战略和国际毒品政策这三个领域。国际战略研究所（International Institute for Strategic Studies）根据全球区域的划分和细分的政策主题开展研究，涉及了众多军事和安全领域，如武装冲突、未来冲突和网络安全、国防与军事分析、

① 丁宏：《英国智库建设的启示》，《新华日报》2016年2月19日014版。

② 数据来源：查塔姆社（皇家国际事务研究所）反馈的《全球智库调查问卷（2019年版）》。

③ 袁莉莉、杨国梁：《英国智库概况及对我国智库建设的启示》，《智库理论与实践》2016年第2期。

经济与能源安全、地缘经济与战略、核政策等方向。英国智库不仅紧跟决策者需求提供高质量且实用性强的研究成果，更以开展前瞻性、预判性研究为己任，为政府决策者和社会公众提供新思路及新构想。这种预判性研究多开展在国防安全与冲突、经济政策等领域。严谨的成果评审机制是保证英国智库研究质量的方法之一。智库会邀请内部相关领域资深专家审查或同行专家对研究成果是否有科学依据、论证是否充分、报告陈述是否有效、结论是否客观公正等内容进行匿名评审。[①]

3. 影响力——英国智库的政策、社会、国际影响力

英国智库力求全面扩大和提高智库的影响力以有效影响政府政党决策。

（1）从政策影响力角度，英国智库非常重视研究人员同决策者的关系，鼓励人才流动并保持合理水平的人才流动。英国智库的研究人员与政府、企业、大学、媒体、国际组织等都有频繁的交流，拥有广泛的双向流通渠道[②]。英国智库的研究员在智库工作一定年限后，可能会选择离开智库前往其他领域工作，例如政府或国际机构。[③] 同时，英国智库非常愿意吸纳曾经在其他领域的资深专家来智库任职。被吸纳的专家一般既具有某一领域的专业水准还具备跨学科研究的能力。这种人员的互相流动，促进了智库和各政策决策相关领域或政党之间的联结，同时也有利于组织高质量的研究团队，符合智库以及智库研究人员的发展需求。

（2）英国智库的社会影响力可从媒体宣传、成果推广、官方网站建设三方面体现。英国智库重视智库成果的宣传和推广，尤其注重与媒体建立合作、保持密切联系，利用媒体和网络工具加强宣传以提高智库声望并扩大在社会上的影响力。英国智库具体使用的方法有传统的公开发行的书籍，深度的研究报告、工作论文、出版的杂志刊物，简报等方式

① 刘旺洪等：《英国智库运行特色和发展》，《唯实》2017 年第 1 期。

② 国务院发展研究中心公共管理与人力资源研究所“国外智库管理体系研究”课题组：《注重提升影响力的英国智库》，《管理观察》2013 年第 28 期。

③ 戴慧：《英国智库的管理方法、研究方法及启示》，《中国经济时报》2014 年 1 月 28 日 005 版。

扩大在行业内的影响力。[①] 此外，英国智库经常举办各种主题研讨会，或是在课题成果发布阶段邀请报社、广播电台等传统媒体，加强与各界、各领域专家的联系，以影响政府或政党的政策制定。同时英国智库频繁地在社交媒体上出镜或发声，以及在网络上宣传推介，形成了传统媒体和新媒体相结合的全方位宣传推广。[②] 英国智库大多非常重视官方网站的建设，网站内容设置全面，覆盖机构介绍、人员介绍、研究成果、机构活动四项基本内容。凭借官方网站这一平台进行新思想和新观点的宣传，向社会大众传播智库的理念和价值，展示智库的研究成果、简报、采访观点等内容。例如查塔姆社（皇家国际事务研究所）的官方网站的更新频率为每工作日更新，且向用户提供无延时的研究成果开放获取服务。

（3）国际影响力也是英国智库关注的重点。英国著名智库一般具有全球化视野，关注全球发展问题，重视国际交流与合作。查塔姆社（皇家国际事务研究所）会接受来自其他国家政府的委托项目，每年会举办多次大中小型研讨会、圆桌论坛等会议，邀请外籍专家参与研究项目，且使用英文、中文、阿拉伯语和乌克兰语四种语言发表学术论文或研究报告。此外，英国智库通过配置全球智力资源搭建全球研究网络，如表4所示，英国部分智库在多个国家或地区设置了分支机构以搭建全球研究网络。皇家联合军种国防研究所（Royal United Services Institute）的研究涉及了美洲、欧洲、非洲、太平洋地区、中南亚国家、中东地区和北非，在日本和卡塔尔设立分支机构。[③] 国际战略研究所的研究范围包括美洲、亚太地区、欧洲、中东和北非、俄罗斯和欧亚大陆、南亚，以及撒哈拉以南非洲，在华盛顿、巴林、新加坡设立分支机构。[④]

---

① 丁宏：《英国智库建设的启示》，《新华日报》2016 年 2 月 19 日第 14 版。

② 杨亚琴、李凌：《英国著名智库运行特点及对中国智库发展的启示》，《当代世界》2017 年第 9 期。

③ 资料来源：皇家联合军种国防研究所，https：//www. rusi. org/，2019 年 6 月 19 日访问。

④ 资料来源：国际战略研究所，https：//www. iiss. org/，2019 年 6 月 19 日访问。

表 4　　英国部分智库分支机构分布情况

智库英文名称	智库中文名称	分支机构所在国家或地区
E3G Third Generation Environmentalism	第三代环保主义	布鲁塞尔、柏林、华盛顿，中国有常驻机构
European Council on Foreign Relations	欧洲外交关系委员会	柏林、马德里、巴黎、罗马、索菲亚、华沙
Institute for Strategic Dialogue	战略对话研究所	华盛顿、贝鲁特、多伦多
International Institute for Strategic Studies	国际战略研究所	华盛顿、巴林、新加坡
Open Europe	开放的欧洲	布鲁塞尔
Royal UnitedServices Institute	皇家联合军种国防研究所	日本、卡塔尔

数据来源：作者根据英国智库中 114 家“样本智库”的相关数据编制。

（三）英国智库的功能及制约因素

近年来，随着英国智库的发展，英国智库在英国经济社会发展中占据了越来越重要的位置，产生的影响力也随之增加①。普遍来说，英国智库发挥作用的方式主要有七种：“一是帮助制定政策问题的框架，提供相关问题的背景信息；二是在政策辩论中提供有见地的建议；三是帮助政府向公众解释政策，帮助理解政策；四是帮助政府建立公众对政策的信心，帮助政府满足公众对政策的期望；五是对中长期社会重点问题提出‘预警’，提醒政府防止出现重大失误和偏差；六是为政府提供直接的政策建议和解决问题的方法；七是为英国摆脱经济危机、复苏经济提供国际经验借鉴。②③”

结合英国智库的政党属性，不仅英国智库本身大多具有或多或少的政党属性，议会中的议员在参考智库提出的咨政建议时，也带有明显的

① 国务院发展研究中心公共管理与人力资源研究所“国外智库管理体系研究”课题组：《注重提升影响力的英国智库》，《管理观察》2013 年第 28 期。

② 戴慧：《英国智库的优势及受重视的原因》，《中国经济时报》2014 年 1 月 17 日第 5 版。

③ 徐根兴：《对规划专家的要求及选用原则》，《学习时报》2014 年 8 月 8 日第 4 版。

倾向性。因此，政党在选择竞选策略以及执政期间，也更容易受到与自身政治立场相近的智库的影响。工党在执政时，相比于右翼智库提出的政策建议，就会倾向于受隶属于工党的公共政策研究所的观点的影响，而保守党执政时会更认同经济事务研究所和政策研究中心的咨政建议。[①]英国特殊的政治制度造成了智库依附于政党的特性，左右翼政党互相竞争互相依存为智库的意识形态发展提供了土壤。因此，与政党搭建有效联系的桥梁成为英国智库更好地提升影响力的理性选择。智库所提出的政策建议的被采纳程度会随着英国执政党和领导人的更迭而变化。根据英国学者西蒙·詹姆斯对本国智库对政策产生的影响的研究，他认为在英国，智库想要取得成功，迎合执政党观点，提供实际解决方案，有畅通的直通政府核心部门的渠道只是英国智库成功的基本前提条件[②]。英国智库更需要依赖的是当时的政治环境和运气，例如智库介入政策的决策质量、官员是否能关注到智库的声音，智库发声的时机是否合适、方法是否正确等。因此，英国智库在发挥其功能时受到下述四个方面的限制。[③]

1. 决策者对智库建议的忽视

智库研究员的研究成果会指出现有政策中的漏洞或对前沿性成果进行推销，而这种行为可能不会得到决策者或政党的认可和采纳。执政党“全能行政管理者”的文化传统对由智库专业人文社会科学研究专家提出的意见的接受度不高。政府部门和机构也可能会忽视智库的贡献，认为智库作为第三方机构，缺乏对政策动机和立法复杂性的理解。[④]

2. 日益激烈的业内竞争

随着英国智库行业不断扩大，智库间对有限的政治、经济和社会资

① 王军、李双进：《英国的思想库及其政治功能》，《当代世界社会主义问题》2003 年第 1 期。

② 袁莉莉、杨国梁：《英国智库概况及对我国智库建设的启示》，《智库理论与实践》2016 年第 2 期。

③ 陈广猛：《英国学者对本国思想库的研究》，《国外社会科学》2012 年第 4 期。

④ 王勇辉、余珍艳：《英国智库的多元思想与政治影响》，《政府治理研究》2015 年第 7 期。

源的争夺也愈加激烈。同时，英国智库还要与政府咨询部门及社会上的其他咨询机构竞争，努力使智库的政策建议被决策者听取和采纳。

3. 智库慈善性的制约

在英国，如果机构的资金只用于慈善而非政治目的，机构通常可以被免除一系列的税金[①]。因此，英国大多数智库是依照慈善机构的原则建立的。而作为慈善机构需要履行其教育功能，保持非党派属性，这就使智库在政治活动上受到限制，妨碍了智库发挥舆论引导的功能。

4. 智库组织的不稳定性

智库的有效运营需要依靠稳定的资金支持、运营方式、对新的政治发展进行及时回应的能力。面对越来越激烈的资金竞争，有些智库无法提供稳定的薪资保障，也就无法负担起内部研究能力，使研究的推进和成果的宣传无法有效落实。

三 英国智库的中国研究

英国智库一直注重加强国际交流与合作。近年来，随着中国在世界格局中的地位越来越重要，英国智库加大了对中国的研究力度，积极、广泛地与中国建立合作关系，开展交流与合作研究[②]。

（一）卡梅伦政府和特蕾莎政府对中国政策分析

从 2010 年 5 月 7 日，戴维·卡梅伦就任英国首相至 2016 年 7 月 13 日特蕾莎·梅就任英国首相，英国一直处于由保守党执政时期。卡梅伦政府分为两个阶段，第一阶段是 2010 年 5 月至 2015 年 5 月，此阶段内，英国处于由卡梅伦领导的保守党与克莱格领导的自民党联合执政时期；第二阶段是 2015 年 5 月至 2016 年 7 月 13 日，是由卡梅伦领导的保守党

---

① 陈广猛：《英国学者对本国思想库的研究》，《国外社会科学》2012 年第 4 期。

② 国务院发展研究中心公共管理与人力资源研究所“国外智库管理体系研究”课题组：《注重提升影响力的英国智库》，《管理观察》2013 年第 28 期。

单独执政阶段。①

1. 联合执政期间卡梅伦政府对中国的外交政策

在第一任期内，由于外部国际环境繁杂，充满由国际金融危机和英美关系的不确定性带来的挑战和压力，卡梅伦政府调整了原先利用“人权问题”和“西藏问题”干涉中国内政的政策。卡梅伦政府对国际形势变化的深刻认知使其在英国对中国的政策上选择做出突破性转变，采取经贸与政治双管齐下的政策。卡梅伦加强开展同中国的商业合作和经济往来以淡化两国间在政治与意识形态上的冲突，主动改善两国关系，在政治上大胆与中国接触。然而，作为联合政府，虽然保守党和自民党在对中国实施的经济外交政策上保持观点一致，但在“人权问题”和“西藏问题”上仍存在分歧。两党都认可为了转变英国经济的颓势，维护其大国地位，分享中国经济快速发展的红利，应与中国加强贸易合作。但自民党强调要通过人权、价值观等问题对中国施压，从而无法认同保守党对中国在经济和政治上全面积极的外交政策。②

2. 保守党单独执政期间卡梅伦政府对中国的外交政策

2015 年 5 月，卡梅伦赢得议会下议院选举，成功连任英国首相，由保守党单独执政。脱离了自民党的束缚后，卡梅伦在第二任期内对中国采取了更为务实的外交政策，中英关系也在这一时期内得到良好发展。卡梅伦政府不顾美国反对，积极申请加入亚洲基础设施投资银行，成为其创始成员国，并且还积极支持“一带一路”倡议，成为首个加入“一带一路”倡议的西方国家。卡梅伦政府第二任期内，中英两国在政治、经济、安全、文化方面开展了积极的合作。

3. 特蕾莎政府对中国的外交政策

特蕾莎虽同为保守党，但在就任英国首相后对中国采取了与卡梅伦政府不同的外交政策。特蕾莎对中国在整体上保持了友好态势，但具体措施相对保守、谨慎。在政治上，特蕾莎政府延承了卡梅伦政府对中国

① 张微娜：《卡梅伦政府时期的英国对华政策》，硕士学位论文，华中师范大学，2017 年。

② 同上。

的务实的外交政策，继续发展同中国的友好双边关系[①]，继续推进中英在经贸投资和人文交流方面的合作，中英关系相互确认仍处于“黄金关系”时期。在经济上，特蕾莎继续重视并寻求扩大与中国的经贸和投资关系，但逐步增强对中国投资的防范与审查。特蕾莎在经济相关议题上对中国的质疑和非难愈演愈烈，强调用规则约束中国与英国乃至西方的贸易往来。[②]

（二）英国智库的中国研究的传播途径

英国政府逐渐发现政府部门、高校研究机构、附属政党的研究部门无力满足政党对政策决策在突发性问题上的需要，英国政党逐渐增强了对智库的倚重。英国智库成为传递政治诉求、影响政治决策的重要组成部分。[③] 在英国制定对中国的外交政策时，英国智库显著的影响力不容忽视。

英国著名智库一般同政界、学术界、媒体保持着积极的互动，通过各种渠道，英国著名智库对中国的政策观点能够有效影响决策层并在英国、欧洲甚至世界范围内广泛传播，对不同国家的决策和民意产生影响。英国智库影响英国对中国决策的机制可以分为传统途径和互联网途径。

第一，英国智库影响对中国决策的传统机制中，智库出版物是直观准确地呈现智库的研究成果的途径。英国智库通过提升研究项目与出版物的知名度，使研究成果在政策决策层和行业内的各个层面发挥影响力。

第二，英国智库经常举办各种交流活动，邀请和中国问题相关的各领域专家出席，在交流讨论中形成并传播对中国的政策观点，形成短期直接影响。[④] 智库在研究具有高度复杂性且不确定性问题时，会咨询跨学

① 邢瑞利：《特蕾莎·梅政府对华政策调整及其影响》，《学术探索》2018 年第 11 期。

② 同上。

③ 忻华、杨海峰：《英国智库对英国对华决策的影响机制：以皇家国际事务学会为例》，《外交评论》2014 年第 4 期。

④ 陶郁、马岩：《英国顶尖智库的特点及其扩散涉华观点的途径》，《智库理论与实践》2016 年第 3 期。

科专业化专家团队。因此，无论是在专家研讨会、专家咨询会，还是最后的成果发布会时，相关领域的专家们都会深度参与，深入了解英国智库对中国相关问题的观点并进行传播。英国著名智库除了自身举办的会议或研究人员参加的会议，还有机会参加议会和内阁的辩论会、听证会、小范围研讨会等，在会议上了解议题真实情况和相关信息，提供决策咨询。

第三，英国著名智库的研究人员和政界、学界有着活跃的人员往来联系。密切的人脉网络使英国智库对中国的政策观点可以通过人际网络向政界、学界高效传播和扩散。相比于智库成果，英国智库对政府的长期影响力更直接地来自于英国智库的人力资本。例如，查塔姆社（皇家国际事务研究所）共有四个研究领域与中国密切相关：不仅在特色研究项目中设有中国“一带一路”倡议主题研究，在亚太地区研究中设有中国专题，还在“全球经济与金融”主题中涉及中国的货币国际化等内容，以及在“国际法”研究主题中也涉及了中国和国际人权体系相关内容。[①] 这几个主题的研究队伍配备上除了专业研究团队，还包括该智库的资深研究人员及高层管理人员。该智库还设有专职人员负责维护与政府、学术机构、媒体等领域的沟通往来，以确保使该智库对中国的政策观点可高效并行的在决策层、行业内、社会上传播产生有力影响。

第四，由于英国著名智库的社会影响力较高，中国相关内容也越来越受到社会关注，英国智库对中国的政策观点往往会受到英国媒体乃至世界媒体的高度重视。由于搭建了与媒体顺畅沟通的桥梁，英国许多著名智库的研究员会在媒体专门开设的专栏中发表观点或文章，其中不乏像《财经时报》在内的诸多富有声望和影响力的大众传媒。[②] 一些英国著名智库的研究员已经开始直接在中文媒体上发表评论。而在研究中国的

① 资料来源：查塔姆社（皇家国际事务研究所），https：//www. chathamhouse. org/publication/annual - review - 2017 - 18，2019 年 6 月 18 日访问。

② 陶郁、马岩：《英国顶尖智库的特点及其扩散涉华观点的途径》，《智库理论与实践》2016 年第 3 期。

英国智库专家中，有相当比例的人具有出色的中文水平，可以由智库研究人员本人最直接、最准确、最清晰地表达出自己的观点。

第五，英国著名智库自身就创办有极富声誉和影响力的学术期刊，在这些期刊上发表对中国政策观点的原创研究可以高效地在行业内传播和扩散其观点。例如，在国际关系学领域享有较高赞誉的《国际事务》、《今日世界》就是由查塔姆社（皇家国际事务研究所）主办和编辑的，其中有不少与中国密切相关的文章。

第六，英国智库善于利用互联网平台传播对中国的政策观点。英国智库的官方网站建设较完备。英国智库常常通过自己的官方网站直接向世界范围的受众，通过文字、图片等形式发布相关内容。除母语英文外，部分英国智库还会根据受众的语言建设多语种官方网站。此外，推特、脸书等社交平台也是英国智库积极扩散其主要观点的重要途径。社交网络广泛的用户量可以帮助智库吸引广泛的社会关注。

四 英国智库的“一带一路”研究

（一）英国智库对英国政府关于“一带一路”的分析和影响

中英关系在卡梅伦政府时期，进入了“黄金时代”。先是在亚洲基础设施投资银行建立时，英国是第一个申请加入的欧洲发达国家，并且带领欧洲国家掀起了加入亚投行的热潮。同时，在中国提出“一带一路”倡议后，英国也是西方国家中最早响应、积极支持的国家之一。[①]

英国智库对英国在“一带一路”倡议中可寻求的合作领域进行了分析。英国智库认为英国凭借自身在金融、教育、媒体等领域的全球优势，积极与中国开展交流，寻求合作。首先，伦敦作为全球四大金融中心之一，在“一带一路”倡议的五通中，以货币流通为核心的金融支持为重点。其次，中英签署了一系列有关加强中英教育合作的框架协议。英国智库认为英国有浓厚久远的培育社会精英的意识，强烈的人文意识使英

① 张占仓：《中英“一带一路”战略合作的历史趋势》，《区域经济评论》2016 年第 5 期。

国在各领域人才辈出。同时，近年来显著减少的前往英国留学的欧盟留学生，也使得英国需要凭借自身高质量的学术环境吸引中国留学生。最后，英国智库建议加强中国和英国在“一带一路”倡议相关问题上的媒体合作。因为英国的传媒业高度发达，在国际上享有传媒话语权，而中国的传媒市场也正在崛起，在“一带一路”倡议实施的过程中有极大的舆论引导的需求。因此，中英应将媒体合作作为双方在“一带一路”倡议合作中的重点项目。①②

在特蕾莎·梅继任英国首相后，对中国采取了相对保守、谨慎的外交政策。直至2018年1月31日，特蕾莎开启了为期三天的首次访华之旅后，与中国双方共同认可中英关系仍处于“黄金时代”，而中英如何在“一带一路”倡议的框架下加强务实合作也成为特蕾莎访华的重要议题之一。③

（二）英国智库的“一带一路”研究

英国智库在中英“一带一路”倡议中积极发声，及时响应。通过对英国重要智库的官方网站以China，Chinese，One Belt One Road等为关键词检索，筛选出英国重要智库的研究中涉及“一带一路”倡议的智库，如表5所示。查塔姆社（皇家国际事务研究所）、发展研究所（Institute of Development Studies）等智库在官方网站上设有中国研究专题，在专题中通过文章发表、评论、简报等形式呈现了该智库关于“一带一路”倡议的研究成果以及发表了专家的观点，其中多数为正向积极的文章或评论，但其中也不乏一些带有疑虑的声音。

---

① 王灵桂：《国外智库看“一带一路”》，《唯实》2016年第3期。

② 赵磊：《在西欧寻求“一带一路”突破口》，《企业家日报》2015年4月12日经济学家周刊版。

③ 王义桅：《中英共建“一带一路”将再现“亚投行效应”》，《北京日报》2018年2月2日008版。

表 5　　英国重要智库中涉及"一带一路"研究的智库

Centre for European Reform	欧洲改革中心
Centre for Policy Studies	政策研究中心
Chatham House (The Royal Institute of International Affairs)	查塔姆社（皇家国际事务研究所）
European Council on Foreign Relations	欧洲外交关系委员会
Institute of Development Studies	发展研究所
International Institute for Environment and Development	国际环境与发展研究所
London School of Economics and Political Science, IDEAS	伦敦政治经济学院国际事务与外交战略研究中心
Overseas Development Institute	海外发展研究所
Royal United Services Institute	皇家联合军种国防研究所

数据来源：作者根据英国智库中 114 家"样本智库"的相关数据编制。

英国智库对"一带一路"倡议的相关研究也对欧盟国家和其他发展中国家产生了影响。伦敦政治经济学院国际事务与外交战略研究中心发表的"Why China's 'One Belt, One Road' Initiative Should Be Taken Seriously by the EU, The Impact of China's One Belt One Road Initiative on Developing Countries"，为欧盟国家如何迎接"一带一路"倡议提出了积极的建议，分析了"一带一路"倡议对发展中国家的影响。① 海外发展研究所设有中国专栏 China and Development 每月发表一篇中国当月必读事件。② 皇家联合军种国防研究所的中国主题中，对"一带一路"和"海上丝绸之路"都有详细的文章进行介绍和评论。③ 该智库在国际安全研究领域的专

① Grimmel, Andreas and My Giang, Susanne, Why China's "One Belt, One Road" initiative should be taken seriously by the EU, The impact of China's one belt one road initiative on developing countries, http://eprints.lse.ac.uk/73326/? from_serp = 1，2019 年 6 月 18 日访问。

② 资料来源：海外发展研究所，https://www.odi.org/our-work/china，2019 年 6 月 17 日访问。

③ 资料来源：皇家联合军种国防研究所，https://www.rusi.org/regions/pacific/china，2019 年 6 月 18 日访问。

家 Raffaello Pantucci，对“一带一路”倡议进行了多年的研究，发表了多篇相关文章。通过各种媒体平台发布的“一带一路”倡议相关智库成果也可以让更多受众加深对“一带一路”倡议的了解从而引导英国民众对“一带一路”倡议有相对清晰和真实的认知。此外，英国的部分专业化研究的智库也对“一带一路”开展了相关领域的研究。例如，伦敦政治经济学院格拉瑟姆气候变化与环境研究所（London School of Economics and Political Science，Grantham Research Institute on Climate Change and the Environment）的前政策分析师 Isabella Neuweg 发表的“China's 14th Plan，Sustainable Development and the New Era”一文中从可持续发展的角度对“一带一路”倡议进行了分析。①

然而，从部分英国涉及了“一带一路”倡议研究的智库发表的文章和评论中也清晰可见近年来特蕾莎政府对中国采取的总体外交方向，整体友好，务实合作，保守谨慎。在一大部分英国智库今年发表的文章中都提及“一带一路”倡议不仅是英国不可忽视的机会也是无可避免的趋势，英国应最大限度的参与其中，但是，“一带一路”倡议存在缺乏具体实施细则等问题，英国要务实寻求两国共同的兴趣点，细化明确合作细则，确保英国的利益，企业也要谨慎开展投资合作等内容。例如，萨塞克斯大学英国国际发展研究院（University of Sussex，Institute of Development Studies）院长 Melissa Leach 教授在第二届“一带一路”国际合作高峰论坛上发表演讲时表示围绕“一带一路”倡议在实现可持续发展成果方面面临的机遇和挑战时，需要更加严谨和有力的支撑来加强理解并为决策提供信息。②

---

① 资料来源：伦敦政治经济学院格拉瑟姆气候变化与环境研究所，http：//www. lse. ac. uk/GranthamInstitute/publication/chinas - 14th - plan - sustainable - development - and - the - new - era/，2019 年 9 月 11 日访问。

② 资料来源：萨塞克斯大学英国国际发展研究院，https：//www. ids. ac. uk/news/cutting - through - hype - and - myths - that - surround - belt - and - road - initiative/，2019 年 9 月 11 日访问。

五 对中国特色新型智库建设的启示

英国作为老牌的智库大国，其智库的很多发展经验值得我们借鉴和学习。中国智库应基于中国特色社会主义国情和智库自身情况和需求，有选择性地吸取英国智库的发展经验，加强中国特色新型智库的建设与发展。

（一）加强智库专业化建设与高质量智库产品产出

虽然目前中国智库盲目建设的热潮稍有平息，但近年来智库建设一哄而起，有的智库研究根基不牢，盲目追求热点的现象导致智库的运行和发展受到不良影响。中国目前拥有的智库数量远远超出英国在百年间建立的智库数量，但是在成果质量上中国智库与英国智库存在较大差距。相比于英国智库对跨学科交叉研究与专业化分工的结合，以及专业性智库的建立的注重，部分中国智库过于追求全能的建设方向和过度追踪热点话题。中国智库应清晰认知自身优势，对标中国和国外智库发展和运行的指标，深入了解中国以及相应专业领域的智库市场，在建立之初就做好切实可行的发展规划，充分运用在专业领域深厚的学术积累和海量数据。在此基础上，拓展研究领域，加强跨学科合作研究，挖掘智库的核心竞争力，研究出高质量的智库成果。

（二）加强智库研究的前瞻性和智库的国际化视野

相比于善于做预判且已有百年建设经验的英国智库，中国智库为政策做阐释和反应已发生问题多于为政府做预案，并且中国智库整体起步晚，近年来新建智库较多，国际影响力弱。中国智库应不仅做到“想政府之所想”还要能够做到“想政府所未想”，增强前瞻性研究，对社会重点问题进行“预警”，提高咨政能力和质量。中国智库还应注重加强国际交流与合作。从智库发展方面，规划建立国外分支机构，拓展海外业务。在研究项目方面，积极与国外智库、高校、国际组织等共同开展长期研究项目。在智库研究人员方面，要提升自身实力搭建平台，创造机会让研究人员可以走出国门进修，培养更多具备国际视野的智库人才，还应鼓励中国智库的研究人员走出去参加学术交流会议，在国际舞台上发声，增强中国的国际话语权。中国智库还应该加强对各种社交平台的灵活使用，鼓励具备一定外语能力的研究人员在国际媒体上表达自己的观点。

（三）注重智库成果的转化和宣传，提升影响力

好的智库成果不应局限于在政策制定中得到采纳，更要能进行实践应用，对社会发展产生实际贡献。中国智库应借鉴英国智库的经验，与媒体搭建有效的沟通桥梁，积极宣传和推广智库的学术成果与咨政成果。特别是在这个信息爆炸的互联网时代，中国智库应加强对各类互联网社交平台的了解和使用，运用公众易于接受和理解的方式宣传自己的成果，让社会公众更好地理解公共政策，有效引导舆论导向。此外，中国智库更要注重国际影响力的建立和提升，与国外重要媒体建立长期合作，迅速高效的以英语或多语种方式发布智库成果。

（四）建立规范有序的运行管理机制

中国智库建设起步晚，目前有很大部分智库的制度建设尚未完善。虽然，在项目组实地调研走访时了解到，已经有越来越多的智库发现自身制度建设的不足，力图完善制度建设，但由于中国智库类型、规模等情况复杂，对智库定位、功能、建设和运营的方法不了解等问题，导致中国智库的建设情况参差不齐，更有在初始阶段建设目的上就已经偏离的智库。中国还有部分智库的建立是基于创办者的个人兴趣，导致智库缺乏规范有序的制度保障，研究团队的稳定性较弱。[①] 这种情况多出现于中国高校智库、社会智库、企业智库身上。因此中国智库的运行管理机制的建立需要基于智库的类型和自身情况，符合不同类型智库运行的需

---

① 曹如中、梁亚丽、宋雅雯、郭华:《智库建设模式的国际比较及其启示》,《情报理论与实践》2018 年第 5 期。

求，突出不同类型智库的特色，不能一概而论。在借鉴英国智库的建设经验时，需要重视搭建高效沟通交流机制，保持与决策层的信息交流通畅的相关经验的参考。建设中国特色新型智库需要健全组织框架和内部运行制度。完善专职科研人员与专职行政人员配比，减轻科研人员繁冗的行政工作压力，配置专项人员打通并维护与媒体的沟通渠道，加强智库的对外宣传。

（中国社会科学评价研究院　王彦超）

参考文献

［1］曹如中、梁亚丽、宋雅雯、郭华：《智库建设模式的国际比较及其启示》，《情报理论与实践》2018 年第 5 期。

［2］陈广猛：《英国学者对本国思想库的研究》，《国外社会科学》2012 年第 4 期。

［3］戴慧：《英国智库的管理方法、研究方法及启示》，《中国经济时报》2014 年 1 月 28 日第 5 版。

［4］戴慧：《英国智库的优势及受重视的原因》，《中国经济时报》2014 年 1 月 17 日第 5 版。

［5］丁宏：《英国智库建设的启示》，《新华日报》2016 年 2 月 19 日第 14 版。

［6］国务院发展研究中心公共管理与人力资源研究所“国外智库管理体系研究”课题组：《注重提升影响力的英国智库》，《管理观察》2013 年第 28 期。

［7］李善风、蔡攸敏、王今朝：《新时代混合所有制改革的目标、推进速度与模式探索——基于契约视角和中外历史及现实经验的思考》，《西部论坛》2019 年第 4 期。

［8］刘红凛：《政党政治发展与政党制度变迁：以英国为例》，《探索》2017 年第 4 期。

［9］刘旺洪等：《英国智库运行特色和发展》，《唯实》2017 年第

1 期。

［10］陶郁、马岩：《英国顶尖智库的特点及其扩散涉华观点的途径》，《智库理论与实践》2016 年第 3 期。

［11］王军、李双进：《英国的思想库及其政治功能》，《当代世界社会主义问题》2003 年第 1 期。

［12］王灵桂：《国外智库看“一带一路”》，《唯实》2016 年第 3 期。

［13］王薇：《英国公投脱欧下政党政治格局的新变化》，《政党世界》2017 年第 2 期。

［14］王义桅：《中英共建“一带一路”将再现“亚投行效应”》，《北京日报》2018 年 2 月 2 日第 8 版。

［15］王勇辉、余珍艳：《英国智库的多元思想与政治影响》，《政府治理研究》2015 年第 7 期。

［16］忻华、杨海峰：《英国智库对英国对华决策的影响机制：以皇家国际事务学会为例》，《外交评论》2014 年第 4 期。

［17］邢国宏：《英法德三国政治体制及其特点》，《云南社会主义学院学报》2014 年第 2 期。

［18］邢瑞利：《特蕾莎·梅政府对华政策调整及其影响》，《学术探索》2018 年第 11 期。

［19］徐根兴：《对规划专家的要求及选用原则》，《学习时报》2014 年 8 月 8 日第 4 版。

［20］玄理、刘玉安：《边缘政党的主流化：探究英国独立党的崛起》，《新视野》2017 年第 1 期。

［21］杨亚琴、李凌：《英国著名智库运行特点及对中国智库发展的启示》，《当代世界》2017 年第 9 期。

［22］杨耀云：《英国科技类高端智库概况及特点》，《全球科技经济瞭望》2017 年第 9 期。

［23］袁莉莉、杨国梁：《英国智库概况及对中国智库建设的启示》，《智库理论与实践》2016 年第 2 期。

［24］张微娜：《卡梅伦政府时期的英国对华政策》，硕士学位论文，

华中师范大学，2017 年。

［25］张占仓：《中英“一带一路”战略合作的历史趋势》，《区域经济评论》2016 年第 5 期。

［26］赵磊：《在西欧寻求“一带一路”突破口》，《企业家日报》2015 年 4 月 12 日经济学家周刊版。

［27］周建勇：《英国：稳定又脆弱的两党制？——基于 1979—2017 年十次大选的分析》，《当代世界与社会主义》2017 年第 4 期。

［28］Grimmel，Andreas and My Giang，Susanne，Why China's “One Belt，One Road” initiative should be taken seriously by the EU，The impact of China's one belt one road initiative on developing countries，http：//eprints. lse. ac. uk/73326/？from_serp = 1.

日本智库研究报告

日本作为亚洲现代智库建设的先行者，发展至今，已逐渐拥有了一批在国内外各个领域都颇具规模和影响力的智库。日本产官学各界都高度重视信息收集和调查研究工作，促使智库成为日本政府、社会和企业管理中不可或缺的决策支持机构。日本的智库产业基于日本特有的社会经济政治环境，在发展历程中逐渐形成了极具特色的日本智库体系。日本作为中国的重要邻国，在社会文化与社会治理结构等多个领域都与中国存在着相似之处，日本智库建设的经验无疑对中国具有一定的借鉴意义。

本研究在对日本智库的发展沿革、规模数量、类型划分等基本概况进行梳理的基础上，结合中国社会科学评价研究院自主研创的“全球智库综合评价 AMI 指标体系”，通过选取吸引力、管理力、影响力三个方面的代表性指标和案例对日本智库的运行特点加以研究分析。日本智库在参与政策形成、发挥咨政建言作用方面，高度依赖于日本的社会政治环境，本研究以日本智库的“一带一路”研究为例，从日本政府及社会各界对“一带一路”倡议的态度转变及其动因分析切入，从研究主体、研究成果、研究领域和智库活动四个方面，围绕日本智库对“一带一路”倡议的相关研究及其动因加以分析。本报告在最后尝试对日本智库存在的主要问题以及对中国智库建设的启示加以探讨总结。

一 日本智库概况

（一）日本智库战后的发展沿革与变化趋势

日本对于智库的界定较为宽泛，并没有形成统一的概念。自 20 世纪 60 年代中期“智库”作为“从事研究的组织”这一概念被正式引入日本以来，日本对智库的界定更接近于“咨询”机构，而不像西方国家那样强调智库的非营利性、公共性和独立性。日本智库的诞生、壮大、消亡，顺应了日本社会在不同历史阶段的发展需要。回顾第二次世界大战后日本智库的发展历程，每个阶段无不与政治制度和经济发展之间存在着极为密切的关联。本文将日本战后智库产业的发展史细分为初创期、第一次到第四次智库发展潮、转型重组期六个阶段加以说明。

1. 初创期（1945—1965 年）

第二次世界大战结束后，日本面临的首要任务便是战后重建。中央官厅负责战后复兴发展战略以及指导方针、实施计划等具体政策的制定与实施。因此，以中央官厅为主导的、政府行政部门制定政策的模式是这一时期的主要特点。

1945 年日本政府为了重建经济，由多部门联合创办了日本最早的宏观经济智库“财团法人国民经济研究协会”（財団法人国民経済研究協会），它也为后来的“经济安定本部”（経済安定本部，即后来的经济企划厅）的设立做出了巨大的贡献。

1946 年创办的“财团法人日本经济研究所”（財団法人日本経済研究所，后文简称“日本经济研究所”）着眼于日本未来的长远规划和发展战略的制定，在分析日本发展现状的基础上，深入研究表面现象之下的根本问题，志在发展成为“导向型智库”。日本经济研究所在 1981 年获得了以当时的“日本开发银行”（日本開発銀行，即现在的“株式会社日本政策投资银行”）为中心的来自经济界的广泛捐助，于 2010 年 12 月正式变更为一般财团法人。

1946 年松下幸之助设立并出任所长的“PHP 综合研究所”（PHP 総

合研究所）旨在以民间独立自主的立场，围绕政治与行政、经济与财政、外交与安保、地域经营、教育等广泛领域开展研究，并提出政策建议。同年设立的还有东京都的“财团法人政治经济研究所”（財団法人政治経済研究所，现为公益财团法人）和福冈县的“财团法人九州经济调查协会”（財団法人九州経済調査協会，现为公益财团法人），以及1948年设立的广岛县“中国地方综合调查所”（中国地方総合調査所，即现在的“公益社团法人中国地方综合研究中心”）等，这些智库的研究重心都集中在恢复经济发展和重建社会秩序方面。

20世纪50年代后期，日本经济持续高速增长，促使其对公共事业方面的智库需求增大，智库数量迅速增加，研究领域也不断扩展。例如，作为日本在外交领域的第一家智库，“公益财团法人日本国际问题研究所”（公益財団法人日本国際問題研究所）由日本原首相吉田茂于1959年创建并出任第一任会长，1960年被认定为日本外务省直接主管的财团法人智库。另一家代表性智库是“独立行政法人日本贸易振兴机构亚洲经济研究所”（独立行政法人日本貿易振興機構アジア経済研究所，后文简称“亚洲经济研究所”），其前身是1958年12月26日设立的“财团法人亚洲经济研究所”（財団法人アジア経済研究所），于1998年7月并入了当时同属通商产业省主管之下的“特殊法人日本贸易振兴会”（特殊法人日本貿易振興会）[①]。其后伴随日本贸易振兴会的独立法人化改革，于2003年10月，特殊法人日本贸易振兴会更名为“独立行政法人日本贸易振兴机构”（独立行政法人日本貿易振興機構，后文简称“日本贸易振兴机构”），并正式改组为现在的“亚洲经济研究所”。

2. *第一次智库发展潮*（1965—1975年）

20世纪60年代中后期，日本从战后复兴期步入经济高速增长期。自1961年起，日本政府出台了为期10年的国民收入倍增计划，日本社会各个领域都呈现出繁荣发展的气象。为了摸索并制定社会经济产业构造的

---

① 该机构的前身是1951年成立的“财团法人海外市场调查会”（財団法人海外市場調査会），于1958年变更为“特殊法人日本贸易振兴会”（特殊法人日本貿易振興会）。

未来规划，从全新的宏观视角出发构建跨学科、综合性的社会开发体系，智库作为行政机构以外的独立自主进行政策研究和政策建议的机构登上了历史舞台。

在社会需求高涨以及民间企业积极主动投身于调查研究的双重推动之下，日本迎来了“第一次智库发展潮”。很多具有代表性的著名智库都在这一时期创建，例如，1965 年成立的“株式会社野村综合研究所”（株式会社野村総合研究所，后文简称“野村综合研究所”），1967 年成立的“三井情报株式会社”（三井情報株式会社），1969 年成立的“株式会社日本综合研究所”（株式会社日本総合研究所），1970 年成立的“株式会社三菱综合研究所”（株式会社三菱総合研究所，后文简称“三菱综合研究所”）和“一般财团法人日本综合研究所”（一般財団法人日本総合研究所）等，而 1970 年也被称为“日本智库元年”。在第一次智库发展潮的推动下，日本智库产业在国内外的影响力不断提升。为了更好地协调各机构之间的关系，促进日本智库产业的整体发展，“日本智库协议会”（日本シンクタンク協議会）在 1971 年应运而生。

70 年代中期，日本经济在持续了十多年的高速增长之后突然崩溃。日本国内发展环境的急速恶化导致智库开始将服务对象由民间企业转向政府机构，智库对政府的委托研究业务的依存度也不断上升。

3. *第二次智库发展潮（20 世纪 80 年代中期—90 年代初期）*

20 世纪 80 年代中期到 90 年代初期，在日元全面升值的经济大环境下，日本的“智库热”继续升温，迎来了“第二次智库发展潮”。这一时期新建的智库大多存在于银行、保险、证券、制造厂商等资本体系之中，例如 1988 年成立的富士银行系统的智库“株式会社富士综合研究所”（株式会社富士総合研究所），同年成立的日本生命保险公司的智库“株式会社 NLI 基础研究所”（株式会社ニッセイ基礎研究所），1989 年成立的大和证券集团的智库“株式会社大和综研”（株式会社大和総研）等。

这些智库积极为政府和企业出谋划策，在日本经济的全球化扩张道路上各自发挥了重要作用。但随着泡沫经济的崩溃，依赖于雄厚资本支撑而迅速发展起来的日本智库产业也遭受到了巨大冲击，一些经费来源单一的智库因资金链的断裂而被迫关闭业务，相关领域的智库建设随之步入沉寂期。与此同时，面对如何重振日本经济、促进日本社会稳定与健全地发展这一难题，也有一些新的智库顺势而生。如银行业界于1988年成立的富士银行系统的“株式会社富士综合研究所”（株式会社富士総合研究所），保险业界于1987年成立的“株式会社安田综合研究所”（株式会社安田総合研究所）等。

4. 第三次智库发展潮（20世纪90年代前期）

20世纪90年代上半期，在各地方自治体的主导下，自治体智库时代拉开序幕，即日本的“第三次智库发展潮”。随着《地方分权一揽子法》的实施和三位一体等日本地方分权改革的推进，大量权限由中央政府下放给自治体，这就要求市町村不得不具备与中央政府和都道府县相同的政策形成能力。自治体独立自主制定政策的必要性突增，这也成为了自治体智库设立的最为主要的理由。

以自治体为主导所设立的智库组织形式多种多样，包括在自治体外部单独设立的独立组织，在自治体内部设立的承担智库职能的组织部门，以及直接在自治体的组织内部附加智库功能等。此时期新设的自治体智库的代表有1991年设立的“财团法人名古屋都市中心”（财团法人名古屋都市センター）、1992年设立的“财团法人高知县政策综合研究所”（财团法人高知県政策総合研究所）和“财团法人堺都市政策研究所”（财团法人堺都市政策研究所）、1993年设立的“财团法人宫城县地域振兴中心”（财团法人宮城県地域振興センター）等。自治体智库在提倡理论与实践相结合的基础上，更加注重研究成果在政策制定中的反映，以实际应用于地方自治为目的，作为非营利性智库的一种，为强化地方自治体的政策企划职能做出了贡献。

5. 第四次智库发展潮（20世纪90年代后期）

从20世纪90年代后半期开始，公害等环境问题备受社会各界关注，在此社会背景下，定位于环境问题的研究机构相继设立，例如1999年成立的“特定非营利活动法人气候网络”（特定非営利活動法人気候ネット），2000年成立的“特定非营利活动法人环境自治体会议环境政策研究所”（特定非営利活動法人環境自治体会議環境政策研究所）和“特定非营利活动法人环境能源政策研究所”（特定非営利活動法人環境エネルギー政策研究所）等。

这一时期，日本社会对民间非营利活动的关注度高涨，加之民间对参与社会公共活动的必要性的认知不断提升，日本迎来了“第四次智库发展潮”。新成立的智库多以民间的非营利性机构为主，例如：1997 年集中出现的“财团法人东京财团”（財団法人東京財団，2018 年更名为“公益財団法人東京財団政策研究所”，后文简称“东京财团政策研究所”）、“21 世纪政策研究所”（21 世紀政策研究所）、“社团法人构想日本”（社団法人構想日本）等。

6. 转型重组期（2000 年以后）

进入 21 世纪后，随着中国的崛起，亚洲乃至世界的格局发生了巨大变化，在激变的国际大环境下，日本国内的政治经济环境也在随之转变，而日本智库也由此步入了转型重组期。曾对政策形成产生过一时影响的日本智库中，部分机构相继解散，或在实质上停止活动；部分智库或缩小规模，或改变机构性质，或改组整合进行转型；此外还有部分智库通过合并重组改变组织形式或业态，进而撤出智库产业。这些智库解散或转型的理由多种多样，包括其赖以生存的社会环境恶化、财政基础动摇以及机构运营体制出现问题等诸多因素，其中资金面的困境影响最为显著。

纵观日本智库的发展历程，从官僚主导下的智库热潮到政治主导下的民间非营利智库的崛起，无不体现出日本智库产业的发展与政治制度及经济发展状况之间极为密切的关联。曾经拥有辉煌发展史的日本智库，就现状而言，能承接国家级大型项目的综合智库数量有限，而且智库规模普遍较小。智库作为旨在为公共政策决策建言献策的综合性信息处理机构被寄予厚望。今后，日本智库为顺应时代发展的大潮，切实有效地满足日本政府的国策需求，必将进一步整合资源，优化结构，强化机能，迎来新的发展。

(二) 日本智库的规模数量

目前，在全球智库评价研究方面，国内有中国社会科学院的直属研究机构中国社会科学评价研究院（时为“中国社会科学评价中心”）于2015年11月10日发布的《全球智库评价报告（2015）》，也是由中国研究机构推出的首部全球智库报告；国外有美国宾夕法尼亚大学“智库与市民社会项目”（Think Tanks and Civil Societies Program，简称“TTCSP”）课题组编写的《全球智库报告》（Global Go To Think Tank Index Report[①]），该报告由宾夕法尼亚大学劳德学院国际学研究方向的高级讲师、TTCSP项目主任、宾夕法尼亚大学菲尔斯政府研究所高级研究员詹姆斯·麦甘[②]（James McGann，简称“麦甘”）博士主持，截至2019年已连续发布了11年，对全球智库的发展情况做出评价与排名。基于《全球智库报告》的统计数据，日本的智库数量保持在100余家，总体而言发展稳定，且保持上升趋势，其中从2017年开始增幅明显。与日本智库相比，中国、美国、英国、德国的智库数量总体趋于增长，到2017年达到峰值后，2018年呈现出不同程度的减少（参见表6）。

表6　《全球智库报告》各年度主要国家智库数量　（单位：家）

年份	全球总量	美国	中国	英国	德国	日本
2012	6603	1823	429	288	194	108
2013	6826	1828	426	287	194	108
2014	6681	1830	429	287	194	108
2015	6846	1835	435	288	195	109
2016	6846	1835	435	288	195	109
2017	7815	1872	512	444	225	116
2018	8162	1871	507	321	218	128

资料来源：根据 *Global Go To Think Tank Index Report*（2012—2018年）数据整理编制。

① James G. McGann, *Global Go To Think Tank Index Report*（*1st – 11th edition*），Think Tanks and Civil Societies Program，University of Pennsylvania，2008 – 2019.

② 资料来源：TTCSP，https：//www. gotothinktank. com/meet – the – director/，2018年2月22日访问。

仅就日本智库的数量而言，《全球智库报告》中记载的数量少于日本国内统计的数量。成立于1974年的日本“公益财团法人NIRA综合研究开发机构”（公益财団法人NIRA総合研究開発機構，后文简称“NIRA综研”）是日本国内唯一的一家针对日本智库发展状况开展调查研究的机构。截至2014年3月，NIRA综研每年都针对日本国内的政策研究机构的概要以及截止该年度的研究成果实施《智库信息》（『シンクタンク情報』）调查，该项调查将“在政策科学、社会人文科学等领域从事政策研究，原则上具有日本法人资格的机构”视为“智库”。

NIRA综研虽自2015年起取消了该项调查统计以及《智库信息》的发布，但鉴于NIRA综研所实施的跟踪调查和统计分析的重要性和不可替代性，本报告仍以NIRA综研发布的智库报告数据为基础。以《智库信息2014》为例，NIRA综研共向约300家政策研究机构发出了调查问卷，基于有效作答数据统计得出，截至2013年3月日本共有214家智库，与峰值期2001年的337家相比减少了123家。NIRA综研以其自建数据库中的智库为问卷调查对象，且《智库信息2014》发布的日本智库数量是依据有效作答问卷的统计结果，由此可知，日本智库的实际数量相对于该机构所公布的214家智库数量而言应只多不少，并且远远多于《全球智库报告》中所记载的2013年日本108家智库的总量。

（三）日本智库的类型

日本的智库在主体性质、组织形式、设立目的、人员构成、经费来源等方面都具有多样性特征，呈现出类型丰富、多元化发展格局。

从组织形式来看，日本智库以营利法人、公益财团法人、一般社团法人为主，此外还有一般财团法人、公益社团法人、独立行政法人和特定非营利活动法人以及任意团体等多种形式，仅就智库数量而言，营利法人智库占比最大，多以股份制公司形式运营。

从主体性质来看，日本智库可划分为官方智库、半官方智库、企业智库、政党团体附设智库、高校附设智库、自治体智库、民间非营利智库七大类，多类型智库并存的格局促进了日本智库产业的多元化发展。

官方智库是直接服务于政府的机构内设部门，其对日本政府的政策形成的影响最为直接，例如防卫省的“防卫研究所”（防衛研究所）、财务省的“财务综合政策研究所”（財務総合政策研究所）、内阁府的“经济社会综合研究所”（経済社会総合研究所）、文部科学省的“国立教育政策研究所”（国立教育政策研究所）、日本银行的“金融研究所”（金融研究所）等。

半官方智库主要是在国家机关外部化过程中从政府各官厅部门中剥离出来的独立行政法人智库，例如经济产业省主管的“独立行政法人经济产业研究所”（独立行政法人経済産業研究所，后文简称“经济产业研究所”）和“亚洲经济研究所”等。半官方智库的主管部门为相应的国家行政机关，运营经费几乎全部来源于国家预算，须接受评估委员会的审查和评价，但其运营不受政府的行政干预。

企业智库是指登记注册为企业法人的智库，其中具有影响力的企业智库大多是由大型企业集团、财团或银行、证券、保险等金融机构出资创办的智库。放眼全球各国，此类智库在日本的发展最具规模化和特色化。企业智库在日本的智库产业中占有重要地位，相较于其他类型的智库而言，不仅数量多，而且普遍规模较大、资金充足、实力雄厚。此类智库为母体企业和集团的发展提供战略指导与政策咨询等服务的同时，向日本政府机构和社会公众以及其他企业提供咨询服务、承接委托研究等相关业务，以多种方式、途径参与到政策形成过程之中，影响公共政策的制定。例如集团系统的有三菱集团的“三菱综合研究所”，大型企业出资的有佳能株式会社的“一般财团法人佳能全球战略研究所”（一般財団法人キヤノングローバル戦略研究所），证券系统的有野村证券集团的“野村综合研究所”，银行系统的有瑞穗金融集团的“瑞穗综合研究所株式会社”（みずほ総合研究所株式会社），保险系统的有第一生命集团的“株式会社第一生命经济研究所”（株式会社第一生命経済研究所），政策性金融机构系统的有农林中央金库的“株式会社农林中金综合研究所”（株式会社農林中金総合研究所）等。

政党团体附设智库是指由各政党或社会团体等所设立的、为该政党或社会团体服务的智库，例如民主党的“有限责任中间法人公共政策平台”（有限責任中間法人公共政策プラットフォーム），自由民主党的“有限责任中间法人智库2005・日本”（有限責任中間法人シンクタンク2005・日本）等。政党智库受政局变动和政党执行部更替的影响较大，因此政党智库与其所属党派之间的关系并不稳定牢固。此外，社会团体创办的智库普遍基于某个行业或领域，比如全国劳动者联合会的“劳动运动综合研究所”（労働運動総合研究所），日本教职员工会的“一般财团法人教育文化综合研究所”（一般財団法人教育文化総合研究所）等。

高校附设智库是指隶属于高校体制内的智库，拥有深厚学科基础，不仅对政府的政策形成有特殊的理论影响力，还具有广泛的社会影响力。例如“东京大学社会科学研究所”（東京大学社会科学研究所）、“京都大学东南亚研究中心”（京都大学東南アジア研究センター）、“明治学院大学国际和平研究所”（明治学院大学国際平和研究所）、“广岛市立大学广岛和平研究所”（広島市立大学広島平和研究所）、“东北大学东北亚研究中心”（東北大学東北アジア研究センター）等。

自治体智库是指为地方自治体的独立运营和发展服务的智库，作为日本的地方智库具有特殊的意义。其组织形式多样，包括内设型自治体智库，如1951年成立的“大阪市政研究所”（大阪市政研究所）和2002年成立的“横须贺市都市政策研究所”（横須賀市都市政策研究所）；外设型自治体智库，多采取财团法人形式，如1975年成立的“公益财团法人神户都市问题研究所”（公益財団法人神戸都市問題研究所）和1988年成立的“公益财团法人福冈亚洲都市研究所”（公益財団法人福岡アジア都市研究所）；包括型自治体智库，如2010年成立的“智库神奈川”（シンクタンク神奈川）；第三部门型自治体智库，如1989年成立的“株式会社鹿儿岛综合研究所”（株式会社鹿児島総合研究所）；以及任意团体形式的自治体智库，如2003年成立的“交流智库富士”（交流シンクタンク富士）等。

民间非营利智库不以营利为目的，秉承独立于政府、开展民间的综合研究并提出政策建议的宗旨，由企业财团、各类社会团体或个人创办，此类智库的数量较多，在机构运营和研究活动方面相对更为灵活，研究内容紧抓社会热点问题，前瞻性、时效性和专业性都较强，其中不乏实力强、影响力大的智库，例如“东京财团政策研究所”和“公益财团法人日本经济研究中心”（公益財団法人日本経済研究センター）等都是在产官学各界具有强大关系网和影响力的著名智库。

二　日本智库的运行特点——基于 AMI 指标的分析①

日本智库自第二次世界大战后兴起，历经数十年的发展，已逐渐拥有了一批活跃在日本国内和国际社会的政治、经济、社会、文化、科技等各个领域的颇具规模实力和影响力的智库，并在智库的吸引力、管理力、影响力等各个方面都呈现出有别于欧美智库的鲜明日本特色。下文将基于中国社会科学评价研究院研创的“全球智库综合评价 AMI 指标体系”，从吸引力、管理力、影响力三个方面，分别选取具有代表性的指标对日本智库的运行特点进行分析。

（一）吸引力

在对智库“吸引力”进行评价研究时，主要选取“声誉吸引力”、“人才吸引力”、“资金吸引力”和“环境吸引力”四个指标。目前，中国特色新型智库建设普遍在“人才吸引力”和“资金吸引力”方面面临较多困境；与之相比，日本智库在这两方面具备多年建设经验，已建立制度化发展模式。

1. 人才培养机制助力提升智库的人才吸引力

智库的人才吸引力可从“人员规模”、“人才培养”和“待遇”三个

① 本部分基于中国社会科学评价研究院研创的“全球智库综合评价 AMI 指标体系”相关内容加以研究分析，该指标主要从吸引力（A）、管理力（M）、影响力（I）三个方面对全球智库进行综合分析与评价。

方面加以评价。日本在智库建设上，讲求的不是人数的多少，而是更加追求研究成果的高质量，除为数极少的大型智库拥有较为庞大的团队外，大多数的日本智库沿用少而精的模式，人员规模总体上都并不大。

日本智库通常非常注重年轻人才的培养和储备，形成年轻人才培养与人才交流机制的有效结合。很多智库针对青年人员设有定期轮岗和外派的研修制度，即智库将青年研究人员派往政府部门、高校、关联企业以及其他相关机构工作，通常时长为1—3年不等，工资由原单位支付，工作期满后也必须返回原单位。同时，智库也会接收相关合作机构的研究人员在智库从事研修工作。例如株式会社大和综研的研究人员通常会在入职的第二年被派往财务省、经济产业省等相关政府部门挂职培训2—3年，具有一定工作经验后还有机会派往海外分支机构或研究机构从事短期或长期研究活动。这种人才交流和人才培育机制为青年研究人员提供了学习与实践的机会，有助于其直观而全面地了解并掌握政策制定部门的运作机制、政策决策流程以及政策在实际应用中可能遇到的问题。

2. 资金来源多元化为特征的资金吸引力

智库的资金吸引力从“资金来源”的多元化和“资金值”的充裕度两个方面对智库资金的量与质加以评价。日本智库通过拓展经费来源、增加收入类型，试图打破经费来源对智库发展规模和研究项目的制约，以多元的经费来源渠道避免对单一经费的依赖。因此，不仅存在经费获取模式相异的多类智库，而且同一家智库的经费获取渠道和类型也日趋多元化。目前日本智库的经费主要来源渠道大致可分为九种：政府财政预算拨款，企业出资，委托研究调查等研究活动的相关收入，捐助或会费（当此类经费作为智库主要收益来源时，通常这两项财源并存，但有主次之分），研究出版物收益，基金，不动产收益，所属高校拨款，组织附设模式下以所属母体机构的资金支持为主要财源。

来自政府和企业的资金具有主导性地位，主要是通过竞争获取的各类招标研究项目经费。官方智库的经费全部来自政府预算拨款，半官方智库的经费绝大部分来源于政府在预算范围内的拨款，列入国家预算，接受主管部门的审计核查。高校附设智库因其所属大学性质的不同，其经费来源也各有不同，但总体而言都受到所属高校整体预算的管控。民间独立智库的经费来源较为多样，因此其研究活动受单一资金来源的约束影响较少。

（二）管理力

智库的“管理力”评价基于“7S 理论”，包括“战略”（Strategy）、“结构”（Structure）、“系统”（System）、“人员”（Staff）、“风格”（Style）、“共同价值观”（Shared Values）和“技能”（Skill）七个方面，本文选取相关指标对日本智库的实际情况进行具体分析。其中，以下 2 点特征最具代表性。

1. 从立法高度强化智库的制度化建设

日本是个重视法制建设的国家，日本政府为强化智库建设制定了一系列法律法规，使智库机构的运营和管理有法可依。例如，组织形式为独立行政法人的智库须依据《独立行政法人通则法》设立并管理，而具体到半官方智库“经济产业研究所”，则又另行制定并颁布了《独立行政法人经济产业研究所法》，对该机构的名称、宗旨、所在地、资本金等基本项目，机构的董事、理事和职员的设置、任免以及业务运营、财务管理等细节都加以具体规定。日本政府通过《科学技术基本法》和《科学技术基本计划》等法律法规，对科研经费的使用加以严格监督管理的同时，由政府相关部门统一制定会计审计准则，聘请专门的财务机构实行定期审计，充分运用内部审计、国家审计与社会监督相结合的方式，强化对智库财务的监督管理，督促智库合规且按计划使用经费，及时发现并惩治智库滥用科研经费的行为。

2. 从人才梯队化、多元化、国际化全面强化智库的科研团队建设

日本智库在科研团队建设方面，呈现出以中青年为主力军的多学科、多领域、多层次的特点，重视多学科交叉、文理相结合，社会科学与自然科学相结合，提升智库的综合研究实力。日本智库总体规模有限，通常会从大学、科研机构、政府机构、企业、国际组织等聘用大量的外部研究人员组成项目团队弥补专职研究人员的不足。例如，经济产业研究

所的专职研究人员与兼职研究人员的配比基本保持在1∶5，所内研究人员来自高校、智库、科研机构、政府部门和国际组织，客座研究人员来自日本国内外，包括不同国籍的研究人员。日本智库的专职研究人员在年龄构成上大多以三四十岁年龄段的中青年工作人员作为主力，兼顾不同年龄段的层次配比，在知识层次构成上注重全面提升专业素养的同时，不断扩大拥有博士学位的研究人员的比例。在培养年轻人才的同时，日本智库还积极吸纳知名学者专家，利用"旋转门"机制延揽卸任的政府官员进入智库，发挥其特有的影响力，以此促进智库自身的建设。

（三）影响力

智库的"影响力"评价指标主要包括"政策影响力""学术影响力""社会影响力"和"国际影响力"四个方面。日本智库在建设过程中，不仅大力推进学术研究和政策咨询两方面的同步发展，还非常重视提升智库的社会影响力和国际影响力。

1. 基础研究与应用研究有机结合，强调智库成果的转化与社会效益

为了促进智库研究成果的公开和转化，进一步扩大其社会效益，日本文部科学省规定在科学研究费资助项目中设置"研究成果公开促进费"，通过资助研究成果的公开发表、重要学术研究成果的宣传以及数据库的建设和开放，促进高质量研究成果的传播。研究成果的具体内容在经过智库内部评审和第三方评估之后面向社会公众发布。日本智库还通过定期举办内部学习班和外部互访交流活动、聘请国内外专家进行讲学与客座研究、举办各种学术研讨会、深入民间组织和社区召开政策宣讲会和提供咨询服务，以及利用互联网、报纸杂志、电视广播在媒体上进行宣传等方式，将研究成果更为有效地加以转化和普及。

2. 国际化建设发展之路，助力智库走向世界舞台

日本智库，特别是开展国际议题相关研究的智库，从研究人员、研究活动、对外宣传、成果传播等多方面，大力推进国际化建设发展，提升智库的国际影响力和国际话语权。在评价智库的"国际影响力"时，主要选取"国际会议""国际合作""国际人才流动""国际网络""外语

应用”等多个指标加以研究。日本智库在国际化建设之路上，注重全方位立体发展，内部引进外国籍研究人员，外部拓建海外分支机构，积极开展人才的国际交流与合作，构建国际合作网络，形式上包括国际会议、合作研究、联合调研等多种方式，内容上以多语种发布合作研究成果等。例如，野村综合研究所、亚洲经济研究所、JICA 研究所等智库机构都有聘用外国籍研究人员作为专职工作人员，同时在海外开设分支机构或办公点，除了举办国际会议、交流互访外，每年都有合作研究成果发布，注重长期合作与品牌打造。

三　日本智库的“一带一路”研究

日本作为世界第三大经济体，同时也是中国的重要邻国，其战略布局与政策抉择都对中国的经济、外交等诸多方面产生直接且重大的影响，对亚洲乃至世界的格局变动都具有不可忽视的战略意义。自中国面向世界提出“一带一路”倡议以来，日本对“一带一路”倡议的认知与解读、立场与态度不断发生变化，从最初的质疑排斥到对抗竞争再到正面参与，日本虽非“一带一路”的合作国，但日本因素已成为“一带一路”推进过程中一个不可忽视的重要影响变量①。

（一）日本对“一带一路”倡议的态度转变及其动因分析

日本对“一带一路”倡议的态度及其转变，是在日本国内外的多方面复杂因素共同作用下的结果，应从日本政界、商界、学界、媒体界等不同主体层面加以区别分析。

首先，日本政府对“一带一路”倡议的态度转变及其采取的相应政策措施，其背后是日本政府对华关系与对华政策的投射。日本政府最初对“一带一路”倡议的消极否定，虽有研究不足、歪曲误读的干扰影响，

① 杨伯江、刘瑞主编：《“一带一路”推进过程中的日本因素》，中国社会科学出版社 2016 年版。

但更为主要的原因是对中国迅速发展的担忧警觉，其间也不乏地缘政治因素的干扰。其后，以自民党干事长二阶俊博率团访华，出席2017年5月在北京举办的“一带一路”国际合作高峰论坛，并向习近平主席递交了安倍首相表达围绕“一带一路”建设期待与中方深入对话与合作愿望的亲笔信为标志，日本政府与执政党核心层对“一带一路”态度发生了积极转变[①]。2017年11月14日，安倍首相首次对外正式表态，对于在第三国的经济合作，在建立自由开放的双赢关系基础上，愿寻求对两国企业及对象国发展有益的合作方式[②]。

日本政府对参与“一带一路”建设的态度转变源于多方面因素。从“国家利益”的角度来看，日美关系和朝核问题虽是不容忽视的影响因素，但导致日本政府态度转变最直接的动因是日本国内在政治、经济和外交上的现实需求，这也是目前研究日本问题的中国学者间普遍的共识。

日本的经济界被认为是推动日本参与“一带一路”框架下合作的重要力量，自“一带一路”倡议提出之际，便给予了较多关注，从警惕到参与，在矛盾纠结中，谋求日本经济利益的最大化发展。日本早在20世纪60年代便开始涉足东南亚地区[③]，多年的经营与大量的投入，为日本在东南亚、中亚等地区打造出了具有竞争优势的市场，因此“一带一路”倡议的提出，直接激发了日本经济界对日本既得利益受损的担忧。在日本政府对“一带一路”倡议的抵触情绪，以及官方对民间“不鼓励参与合作”的导向下，日本企业界也并不看好“一带一路”倡议的发展前景。其后，“一带一路”建设的稳步推进让日本经济界人士不仅获得了信心，更给一些先知先觉的企业带来了实际收益，在更多商机面前，日本企业

① 杨伯江、张晓磊：《日本参与“一带一路”合作：转变动因与前景分析》，《东北亚学刊》2018年第3期。

② 张季风：《日本对参与“一带一路”建设的认知变化、原因及走向》，《东北亚学刊》2018年第5期。

③ 陈言：《日本对“一带一路”倡议的态度——从无视变为不即不离》，《东北亚学刊》2018年第5期。

界更希望能够搭上“一带一路”建设的顺风车①。在经济利益的驱动下，日本经济界不仅在日本国内向政府施加压力，敦促政府加快推进与中国磋商在“一带一路”框架下的合作，更采取实际行动，日中经济协会、经济团体联合会、日本国际贸易促进会三大团体组织的日本企业家访华代表团的规模不断扩大，并自2015年以后每次访华之际都必提及“一带一路”建设中的中日合作问题。与此同时，为满足日本企业的实际需求，日本贸易振兴机构、日中经济协会、中国日本商会、瑞穗银行等日本在华分支机构、行业协会、银行等各类机构已经开始帮助日本企业对接“一带一路”建设项目的中国合作方。2017年12月，中日经济界在东京举办了“一带一路”相关问题论坛。论坛上，日方提出了“项目合作”论，即在“一带一路”沿线第三方市场开展项目合作。日本政府就中日双方在“一带一路”建设中开展合作的首度表态为日本企业界打了一剂强心针。

然而，日本政府官员、商界人士、社会公众在搜寻“一带一路”相关文章和书籍时，才发现日本社会上对“一带一路”加以介绍的相关文献较为有限，且相关内容都并不完整，更没有全面系统的理论论述，日本民众更是缺乏渠道获取关于“一带一路”的客观报道信息。究其原因，一方面，虽然《产经新闻》《朝日新闻》《读卖新闻》《日本经济新闻》等日本主流媒体对“一带一路”倡议进行过报道，但报道的数量非常有限，且往往是由其他话题联想到“一带一路”，而很少针对“一带一路”倡议进行报道。就对“一带一路”倡议的态度来说，这些报道虽然以提供不夹杂或夹杂少量评论的新闻消息为主，很少对“一带一路”倡议进行大篇幅的评论或针对其发表社论，但它们对“一带一路”倡议的主观看法依然在字里行间中显而易见，即，虽然存在对“一带一路”的正面解读，但误读和消极解读占大多数，尤其是对“一带一路”倡议（1）能否顺利适应沿线的自然与社会环境顺利施行，以及（2）是否会对地区及

① 张季风：《日本对参与“一带一路”建设的认知变化、原因及走向》，《东北亚学刊》2018年第5期。

世界现有秩序构成威胁，表示出强烈的担忧。[①] 这些报道在无形中引导日本民众和社会舆论对“一带一路”倡议产生了一定的负面情绪和误解。随着日本政府对“一带一路”倡议的态度转向积极，特别是李克强总理访问日本以及中日签署《关于中日第三方市场合作的备忘录》之后，总体而言，日本国内舆论界对于“一带一路”倡议的态度渐趋温和，媒体对“一带一路”建设的报道总量以及正面报道的数量都有明显增加[②]，但报道中很少直接使用“一带一路”这一专有名词进行表述，更多的是用具体项目名称来代替。

另一方面，日本学界对“一带一路”倡议的态度虽更为理性，但鉴于日本政府的态度以及日本社会的大环境，在“一带一路”倡议提出初期，日本学者对其关注度并不高，即使偶有相关研讨会[③]或媒体评论文章，也缺乏对“一带一路”的系统性论述。虽然河合正弘、江原规由、梅原直树、伊藤亚圣等少数知华派在定期出版物上发表过“一带一路”的相关文章，但其数量十分有限。[④] 在日本政府正面表态和企业界实际对接之后，日本学界特别是在日本的中国学者开始大力推进对“一带一路”倡议的学术研究，一些中日学者更自发成立了智库机构——“‘一带一路’日本研究中心”（一帯一路日本研究センター），积极参与“一带一路”方面的国际交流与合作，促进日本智库对“一带一路”的相关理论研究与政策咨询。

总体来看，中日两国在“一带一路”框架下的合作，基于安倍内阁

① 冯英子：《从〈朝日新闻〉和〈产经新闻〉对一带一路的报道看日本主流舆论对“一带一路”的倾向性》，本科学位论文，北京大学，2016年；赵连雪：《日本对“一带一路”倡议的认知变化研究》，硕士学位论文，吉林大学，2018年。

② 张季风：《日本对参与“一带一路”建设的认知变化、原因及走向》，《东北亚学刊》2018年第5期；赵连雪：《日本对“一带一路”倡议的认知变化研究》，硕士学位论文，吉林大学，2018年。

③ 2017年11月30日，日本亚洲共同体学会主办的“一带一路”亚洲环境能源合作国际研讨会，12月4日召开的“日中CEO峰会”等。

④ 苗吉：《多元中的演进：日本视野中的“一带一路”倡议》，《辽宁大学学报》2018年第1期。顾鸿雁：《日本智库对“一带一路”倡议的认知及其影响研究》，《国外社会科学》2018年第4期。

改善中日两国关系的现实需求得以推进前行，但现阶段仍在合作领域上受到严格限制，包括不涉及安全保障等特殊方面的合作，尚停留在遵守国际规则与国际标准等“有条件”的第三方市场经济合作项目上，在具体合作中，日方通过设置多种限制以确保自身利益的最大化①。中日两国在“一带一路”框架下的合作已经迈出了积极有益的第一步，但从长期而言，前路依然坎坷艰难，中方需要抓住战略机遇期和重要时间窗口，加强与日本商界、学界、媒体、智库和民间组织的交流合作，进一步强化宣传、释疑增信、寻求共识，夯实经济基础和民意基础，推动中日在“一带一路”框架下合作的不断创新与深化。

（二）日本智库对“一带一路”的相关研究及其动因分析

日本政府对“一带一路”倡议的态度转变，正是其对华关系在政策层面上的投射②，是对华政策的实例展现。如果说“日本因素”是“一带一路”建设过程中不容忽视的要因，那么研究公共政策并开展咨政建言的“日本智库”在其间发挥的作用同样值得剖析。

产官学各界共同推动下建设发展而来的日本智库对“一带一路”的相关研究首先基于日本大环境下的公共政策研究需求，与此同时，各类智库因其机构属性、资金来源、智库成果、需求方等多方面综合因素的不同而呈现出差异性。

1. 研究主体：民间为主力

日本智库作为政府之外的国内政治行为体，在现有的日本政策形成体制下，日本智库更多是作为信息提供方，通过提供信息或参与政府的政策决策过程进而影响国家政策的形成，或直接影响社会公众和舆论进而通过民主体制影响选举结果或政策导向，反推国家政策的形成。

可以说，日本智库目前对于“一带一路”的相关研究，还停留在服

---

① 卢昊：《日本对“一带一路”倡议的政策：变化、特征与动因分析》，《日本学刊》2018年第3期。

② 蔡亮：《“一带一路”框架下日本对华合作的特征》，《东北亚学刊》2018年第4期。

务委托方需求的层面，自主研究开始出现但成果较为有限。在"一带一路"倡议提出之初，由于日本并非"一带一路"合作国，且日本政府态度消极，表态暧昧，媒体不看好，民众不关心，日本学界和研究机构也并不关注相关研究，日本智库的实质性介入也相对较晚，主要是在日本政府、经济界等各方态度发生转变之后。

日本政府在各方利益权衡之下，虽表示愿意有限度地参与"一带一路"框架下的合作，但就目前的情况而言，主要还是集中在民间机构以项目合作方式在第三方市场开展的经贸合作。在这样的背景下，基于政府财政拨款运营的官方智库很难大张旗鼓地开展"一带一路"相关研究，也可以说日本政府对"一带一路"倡议的态度在很大程度上限制了日本智库对于"一带一路"相关研究的开展。

与之相对的民间独立智库，因资金有限，在没有委托或研究资助的情况下，没有充足的动力开展"一带一路"的相关自主性研究。当然，这也和该智库的研究领域和定位相关，"一带一路"是一个相对较新的话题，与智库的原有研究领域还有待对接。例如，日本新型智库"认定特定非营利活动法人言论NPO"（認定特定非営利活動法人言論NPO）的代表工藤泰志就曾明确表示，"一带一路"是中国推动的项目，如果涉及世界和平与经济民生等符合该智库理念的话题，则会给予关注和协助，否则该智库对"一带一路"并不关注。

相对资金充裕的企业智库以客户需求为导向，其业务可划分为面向政府部门的咨政业务和面向社会部门的咨询业务。咨政业务，由于没有政府部门关于"一带一路"的相关委托研究，因此企业智库几乎没有涉足。咨询业务，主要是服务企业智库的一般社会客户，多以企业为主，因此"一带一路"相关业务也几乎局限于具有中国相关业务或在第三方市场国家有相关业务需求的客户，并且是在客户提出相关需求或委托时，企业智库才会开展相应业务。例如，三菱综合研究所只在与中国有业务往来的客户提出关于第三方市场合作等相关咨询需求时，才有针对性地开展"一带一路"的相关研究。

梳理日本智库关于"一带一路"的研究成果，我们发现基于自主研究并公开发布的“一带一路”研究成果非常少。在这个过程中，民间经济团体和智库成为“一带一路”相关研究的主力，在一些关键议题上对日本政府政策决策产生了影响①，最具代表性的智库包括亚洲经济研究所、公益财团法人国际通货研究所（公益財団法人国際通貨研究所，后文简称“国际通货研究所”)、“一带一路”日本研究中心。

亚洲经济研究所是经济产业省主管下的半官方智库，经费几乎全部来源于财政拨款，其研究方向和内容在一定程度上受到经济产业省的影响。自2017年开始，该研究所虽然相继推出了“一带一路”相关研究成果，但数量有限，且截至2018年底均为内部报告，可以说从一个侧面呼应了日本政府的官方表态。事实上，推动亚洲经济研究所开展“一带一路”相关研究的关键性人物是长年从事中国研究的大西康雄研究员。亚洲经济研究所以大西康雄牵头，设立“一带一路”研究室，对“一带一路”经贸合作开展研究，并为第三方市场合作进行建言献策。

国际通货研究所是民间独立智库，其自主研究项目由该研究所的研究人员自行决定研究主题。目前该研究所的中国业务负责人梅原直树研究员牵头开展“一带一路”的相关研究，他基于对中国的长期关注与研究积累，并结合亚洲基础设施投资银行等相关内容对“一带一路”进行研究。

“一带一路”日本研究中心是日本首个以推进“一带一路”合作为主要研究目标的专业智库，成立于2017年11月，由日本国内学者与旅日华人学者为主体共同创立。该智库已正式加入中联部当代世界研究中心出任秘书处的“一带一路”智库合作联盟。“一带一路”日本研究中心以增进日本各界对“一带一路”倡议的认识，促进相关智库交流与合作及“一带一路”国家共同发展为宗旨。该智库的成立以及活动的实施，主要依靠其创始人筑波大学进藤荣一名誉教授的主动推进。

① 卢昊：《日本对“一带一路”倡议的政策：变化、特征与动因分析》，《日本学刊》2018年第3期。

综上所述，日本智库对于“一带一路”相关研究的开展主要以民间力量为主体，特别需要关注这些智库中的关键性个人的引导与推动。这些智库对于“一带一路”的关注当然有一定的官方态度作为背景，但是也反映了学者对于这一问题的认识。

2. 研究成果：学术成果为主

目前，日本智库对于“一带一路”的相关研究成果以学术成果为主，成果形式包括论文、著作、研究报告。论文方面，例如国际通货研究所的梅原直树于2017年3月发表于该机构通讯*News Letter*（2017年第11期）上的《中国“一带一路”构想的特征与今后展望》。

著作分为译著和专著。译著方面，截至2018年底只有日本侨报出版社引进并加以翻译出版的王义桅教授的《“一带一路”详说》和《“一带一路”沿线65个国家青年的心声》等。专著方面只有“一带一路”日本研究中心于2019年4月出版的《“一带一路”通向欧亚新世纪的道路》一书，面向日本的普通民众深入浅出地介绍了“一带一路”倡议，是非常好的社会宣传开端。该书也是日本国内关于“一带一路”的第一本正式出版发行的日语著作，其中文版将在中国翻译出版。该书作者涉及多个研究领域和多种职业背景，囊括了来自著名智库、大学、研究机构、社会组织和媒体的48位中日相关人员，其中包括河合正弘、江原规由、大西康雄、周玮生等日本国内从事“一带一路”相关研究的中日两国专家学者，以及前日本首相鸠山由纪夫、前驻联合国大使谷口诚、前法务大臣野泽太三、全国知事会前会长麻生渡、早稻田大学前校长西原春夫等。

研究报告方面，以亚洲经济研究所的大西康雄牵头完成的系列内部报告为代表，其中与上海社会科学院合作于2017年和2018年相继发布了《中国“一带一路”构想的展开与日本》、《“一带一路”构想与中国经济》和《中国对外政策与“一带一路”构想》。

3. 研究领域：经济为主

基于以上研究不难发现，日本智库目前围绕“一带一路”的相关研究主要聚焦于经济领域，包括对第三方市场合作项目的相关研究，同时也对“一带一路”倡议提出前后的中国国内外政治经济背景、相关政策文件进行了一定的梳理，纵向与改革开放、新常态、结构性改革等加以关联分析，横向与TPP、亚洲投资银行等加以对比分析，研究国家不局限于中国和日本，还包括了美国、俄罗斯以及非洲等合作国。

4. 智库活动：论坛为主

日本智库围绕“一带一路”开展的相关智库活动还较为有限，日本国内的“一带一路”研究成果宣介活动较少，智库的国际活动以主办或参加“一带一路”相关论坛、研讨会为主，研究人员不定期开展相关实地调研工作或出席研讨会进行学术交流。例如，2018年9月13日“一带一路”日本研究中心与中联部当代世界研究中心在北京共同举办了“中日‘一带一路’合作专题研讨会”，来自“一带一路”日本研究中心、《国际开发》杂志、福井县立大学、法政大学、专修大学、拓殖大学、日本经济研究中心以及来自中国社会科学院、中国现代国际关系研究院、中国人民大学等单位的专家学者参加会议①。2019年6月14日，“一带一路”日本研究中心在东京主办了“首届‘一带一路’东京论坛”，来自中日两国的智库机构及相关专家学者参会并发表了演讲，开展了有益的深入交流。

日本智库围绕“一带一路”开展的国际互访调研以及学术交流活动等，不仅为增进日本对“一带一路”倡议的正确解读与深入了解起到了助推作用，同时，作为中日两国民间外交的载体，发挥了前期先导和有益补充的作用，为促进“一带一路”框架下中日外交的开展具有一定的积极意义。

基于以上对日本智库关于“一带一路”的相关研究及其动因的分析，可以看出日本智库参与“一带一路”相关研究工作的起点较晚，现阶段以民间研究机构为主力，因欠缺资金支持和成果市场需求，因此开展“一带一路”相关研究的智库以及相应的研究成果产出都较为有限，而且

① 当代世界研究中心：《当研中心与“一带一路”日本研究中心举办专题研讨会》，http：//www.cccws.org.cn/Detail.aspx？newsId=4798&TId=103，2019年7月6日访问。

对日本政府的政策决策不具有直接的影响力，主要还是以影响日本社会公众为主。展望未来发展，只要日本政府对开展“一带一路”框架下的中日合作没有突破性的转变或取得实质性的进展，日本智库针对“一带一路”的相关研究也难有显著变化，或仍将有赖于个别人员的主观能动性与引领推动。

四 日本智库的主要问题及其对中国智库建设的启示[①]

（一）日本智库存在的主要问题

日本智库尽管发展迅速并在政策决策过程中发挥了积极作用，但也存在一些问题值得我们注意。

首先，日本的官僚体制根深蒂固，行政机构掌控着公共政策从形成到实施的全过程，导致民间智库难以介入政策的制定及决策过程之中。民间智库由于无法确保及时、充分地获取足够的相关信息而面临信息不对称的冲击，在政策建议方面难以提出足够有力且客观有效的方案。日本官僚体系对于内部智库的偏重，也使得民间智库的市场需求有限，活力不足。日本智库的一个特点是与政府部门保持着密切联系，与之相对的另一个特点则是日本智库对政府官僚体制的过度依赖，甚至是成为官僚体制的附庸，这表现为日本智库更倾向于在技术层面而不是政策层面发挥作用，并给人以缺乏“战略观”的印象。从日本智库对于“一带一路”的相关研究情况来看，民间智库虽为主力，却多以学术研究成果产出为主，其中企业智库更多聚焦于具体项目的咨询业务。

其次，日本智库的资金来源虽具有多元化的特点，但主流资金集中于政府财政拨款或集团出资。亚洲经济研究所近三年围绕“一带一路”

① 本部分内容主要引自作者的前期相关研究成果。胡薇：《日本智库的发展现状及启示》，《光明日报》2016年11月16日第16版。

开展的研究也得益于其主管部门经济产业省的授意和资金支持。此外，日本至今尚未出台鼓励捐助的政策，造成了智库在资金上的瓶颈。因此，智库不得不依靠大量外部委托研究来获得资金。过多的外部委托研究不仅会影响智库对自身发展和科研事业的整体布局规划，而且也限制了智库的自主性和创新性。

再者，日本智库的“旋转门”机制缺乏双向性。旋转门的运行机制应具备双向性，以促进和保证政府官员在政府部门和智库之间的相互流动。然而，在日本智库的旋转门实际运行中，更多地是由智库充当政府官员流转的接盘手，很少有智库人员进入政府部门任职。退休的前政府官员空降到智库就任会长或理事长等要职，利用其长期积累的人脉关系帮助智库打通与政府部门的沟通渠道，但也造成了利益输送的潜在可能，并使得智库发展受制于政府部门的干预。

（二）日本智库对中国智库建设的启示

他山之石，可以攻玉。日本智库的经验和教训仍然可以给我们提供许多启示和借鉴。但智库的运营方式和研究风格高度依赖于社会法律环境和文化传统，因此中国的智库建设也必须基于自身国情，而不能盲目模仿、简单照搬。

1. 推动社会化智库发展，实现各类智库的有效分工

当前，中国政府内部政策研究部门仍然是为决策提供智力支持的主要力量。从长期发展来看，我们需要更加完善的市场化智库体系，从而更好地支持决策。与此同时，政府政策研究部门主要职责可由具体的政策研究转为政策研究议题的确定、课题委托的智库遴选以及智库提出的政策方案与具体政策条文之间的对接和转换，实现从“运动员”向“裁判员”的角色转换。

2. 提高决策透明度，建立有限竞争的智库市场结构

由于研究活动边际成本递减的特征，加上公共政策的特殊性，自由竞争的智库市场结构并非最优。政府应当提高决策透明度，引导对于智库研究的需求，并客观反映其研究成果的实际绩效。与此同时，政府可

以通过课题招标条件设置等手段进行调控，使智库市场处于有限竞争的状态，既让智库有提高研究质量的竞争压力，又避免了恶性竞争导致的极端意见泛滥。

3. 保持智库资金来源的多元化与平衡性，依法规范公共研究经费的使用

在智库建设的财务方面，除了增加资金供给之外，另一个重要方面是促进资金来源的多元化与平衡。拓展经费来源、增加经费类型，打通多元的经费来源渠道可避免智库对单一经费的依赖。政府可以通过财政补贴和税收优惠等方式来提高社会各方资助智库的积极性；设计完善的财务和税收制度，依法规范公共研究经费的使用，影响智库的资金来源结构，使其尽量多元化；弱化经费来源对于智库开展研究以及研究成果公开度的限制，并要求智库在发表研究成果时公布相关资金支持信息，以便公众对其观点的客观性进行评判。

4. 建立政府与智库人员交流的常设机制

人才是智库的核心力量和宝贵财富。特别是具有大量工作经验和强大人脉的成熟型专业技术人员，不仅能够带动提高智库自身的科研能力和工作效率，而且还可以实现对政府政策决策的有效影响，提升智库的整体形象和影响力。发达国家知名智库的一个共同经验是在人才交流上的“旋转门”机制，即前政府官员到智库任职，或者由智库向政府输送人才。通过与政府、企业以及高校之间的交流合作来实现人才流动，帮助研究人员快速成长。但是在这一机制的设计中需要注意三点：一是不仅要关注人才从政府向智库的流动，更要促进人才从智库向政府的流动；二是要注意利用非正式和非永久性的人才交流形式，如定期访问、实习、研修等方式；三是要设置防腐机制，避免人才交流过程中的利益输送。

5. 强化智库的政策宣介职能与社会责任

智库的作用不仅局限于单方面地影响政府的公共政策，除了更有效地为国家和公共决策提供支持之外，还兼具搭建政府与社会公众之间桥梁的职能。智库一方面将公众意见和舆论反映给决策者，另一方面通过

自己的研究和学术交流来宣传决策部门的政策意图，并促进其更好地落实。因此，在政府部门与智库密切合作的基础上，可以让智库更多地承担政策宣传和舆论引导方面的职能，并以智库研究的形式来发布某些公共政策草案并搜集社会反馈信息，从而为政府留出更大的政策空间。智库应当主动通过公开发表研究成果、举办各种社会活动、借助媒体推介等多种方式、多种渠道提升自身知名度和品牌权威性，并积极履行社会责任。特别是在国际合作中，应充分发挥智库作用，为官方外交提供助力。

（中国社会科学评价研究院　胡薇）

参考文献

［1］蔡亮：《“一带一路”框架下日本对华合作的特征》，《东北亚学刊》2018 年第 4 期。

［2］陈言：《日本对“一带一路”倡议的态度——从无视变为不即不离》，《东北亚学刊》2018 年第 5 期。

［3］程永明：《日本智库经费来源渠道研究》，《人民论坛》2014 年总第 435 期。

［4］刁榴、张青松：《日本智库的发展现状及问题》，《国外社会科学》2013 年 5 月。

［5］董顺擘：《东京财团的政策研究及“现代中国”项目》，《决策探索》2017 年第 12 期（上）。

［6］冯英子：《从〈朝日新闻〉和〈产经新闻〉对一带一路的报道看日本主流舆论对“一带一路”的倾向性》，本科学位论文，北京大学，2016 年。

［7］顾鸿雁：《日本智库对“一带一路”倡议的认知及其影响研究》，《国外社会科学》2018 年第 4 期。

［8］胡薇：《日本智库的发展现状及启示》，《光明日报》2016 年 11 月 16 日第 16 版。

［9］刘少东：《智库建设的日本经验》，《人民论坛》2013 年总第 426 期。

［10］卢昊：《日本对“一带一路”倡议的政策：变化、特征与动因分析》，《日本学刊》2018 年第 3 期。

［11］苗吉：《多元中的演进：日本视野中的“一带一路”倡议》，《辽宁大学学报》2018 年第 1 期。

［12］王佩亨、李国强等：《海外智库——世界主要国家智库考察报告》，中国财政经济出版社 2014 年版。

［13］王文：《中国特色新型智库的国际影响力评估与构建》，《新闻与写作》2018 年第 6 期。

［14］王志章：《日本智库发展经验及其对中国打造高端新型智库的启示》，《思想战线》2014 年第 40 卷第 2 期。

［15］吴寄南：《浅析智库在日本外交决策中的作用》，《日本学刊》2008 年第 3 期。

［16］许共城：《欧美智库比较及对中国智库发展的启示》，《经济社会体制比较》2010 年第 2 期。

［17］杨伯江、刘瑞主编：《“一带一路”推进过程中的日本因素》，中国社会科学出版社 2016 年 10 月第 1 版。

［18］杨伯江、张晓磊：《日本参与“一带一路”合作：转变动因与前景分析》，《东北亚学刊》2018 年第 3 期。

［19］张季风：《日本对参与“一带一路”建设的认知变化、原因及走向》，《东北亚学刊》2018 年第 5 期。

［20］张勇：《日本战略转型中的对外政策智库》，《外交评论》2015 年第 6 期。

［21］赵连雪：《日本对“一带一路”倡议的认知变化研究》，硕士学位论文，吉林大学，2018 年。

［22］James G. Mcgann, *Global Go To Think Tank Index Report* (1st – 11th *edition*), Think Tanks and Civil Societies Program, University of Pennsylvania, 2008 – 2019.

［23］公益財団法人 NIRA 総合研究開発機構『シンクタンク情報』，2009—2013 年度。

［24］鈴木崇弘『日本になぜ（米国型）シンクタンクが育たなかったのか?』，『季刊政策・経営研究』2011 年第 2 期。

德国智库研究报告

德国智库以公共财政为主要资助来源，注重长期规划，除了学术研究和应用研究，德国智库大多还承担培养人才的职能。资金来源和运行机制决定了德国智库以凝聚社会共识为目标，在为政府和政党提供政策建议的同时注重保持自身独立性。自中国 2013 年提出“一带一路”倡议以来，德国的政界、经济界、学界都非常关注。德国智库的观点在一定程度上反映了德国社会各界对“一带一路”的矛盾看法。在经济上，德国智库将“一带一路”视为机遇，但在政治、战略和安全意图上有所疑虑，担心“一带一路”将破坏欧洲倡导的以规则为基础的世界秩序。

德国智库已有百余年历史，在过去 20 年取得较大进展①。作为西欧智库的代表，德国智库具有专业性、非盈利性、非党派性、地区分布广泛性、与政府关系密切的同时保持独立性的特点。资金来源和运行机制决定了德国智库以寻求共识而不是激化分歧和竞争为导向，这一点与美国智库有很大区别。

当前，全球力量再平衡，国际秩序在重塑，德国的内政和外交均面临大变局。德国政党政治深刻变革，外交方面在“德国优先”与“欧洲优先”之间徘徊，在中美之间小心平衡。作为德国政策制定的影响者和思想产品的提供者，德国智库近年的研究也反映了德国在内忧外患中的矛盾。德国智库有值得中国借鉴之处，在促进中德交流方面也有提升

① 王永志：《西欧国家党建智库及其建设经验述论——以英、法、德三国为例》，《理论导刊》2017 年第 6 期。

空间。

一　德国智库概况

从智库的数量上看，根据《2018 年全球智库报告》（2018 Global Go To Think Tank Index Report），德国是全世界排名第六的智库拥有国（218 家），仅次于美国（1871 家），印度（509 家），中国（507 家），英国（321 家）和阿根廷（227 家）[①]。与 2017 年（225 家，全世界排名第五）相比，德国拥有的智库数量和在全世界的排名略有下降[②]。与 2011 年“德国智库目录”统计的 155 家智库相比，德国智库的数量逐渐增加[③]。德国智库研究的质量仍属上乘，在 2018 年全球顶尖的一百家智库当中有九家是德国智库。德国智库常以“基金会”“政治基金会”“研究所”等形式出现。

从资金来源看，德国的大多数智库仍以接受政府资助为主，为政府官员和政党提供建议。德国智库 75% 都是公共财政支持的，因此德国智库往往独立于企业利益，这与美国拥有大量私人智库的情况有很大不同。智库专家马丁·图纳特（Martin Thunert）分析指出州政府是德国智库的主要资助方，这反映了德国的联邦结构[④]。近年来，私人资助的德国智库有所增加，但总体上私人智库的数量远不及英美国家。

从智库的观点和立场看，大多数德国智库注重学术研究，与大学保持密切联系，并力求避免与特定意识形态挂钩。即使与政党关系密切的政治基金会也宣称自身是独立于政党的机构，政党基金会并不是政党的

---

① James G. Mc Gann, *2018 Global Go To Think Tank Index Report*, Think Tanks and Civil Societies Program, University of Pennsylvania, 2019.

② Ibid. , 2018.

③ http: //www. thinktankdirectory. org/index. html, 2019 年 8 月 18 日访问。

④ Martin Thunert, Think Tank Traditions: Policy Analysis Across Nations , Manchester University Press, 2004.

一个组织机构，也与各个主流政党没有实质性法律关系。[①] 德国智库一般以共识为导向。由于德国采用温和多党竞争制，各政党的政见具有相当程度的共识，认同性的政府氛围促使德国智库主要扮演“社会共识”的独立角色。[②] 在对外政策包括对华政策上，德国政党型智库的分歧并不大。

二 德国智库的分类

刘潇潇将德国智库划分为学术型智库、代言型智库和新型智库[③]。德国智库专家马丁·图内特（Martin Thunert）将德国智库分为学术型智库和倡导型智库两大类。其中学术型智库可以划分为：（1）政府创办的研究所；（2）非大学类研究所，最为著名的是莱布尼茨学会（Leibniz-Gemeinschaft），其下属80余家研究所，其中六大经济类研究所每年联合发布共同报告预测德国的短期和中期经济发展状况，对德国的经济政策制定影响很大[④]；（3）大学附属的、从事政策相关的应用型研究中心；（4）获得相当大规模私人资金支持的学术型智库。倡导型智库可以分为：（1）基于利益集团的智库；（2）有政党相联系的政治基金会；（3）对于政党和利益集团的机构。[⑤] 学术型智库是德国智库的主力军，约占智库总量的75%，例如全球和区域研究中心（German Institute of Global and Area Studies，简称GIGA）等。

从资金来源和观点立场看，德国智库可分为政府型智库、政党型智

① 王永志：《西欧国家党建智库及其建设经验述论——以英、法、德三国为例》，《理论导刊》2017年第6期。

② 张大卫、元利兴：《借鉴国际著名智库发展经验 加快中国特色新型智库建设》，《全球化》2018年第6期。

③ 刘潇潇：《德国智库的运营机制及启示》，《中国社会科学评价》2017年第2期。

④ 唐丽霞：《德国发展领域的智库——以德国发展研究所为例》，《国际发展时报IDT》，2016年4月15日。

⑤ 艾伯特基金会政策简报：《政策制定过程中的智库——它们起作用吗》，https：//library. fes. de/pdf－files/bueros/china/08563. pdf，2019年8月18日访问。

库和企业型智库。政府智库包括德国发展研究所（Deutsches Institut für Entwick lungspolitik，简称 DIE，直属德国联邦经济合作与发展部）、德国国际政治和安全事务研究所（Stiftung Wissenschaft und Politik，简称 SWP）、外交政策协会（Deutsche Gesellschaft für Auswärtige Politik，简称 DGAP，与德国联邦外交部关系密切）等与各部委关系紧密的智库机构。

政党型智库主要包括德国六大政治基金会。政治基金会是德国的一种特殊制度，即指一个政党在德国联邦议会中获得稳定席位持续参政，这个政党就可以建立自己的政治基金会在国内外开展基于政党政治理念的教育和研究性活动，基金会的活动经费由联邦政府提供，而且其资助的份额与政党在议会获得的议席数量挂钩。但政治基金会独立于政党之外，不接受政党的领导，政治基金会的负责人和工作人员也不受政党成员的身份限制。德国政治基金会本质上来讲并非资助型的慈善基金会，也区别于美国私人资助的智库型基金会，而是独立的非政府智库。①

每个基金会都与对应的政党理念相近（参见表 7），但同时宣称保持独立的立场，基金会的财政支持来自德国经济合作与发展部，每个基金会根据所对应的政党的议会席位分得相应的份额。例如阿登纳基金会（Konrad Adenauer Stiftung，简称 KAS）支持基督教民主联盟，艾伯特基金会（Friedrich Ebert Stiftung，简称 FES）支持社会民主党，伯尔基金会（Heinrich Böll Stiftung，简称 HBS）支持绿党。政治基金会本身是智库，有一定的研究力量，主要的功能包括：在德国国内对公民进行政治教育；在海内外通过资助研究、举办研讨会的形式引领议题设置；对政党建言献策，提供智力支持。例如，阿登纳基金会与默克尔总理领导的基民盟的关系密切，近年来颇为活跃，研究议题也较为广泛，对政策制订影响较大。

---

① 陈冀偎：《德国政治基金会对民心相通的贡献》，http：//www. chinagoinggreen. org/? p = 7191，2019 年 8 月 18 日访问。

表 7 德国政治基金会

政治基金会	建立时间	政党密切关系
弗里德里希·艾伯特基金会 Friedrich Ebert Stiftung (FES)	1925 年	社会民主党（社民党）
康拉德·阿登纳基金会 Konrad Adenauer Stiftung (KAS)	1964 年	基督教民主联盟（基民盟）
汉斯·塞德尔基金会 HannsSeidel Stiftung (HSS)	1967 年	基督教社会联盟（基社盟）
海因里希·伯尔基金会 Heinrich Böll Stiftung (HBS)	1996 年	联盟 90/绿党
弗里德里希·诺曼基金会 Friedrich Naumann Stiftung for Freedom (FNF)	1958 年	自由民主党（自民党）
罗莎·卢森堡基金会 Rosa Luxemburg Stiftung (RLS)	1998 年	民主社会主义党（民社党），现在的左翼党

资料来源：作者整理。

企业型智库包括墨卡托中国研究中心（Mercator Institute for China Studies，简称 MERIC）等。2013 年，德国最大的私人基金会墨卡托基金会在柏林成立墨卡托中国研究中心，目的在于打造欧洲最大的中国问题研究机构[①]。2017 年，《环球日报》曾报道墨卡托中国研究中心有“中国研究的政治化”倾向。2018 年 5 月，荷兰莱顿大学中国研究中心当代中国研究教授彭轲（Frank N. Pieke）及墨卡托研究中心国际关系项目负责人胡谧空（Mikko Huotari）成为中心的“双总裁”。[②] 墨卡托中国研究中心推出“双总裁”，类似企业的架构设置。据称，出资方墨卡托基金会有意防止出现中心总裁“偏离方向”的情况，让两个有中国经历的学者做总裁，也可以平衡中方的批评。[③]

① 《欧洲最大中国研究中心换总裁 能否改变德国舆论对华看法?》，http://world.huanqiu.com/exclusive/2018-05/12104729.html? agt=15422，2019 年 8 月 18 日访问。

② 同上。

③ 同上。

在组织形式上，德国智库主要包括协会、基金会或股份有限公司三种。其中，协会是比较传统的德国智库组织形式，发展历史悠久，研究水平较高，如马普协会（Max-Planck-Institut für Gesellschaftsforschung）；基金会则包括公法基金会和民法基金会两种；股份有限公司则是新型科技决策智库最常用的组织形式，如乌珀塔尔气候、环境与能源研究所（Wuppertal Institut für Klima，Umwelt，Energie）。①

三　德国智库的运行机制

中国社会科学评价研究院的“全球智库综合评价 AMI 指标体系”主要从吸引力、管理力和影响力三个层次对智库进行评价。吸引力（Attractive Power）主要包括声誉吸引力、人才吸引力和资金吸引力；管理力（Management Power）主要体现在战略、组织、系统、人员、风格、价值观、技术方面。影响力（Impact Power）是智库的直接表现，是吸引力和管理力水平的最终体现，包括政策影响力、社会影响力和国际影响力。②从管理力方面看，德国智库由于获得政府长期稳定的资金支持，因此，一般都会制定中长期的发展规划。一般具有独立法人资格，与政府、学术机构、媒体、企业和国外机构保持良性互动。

德国智库最值得中国借鉴的是其吸引力和影响力，下文将结合对德国发展研究所、伯尔基金会、基尔世界经济研究所的个案研究深入探视其运行机制。德国发展研究所是直属德国经济合作与发展部，也是德国发展合作领域最有影响力的智库之一；基尔世界经济研究所是全球经济事务、经济政策咨询和经济教育研究的国际智库；德国伯尔基金会则是与德国政坛日益重要的绿党关系最为密切的政党型智库。

---

① 胡海鹏、袁永、廖晓东：《世界顶级科技决策智库建设经验及启示——以德国为例》，《科技与创新》2018 年第 1 期。

② 荆林波等：《中国智库综合评价 AMI 研究报告（2017）》，中国社会科学出版社 2018 年版。

（一）吸引力

在吸引力方面，德国智库的优势主要体现在声誉、资金和人才三方面。德国的智库因其独立性和凝聚社会共识的责任担当享誉世界。德国智库的资金来源中虽然相对英美缺乏私人捐助传统，但德国各级政府对资助学术型及政党型智库有强烈意愿①，智库资金来源多元化。

人才吸引力是德国智库的一大显著特点，主要方式是提供长短期奖学金、交流平台和长期的人才网络建设。

1. 案例：德国发展研究所开展的特色培训项目

以德国发展研究所（DIE）为例，波恩是德国发展学的重镇，发展研究所则是德国发展部的培训大本营、人才输送中心。德国发展研究所的培训主要包括两个项目：一是针对德国本国有志于从事发展援助的专业人才提供的研究生项目，该项目始于1964年，每年一届，课程共9个月。该研究生项目的毕业生大多就职于德国经济合作部、德国国际合作公司（Gesellschaft für Internationale Zusammenarbeit，简称GIZ）和德国复兴银行（Kreditanstalt für Wiederaufbau，简称KFW）、国际组织等援助部门或开发性金融机构，早年的毕业生往往已在发展政策领域担任要职，这进一步增强了发展研究所在德国发展研究领域的影响力，这样的人才输送机制是德国发展学研究的“旋转门”。

德国发展研究所的另一特色培训项目则是主要针对中国、巴西、南非、印度尼西亚等新兴经济体的“全球治理”项目（Managing Global Governance，简称MGG）。项目选拔新兴经济体国家政府部门、智库和民间组织的代表在波恩参加为期三个月到半年的培训，学习发展合作的理论和实践。期间项目一般还会组织外国学员赴比利时布鲁塞尔拜访欧盟相关机构，并在位于柏林的联邦外交部安排为期两周的学术交流，邀请德国的重要机构和智库进行讲座和交流。项目的目的是为新兴经济体的青年学者、政治和经济精英搭建交流的平台，并影响其所在国的政策制

① 马丁·W. 蒂纳特、杨莉：《德国智库的发展与意义》，《国外社会科学》2014年第3期。

定。MGG 项目至今虽然只有十几年历史，但从只培训德国发展专家到吸纳发展中国家参与培训和研讨，体现了德国发展研究所对新兴国家重要性的研判。此外，德国发展研究所还承担着培养博士生，向高校输送发展学人才的任务。

2. 案例：德国政治基金会的长期奖学金项目

德国的政治基金会均会向本国学生和外国留学生发放奖学金，选拔的标准是政治理念上的接近，对社会事务的投入和学术成绩。以与德国绿党关系密切的伯尔基金会为例，其有专门的部门负责约 4000 名奖学金校友的管理，每年邀请所有校友到柏林参加校友沙龙，讨论政治焦点。伯尔基金会 2019 年校友沙龙的主题是“全球权力转移”，此前几年的主题包括民主社会的困境、社会生态转型、欧盟的未来和资源正义等。基金会还会邀请国际校友回柏林参会，为新老奖学金学生提供交流平台，建立全球校友网络。

3. 墨卡托中国研究中心的短期“欧洲中国通”项目

墨卡托中国研究中心于 2015 年启动了“欧洲中国通（ECTP）”项目，旨在鼓励欧洲青年深化与中国的交流，并给青年中国专家更大的话语权。该项目每年春季举办，经选拔脱颖而出的 15 名处于职业生涯早期的欧洲青年在柏林的墨卡托中国中心进行为期三天的紧张讨论和交流。多年来，参与过“欧洲中国通”的欧洲中国专家遍布国家政府、欧盟机构、国际组织、学术界、智库和咨询公司，建立了一个多元化的校友网络。

“欧洲中国通”项目为欧洲的青年中国专家提供了一个平台，使其与来自欧洲政界、商界和社会的高级决策者就中欧关系交换意见。为确保参与者的多样性并促进尽可能全面的讨论，最新版的“欧洲中国通”项目不但对欧盟公民开放，也欢迎准备加入欧盟的国家及欧洲自由贸易联盟（EFTA）成员国的公民申请。

4. 德国智库的校友网络建设

无论是长期的奖学金项目还是短期培训项目，德国智库均重视对校友的网络建设。德国发展研究所每年都有一定预算用于在中国、巴西、南非、印度尼西亚等发展中国家进行校友活动，邀请曾经在德国发展研究所参加过培训的校友共同研讨、聚会，并在比较重要的周年邀请校友回德国发展研究所参加庆祝活动，鼓励校友组织联合研究和实践。近年来，随着发展中国家地位的提高，除了德国发展研究所本身的预算，德国学术交流中心（DAAD）也会提供资金资助发展中国家的校友赴德参会。例如，德国发展研究所和波恩大学每年开办联合春季学校，邀请来自任何研究领域的非洲德国校友和全球治理学院（MGG）的校友于3月去德国波恩参加为期10天左右的工作坊，德国学术交流中心为此提供不超过1200欧元的旅费以及全部的住宿费用、参会费用和市内公共交通费用。

（二）国内政策影响力

影响力主要包括政策影响力、学术影响力和社会影响力。以德国发展研究所为例，德国智库通过基础研究和应用研究，以及人才培养，对德国国内的政策制定产生了重要的影响力。

德国发展政策研究所成立于1964年，当时总部设在柏林。1990年10月两德统一后，联邦德国的首都由波恩迁都到柏林，议会和大规模政府机构迁往柏林。作为对波恩的补偿，德国经济合作与发展部（BMZ）等重要的政府机构仍留在波恩。2000年，发展研究所迁往波恩。德国经济合作与发展部负责德国发展援助事务，德国发展研究所则是其下唯一的智库，对发展援助政策的制定施有影响。德国发展研究所的主要任务包括三大板块：研究、政策咨询和培训。

作为理论与实践的桥梁，发展研究所的研究兼具理论性和应用性，研究为政策咨询奠定了坚实的基础。目前德国发展研究所的研究项目从议题方面可以划分为：（1）与全球南方的跨国和国际合作：发展政策对全球公共产品的贡献；知识合作；跨国合作中的成功因素。（2）经济和社会体系的转型：绿色经济；结构变化和包容性发展；世界经济和开发性金融；社会政策，贫困与不公平。（3）环境治理和可持续转型：全球环境治理和国家的转型战略；自然资源治理。（4）政治秩序的转型：机制、价值与和平，下设议题：政治转型，价值观和公共产品；脆弱国家与社会和平；资源动员和公共产品。从研究区域来划分，德国发展研究所拥有非洲、中东、拉美、南亚、东亚、中亚和东欧等发展中国家研究的专家学者。

德国发展研究所影响本国的政策制定主要通过委托研究、政策咨询和直接参与政策制定。发展研究所除了承担德国经济合作与发展部的政策咨询任务，也向环境部、教育部等其他部委及国际组织提供政策建议。德国发展研究所定期发布论文、政策简报等公开发表物以及内部咨询报告。在德国对外发展援助政策制订方面，德国发展研究所发挥着咨政的作用，也努力对欧洲和全球层面的政策制定发挥作用。

（三）国际政策影响力

德国智库不但对德国及欧盟政策施有影响力，也对全球政策制定发挥作用，其途径主要是二轨外交和海外办公室的运作。

1. 案例：基尔世界经济研究所——通过 T20 持续影响 G20

由德国发展研究所和基尔世界经济研究所（IfW Kiel）牵头的 20 国集团智库网络（T20）对 20 国集团（G20）的主办议题及联合声明的草拟都很有影响力，彰显了德国智库对全球政策的影响力。2016 年，德国政府任命德国发展研究所和基尔研究所担任 20 国集团国际智库网络 T20 的共同主席。2017 年，德国担任 G20 轮值主席国期间，基尔研究所和德国发展研究所建立新的以工作小组为基础的 T20 进程，为 G20 提供具体的政策建议。德国智库领衔建立的 T20 工作小组包括：2030 年可持续发展议程、G20 和非洲、循环经济、气候政策与金融、财务复原力、强制迁移、全球不平等与社会凝聚力、税务事项国际合作、复原力和包容性增长、数字经济、消除饥饿和可持续农业、贸易和投资。

多伦多大学 G20 信息中心的研究表明，在 2017 年 7 月的《汉堡 20 国集团领导人宣言》中，T20 提出的 89 项最重要的建议中有 23 项全部或部分被采纳，特别相关的是关于金融复原力、2030 年议程和数字化的 T20 提案。这彰显了德国智库对全球治理进程的资政能力和政策影响力。

基尔研究所还利用担任2017年T20联合主席的机会发起全球解决方案倡议（GSI）。GSI致力于为国际政策咨询提供长期框架，其汇集了领先的研究机构和智库，以及政界、商界和民间社会的领袖，以研究为基础提供全球解决方案。GSI独立运作，支持G20和其他国际论坛。在议题设置方面，其主要基于G20轮值主席国的T20计划。基尔研究所是全球解决方案倡议的发起方和协调方。阿根廷和日本在2018年和2019年接替德国担任20国集团主席时，其T20主席均宣布与全球解决方案倡议合作，并利用20国集团的“洞察平台”（G20 Insights Platform）提出政策简报。基尔研究所负责协调这些研究活动。这成为德国智库通过T20持续地影响G20政策制定的有效途径。

2. 案例：德国伯尔基金会——以海外办公室的特色和前沿议题影响政策制定

作为独特的智库类型，德国政治基金会通过海外办公室与所在国的学者、政策制定者等精英阶层开展持续多年的对话，维持和巩固伙伴关系，同时影响所在国的政策制定。以伯尔基金会为例，其总部位于柏林，虽与德国绿党理念相近、关系密切，但独立运作。作为一家实践绿色环保、可持续发展的智库，伯尔基金会通过30多个国际办公室的项目，提供国际合作与对话的平台。①

随着中国影响力的提升，德国的政治基金会逐渐将对华工作作为“二轨外交”的重点。通过多种渠道关注和研究中国经济和社会体制改革，通过内部涉华研究人员进入政策决策层担任重要职务直接影响德国对华政策的制定；或者通过提交报告、出版专著、召开茶话会、研讨会、出席听证会等各种形式对德国当局制定对话政策提供意见和建议；或通

① 资料来源：伯尔基金会北京代表处，https：//cn. boell. org/cn/fen - lei/guan - yu - wo - men，2019年8月18日访问。据郑春荣主编的2019年德国蓝皮书《德国发展报告（2019）》，2018年，德国政党格局发展的总体特点是，两大全民党——联盟党和社民党的地位不断遭到削弱。这主要体现在秋季巴伐利亚州和黑森州举行的州议会选举上，基社盟、基民盟和社民党选票流失创下纪录，绿党则获得了迄今为止最好成绩，并且在联盟政治中越来越发挥中心角色。了解德国伯尔基金会的运作特点既有利于理解德国政治基金会这一独特的智库形式，也有助于加强对德国绿党的理解。

过立书著作、接受媒体访谈等方式宣传他们对中国的观点，影响公众对德国外交的认知力，间接影响中德关系。①

（1）资金来源

尽管政治基金会宣称自己是独立于政党利益的，但资金来源上与政党的席位密切相关，价值观上也与相应的政党接近。近年来绿党在德国政治中的地位不断上升，但与基民盟/基社盟、社民党相比仍属小党，因此在德国经济合作发展部分配给六大政治基金会的总资金池中，伯尔基金会得到的资助比例一般占 10% 左右（随着绿党席位的变化会有调整）。除了德国政府的资金外，伯尔基金会也参与欧盟、联合国等国际组织的研究课题招标，积极拓展资助渠道。

（2）海外办公室的运行

政治基金会的设立主要是基于德国人对第二次世界大战的反省，认为必须对公民提供政治教育，避免重蹈纳粹覆辙。政治基金会都设有海内外办公室，在德国国内，除了首都柏林，还在各联邦州设有办公室，负责公民的政治教育。海外办公室则会选择设立在重要的战略国家和伙伴国，目前中国设有四家德国政治基金会的代表处。伯尔基金会在海外共有 30 多家代表处，除了区域代表处还设有国家代表处。以伯尔基金会北京代表处为例，伯尔基金会于 2006 年在中国开展工作，当时与中国国际民间组织合作促进会建立合作伙伴关系。北京代表处于 2017 年正式注册成立，开展与中国政府部门、智库、学术机构和民间社会组织合作。主要的合作形式包括：资助研究，合作举办会议，邀请中方学者访问德国，邀请德国学者访问中国，促进知识传播，并提供交流和讨论的平台。同时，伯尔基金会北京代表处还协助德国绿党和欧洲绿党官员访华时的议程安排，有类似“绿党驻京办”的职能。

（3）议题设置

由于伯尔基金会的资金有限，因此在议题的设置方面追求特色化和

① 吴蕾：《德国政治基金会及其在德国对华决策中的作用分析》，华东师范大学，硕士学位论文，2012 年。

前沿化，“花小钱，办大事”。全球可持续发展是伯尔基金会的工作核心，在德国伯尔全球办公室，项目与活动集中于环保、资源的可持续利用、可再生能源推广、可持续农业、气候变化等领域。以伯尔基金会在中国的工作为例，工作领域主要集中在：生态保护与可持续发展、气候变化及能源政策、社会发展、全球化和中国在全球治理中的角色。在全球化与国际关系领域中，伯尔基金会主要关注全球经济发展及趋势和全球化进程对中国自身经济、生态、社会和政治格局的影响以及中国的举措和全球参与如何影响世界。2008 年至 2012 年，伯尔基金会曾在肯尼亚内罗毕、中国北京、浙江金华举办三次中非公民社会对话，并资助中国学者赴非洲实地调研，回应欧洲对中非合作的关注和疑虑，这在当时的西方机构中走在了前沿。当更多的西方机构进入中非关系的领域后，伯尔基金会则逐渐退出，继续探索其他容易被忽视的重要议题。

（4）对政策制定的影响

伯尔基金会主要通过研究和参与资政议政影响政策制定。除了资助研究，伯尔基金会的工作人员本身也是有学术功底的研究人员。基金会定期发布出版物和报告，伯尔基金会的定期刊物包括《伯尔话题》等，海外代表处也会发布每年的国别年度报告，均为公开发表物。在中德法治对话等重要的活动前，德国国际经济合作与发展部会在柏林召集六个政治基金会的相关负责人征询情况和建议。而基金会的海外办公室，除了影响德国的政策制定，还通过资助研究和研讨等形式结交所在国的精英，试图影响所在国的政策制定。

四　德国智库的“一带一路”研究

自习近平总书记 2013 年提出“一带一路”倡议以来，作为全球十大经济体、中国在欧洲最大的贸易伙伴以及“一带一路”在欧洲的终点站，德国的政界、经济界、学界都非常关注。德国智库的观点在一定程度上反映了德国社会各界对“一带一路”的矛盾看法。在经济上，德国智库将“一带一路”视为机遇，但在政治、战略和安全意图上有所疑虑，担心“一带一路”将破坏欧洲倡导的以规则为基础的世界秩序。

（一）德国和欧洲对中国总体立场的转变

近年来，德国和欧洲从根本上对对华政策进行反思。2019 年 3 月，欧洲国家元首就欧盟委员会的新战略文件展开辩论。该文件将中国描述为“追求技术领先地位的经济竞争对手，以及推动替代治理模式的系统性竞争对手”。德国智库的中国研究，一方面更加理性，“新殖民主义”“资源掠夺”等不实指控减少；但另一方面也呈现出更多疑虑。

2018 年 4 月，德国艾伯特基金会联合斯德哥尔摩和平研究所共同举办“中国 21 世纪海上丝绸之路”工作坊。“一带一路”被认为是促使欧盟逐渐意识到制定延续的、整体对华政策的重要原因。①

2018 年 10 月，德国阿登纳基金会与法兰克福汇报曾在莱比锡组织研讨，讨论德国和欧洲如何应对中国希望领导世界的新要求。与会者认为中国对“新丝绸之路”（即“一带一路”倡议）有明确规划：（1）增强世界对中国模式的认同；（2）扩大中国的军事空间；（3）加强在其他国家的影响力。② 法兰克福汇报驻亚洲记者克里斯托夫·海因（Christoph Hein）认为，中国通过海外基地和港口扩大自身的军事空间。③

（二）对“一带一路”的战略意义的认知

德国席勒研究所对“一带一路”倡议的响应非常积极，认为其契合了研究所的使命之一：创造一个公正的世界经济秩序。自“一带一路”

---

① Friedrich Ebert Stiftung, “Regional Workshop on the 21st Century Maritime Silk Road”, http://www.fes－china.org/en/events/detail/regional－workshop－on－the－21st－century－maritime－silk－road.htm，2019 年 8 月 18 日访问。

② Stefan Stahlberg, “Ob China eine Supermacht wird, entscheidet sich auch in Europa”, https://www.kas.de/veranstaltungsberichte/detail/－/content/－ob－china－eine－supermacht－wird－entscheidet－sich－auch－in－europa－，2019 年 8 月 18 日访问。

③ Stefan Stahlberg，Ob China eine Supermacht wird，entscheidet sich auch in Europa，https://www.kas.de/veranstaltungsberichte/detail/－/content/－ob－china－eine－supermacht－wird－entscheidet－sich－auch－in－europa－，2019 年 8 月 18 日访问。

倡议2013年推出以来，席勒研究所先后发布两卷《从丝绸之路到世界大陆桥》（包括英文版、德文版、阿拉伯文版、中文版、法文版），认为“一带一路”构建了“新的世界大陆桥”。[①] 席勒研究所负责人创始人拉鲁什（Helga Zepp-LaRouche）女士认为“一带一路”本质上是超越地缘政治的“新国际关系体系”，这是“一带一路”在巨大的经济发展之外的最重要成果之一。[②]

阿登纳基金会高级项目经理弗雷德里克·克利姆博士（Dr. Frederick Kliem）认为，“一带一路”是古代丝绸之路的复兴，并有可能见证中国成为世界强国。“一带一路”主要关注的是经济利益，如发展第三世界国家的基础设施。这对巴基斯坦等缺乏国际伙伴，急需基础设施建设的国家意义重大。“一带一路”是中国的一个整体项目，可以巩固中国的经济、文化和外交影响力，并有助于中国金融体系融入世界。[③]

此外，德国认为“一带一路”倡议覆盖了众多很难吸引基础设施投资的国家，这将促进合作国的经济发展和政治稳定，从而减少经济和政治难民，这对饱受难民危机的德国来说非常重要。

（三）对“一带一路”的经济机遇的认知

德国智库普遍认为“一带一路”将为德国制造带来新的经济机遇，但由于德国的保守传统，“共同开发第三方市场”并未真正提上议事日程，这点德国落后于其邻国法国。

德国联邦议院议员、基民盟与基社盟党团领袖曼弗雷德·格隆德（Manfred Grund）认为，中国和德国可以携手为多极世界秩序做出重要贡

---

① https：//schillerinstitute. nationbuilder. com/wlb_ii，2019年10月12日访问。

② Helga Zepp-LaRouche Discusses Belt and Road Initiative with GBTimes. https：//schillerinstitute. com/blog/2019/05/16/helga – zepp – larouche – discusses – belt – and – road – initiative – with – gbtimes/，2019年10月12日访问。

③ Chinas neue Seidenstraße in Asien. Geopolitische Machtexpansion oder wirtschaftliches Win – Win？. https：//www. kas. de/veranstaltungsberichte/detail/ – /content/chinas – neue – seidenstrasse – in – asien. – geopolitische – machtexpansion – oder – wirtschaftliches – win – win – ，2019年8月18日访问。

献，而且由于两国对贸易的依赖，可以通过“一带一路”倡议共同维护自由贸易和开发新市场。① 德国席勒研究所主席拉鲁什表示，在德国，不仅仅大公司，中小企业也对“一带一路”倡议兴趣浓厚。因为它们切实地了解到这可能带来的经济机会。②

（四）对“一带一路”的风险的认知

德国智库认为“一带一路”可能带来的风险包括债务问题、环境问题，尤其担心中国介入中亚地区事务。

德国基民盟与基社盟议员诺贝尔特·阿腾康普（Norbert Altenkamp）认为，“一带一路”倡议除了积极方面，也存在着挑战，例如信息不够充分和可靠，项目招标缺乏透明度，中国国有企业参与比例过高。③

艾伯特基金会的专家认可“一带一路”在经济合作与联通性方面的积极作用，但担忧“一带一路”与世界体系的融合不会一帆风顺，尤其是考虑到不同利益、价值观和原则之间的冲突；担忧“一带一路”可能加剧或造成领土和海洋争端，并对现有安全结构构成挑战④。

（五）对中美贸易战及中美欧关系变化的认知

阿登纳基金会认为，中美之间的冲突并不仅仅是贸易问题。美国还将中国经济崛起视为一个战略问题，并将中国视为挑战美国权力、影响

① Die Neue Seidenstraßeninitiative und deutsch-chinesische Kooperation in Drittländern，https：//www. kas. de/veranstaltungsberichte/detail/ – /content/die – neue – seidenstrasseninitiative – und – deutsch – chinesische – kooperation – in – drittlaendern，2019 年 8 月 18 日访问。

②《德国学者：“一带一路”吸引力与日俱增》，http：//news. cctv. com/2019/04/08/ARTI0PWat91S856Za1pxKQnp190408. shtml，2019 年 8 月 18 日访问。

③ Die Neue Seidenstraßeninitiative und deutsch – chinesische Kooperation in Drittländern，https：//www. kas. de/veranstaltungsberichte/detail/ – /content/die – neue – seidenstrasseninitiative – und – deutsch – chinesische – kooperation – in – drittlaendern，2019 年 8 月 18 日访问。

④ Friedrich Ebert Stiftung，Regional Workshop on the 21st Century Maritime Silk Road，http：//www. fes – china. org/en/events/detail/regional – workshop – on – the – 21st – century – maritime – silk – road. html，2019 年 8 月 18 日访问。

力和利益，破坏美国安全与繁荣的国家。①

尽管特朗普总统的一些做法导致中德在某些领域更紧密的接触，但德国智库认为中德之间的根本差异仍然存在，而美国仍是德国的传统盟友。“尽管中德之间日益密切的经济联系，以及两国对于特朗普总统违背基于规则的世界经济秩序的共同批评使得中德两国之间的联系看起来更加紧密了，但两国的体制和意识形态差异仍然存在。即使存在诸如贸易争端等当前存在的冲突，美国仍然是德国的传统盟友和长期战略伙伴。”②

（六）对如何应对“一带一路”的政策建议

1. 呼吁欧洲团结和欧洲方案

阿登纳基金会副秘书长格哈德·瓦勒（Gerhard Wahlers）认为中国实力的增长不仅仅体现在经济上，在政治上和军事上中国也正在寻求发挥更大的世界领袖作用。因此，“必须对中国的所作所为找到答案”。③ 德国商会驻华总代表迪特尔迈尔呼吁欧洲应该团结在一起，德国政治和经济应该“更有力地干预，更多地利用德国拥有的回旋余地”。

法兰克福汇报外交政策部负责人克劳斯·迪因伯格（Franklos Dickenberger）认为，针对中美之间的“21 世纪之新战略竞争”，欧洲必须做出回应。对欧洲来说，华盛顿和北京之间的争端是欧洲大陆必须抓住的机遇，海因建议：“亚洲人在看欧洲，看看我们能给出什么答案。我们必须给出欧洲的回应，否则他们会看着中国。”“这就是为什么更需要共同的

---

① Rabea Brauer & Alexander Badenheim，Trump，China und Europa，https：//www. kas. de/web/auslandsinformationen/artikel/detail/ – /content/trump – china – und – europa，2019 年 8 月 18 日访问。

② Rabea Brauer，Alexander Badenheim，Trump，China und Europa，https：//www. kas. de/web/auslandsinformationen/artikel/detail/ – /content/trump – china – und – europa，2019 年 8 月 18 日访问。

③ Lara Jäkel，An einer Zusammenarbeit mit China kommen wir nicht vorbei，https：//www. kas. de/veranstaltungsberichte/detail/ – /content/ – an – einer – zusammenarbeit – mit – china – kommen – wir – nicht – vorbei – ，2019 年 8 月 18 日访问。

欧洲方案,"联邦议院主席诺伯特·拉曼(Norbert Lamm)警告说,"中国是否会成为超级大国,欧洲也有决定性的影响力"。

2. 积极与中国对话交流

德国智库认为,德国不会错过与中国的合作,反之德国将加强与世界第一人口大国的紧密合作,因为"没有中国的参与,世界面临的挑战将无法应对"。在阿登纳基金会与法兰克福汇报的莱比锡研讨会上,所有与会者都认为"只有与中国对话,而不是对抗,才能取得进展"。尽管针对某些不同的价值观和制度,例如在环境标准或贸易规则方面,德国和欧洲必须"向中国靠拢",并做好妥协准备,但不能牺牲西方的基本价值观或自由市场经济的原则。"尤其是在面临最紧迫的挑战之一",即重新设计世界贸易体系时,"中国将是一个非常重要的参与者"。"如果不与中国对话,我们将一事无成。"①

艾伯特基金会认为,中欧双方应就"一带一路"沿线合作的可能机遇交换意见,这将有助于将欧盟、中国和其他利益攸关方之间更好地管控风险,从而有助于缓解"一带一路"合作国面临的关切和紧张关系。中欧之间可能的合作领域包括国际渔业政策和贸易路线的保护,例如共同打击海盗的行动。②

艾伯特基金会也提出,建立专门与中国协调关系的机制是改善协调与合作的可能措施之一。然而,智库也意识到,在欧洲方面,实现制度化关系的障碍来自多方面。其中一个重要原因是欧盟内部对中国的立场可能会因(欧洲国家和欧盟)政府换届发生改变。③

3. 向中国学习

德国智库认为,尽管存在各种差异,西方在很多方面也可以向中国

---

① Stefan Stahlberg, Ob China eine Supermacht wird, entscheidet sich auch in Europa, https://www.kas.de/veranstaltungsberichte/detail/-/content/-ob-china-eine-supermacht-wird-entscheidet-sich-auch-in-europa-,2019 年 8 月 18 日访问。

② Friedrich Ebert Stiftung, Regional Workshop on the 21st Century Maritime Silk Road, http://www.fes-china.org/en/events/detail/regional-workshop-on-the-21st-century-maritime-silk-road.html, 2019 年 8 月 18 日访问。

③ Ibid..

学习。尤其是，中国人的勤劳、乐观和随时应对变化的心态。阿登纳基金会认为全球经济权力中心可能会转向亚洲，尤其是在生物技术和人工智能领域，中国已经遥遥领先于欧洲。① 阿登纳基金会的人工智能报告认为，德国在人工智能领域将远远落后于美、中等国，呼吁德国在技术创新和人工智能方面向中国学习。②

五 结语及政策建议

中国决策层将“中国特色智库建设”提升到国家战略的高度并将之视为是国家软实力的重要组成部分。近年来，中国的智库数量和规模不断扩大，取得了一定的成效，也面临较大挑战。以“全球智库综合评价AMI 指标体系”作为参照，德国智库或可在如下方面为中国智库提供借鉴。

（一）保持政府对智库的持续资助，注重基础研究和对策研究的有机结合

中国正在兴起的“智库热”鼓励对具体现实问题的研究和对策研究，但基础研究是对策研究的基石和支撑，离开基础研究，对策研究只能是无源之水。德国智库则一直注重在对策研究的同时强调基础研究的重要性，通过财政资源和人力资源的分配实现两者的有机结合。

（二）设立各具特色的地方智库

德国的政策研究机构位置分布相当分散，除了外交及安全政策研究机构，德国智库不仅仅集中在首都柏林，而是遍布全国，形成了以慕尼

① Lara Jäkel, An einer Zusammenarbeit mit China kommen wir nicht vorbei, https://www.kas.de/veranstaltungsberichte/detail/-/content/-an-einer-zusammenarbeit-mit-china-kommen-wir-nicht-vorbei-, 2019 年 8 月 18 日访问。

② Bewertung der deutschen KI-Strategie, https://www.kas.de/einzeltitel/-/content/bewertung-der-deutschen-ki-strategie, 2019 年 8 月 18 日访问。

黑、法兰克福、科隆、伯恩、鲁尔地区、斯图加特、汉堡、基尔等城市或地区为中心的区域集中带。[①] 在德国，几乎每座城市，甚至小城市都有“城市智库”，他们通过信息的汇聚、政府企业资源的共享，深刻影响当地经济发展。例如，斯图加特是世界著名的“汽车城”，对于工业 4.0 研究有着迫切的需求。2015 年，弗劳恩霍夫协会就在斯图加特专门设立了工业 4.0 应用中心和生产学院，在为企业解决新技术应用的同时，也为工业领域的技术人员进行培训，目前学院可为在职的企业高级工人提供 200 多种不同类型的进修培训。[②] 当前，中国的智库仍大多聚集在一线和二线城市，未来可在全国范围内建立小而专、小而美的专业智库，为当地的产业与科研提供智力支持。

（三）创立智库型基金会，并在“一带一路”合作国设立海外办公室

由政府提供财政支持的同时给予基金会足够的独立性，对外以基金会的身份邀请当地精英和民间组织代表召开圆桌会议、官民对话、媒体交流等，与当地各阶层建立广泛和深入的联系。中国项目在海外遇到危机和突发事件时，使馆和外交部或不宜直接出面，或反应速度不够的情况下，基金会可以在第一时间以独立身份发声，同时能够将当地的情况迅速回馈国内，而长期的关系维护能够在当地找到愿意帮助中国说话的媒体和民间组织代表。同时，智库型基金会也能对当地情况开展扎实的田野调研，为中国项目的规划和实施提供真实的可行性调研和评估。

（四）在智库中设立中外人才培训项目，建立智库的国际人才网络

德国智库无论类型、规模一般都会设立机制性的培训项目，为本国人才乃至国际青年精英提供培训，并在培训完成后通过网络建设维护校友关系。目前，大部分中国智库尚未建立长效性的培训机制，而是通过

① 马丁·W. 蒂纳特、杨莉：《德国智库的发展与意义》，《国外社会科学》2014 年第 3 期。

② 《德国“城市智库”是如何运行的?》，http://www.haiyangzhanlue.com/sz/shownews.php? lang = cn&id = 253，2019 年 8 月 18 日访问。

承接“一带一路”国家来访人员的顺访、部委临时交办任务的方式承担一定的人才培训。随着“一带一路”的不断推进，民心相通在“五通”中的地位日益重要，作为沟通政策和民心的桥梁，智库应在精英培训、人才培养方面承担更大责任。在智库接受了一至三个月培训和交流的“一带一路”国家人才将对中国经验、中国理念有更深刻的理解，将有助于中国方案与“一带一路”合作国战略的深入对接。在智库中建立机制性、常规性的人才培训项目（项目可分为短期和长期）既有助于中外人才的培养，也有利于智库国际知名度的提高及国际政策影响力。

（五）以特色议题为抓手，建立小而美的智库

目前，中国的智库大多追求“大而全”，从北京到地方挂牌“一带一路”的智库如雨后春笋，但专注于某个专业议题或某个区域国别的智库非常少。德国则拥有很多专业型的小而美的智库，例如上文多次提到的德国发展研究所仅专注研究发展议题，基尔研究所专注于世界经济议题，波恩国际军用转民用中心（BICC）仅关注安全议题。议题聚焦有利于智库明确定位、整合资源、持续研究，因此这几家均是世界排名领先的智库。中国智库可借鉴德国智库，分析自身的资源优势，选择一个特色议题作为持续的研究方向，以此为基础打造自身的知名度和影响力。

对于中国的“一带一路”倡议，德国智库呈现出审慎积极的态度。左翼智库席勒研究所积极支持“一带一路”，并利用各种平台在欧洲和美国阐释“一带一路”。而墨卡托中国研究中心则对“一带一路”充满疑虑，通过数据库、电子地图等追踪“一带一路”项目的执行情况，认为这是中国进行全球地缘战略扩张的工具。需要指出的是，这两个智库对“一带一路”的看法在德国都不是主流。

大部分德国智库认为，在经济和贸易规则方面，德国希望与中国紧密合作；在政治上则担心中国挑战现行世界规则和国际秩序，对欧洲构成威胁。“德国应该与中国更紧密地合作吗？中国的地缘政治雄心对欧洲的繁荣与安全是否构成威胁？西方能从中国身上学到什么呢？”这些问题构成阿登纳基金会与法兰克福汇报主办的莱比锡研讨会的核心，也涵盖了德国智库对中国及“一带一路”的主要关切，也在一定程度上反映了德国政府和社会对“一带一路”的看法。作为西方守成大国，一方面，德国仍坚持维护以规则为基础的价值观和权力体系，担心中国挑战现行国际秩序，另一方面，德国也深知国际问题的解决离不开中国，因此积极倡导与中国的对话，并学习中国的强项。①

中德智库交流应致力于帮助德国政府、媒体正确认识和解读中国的经贸政策和中德合作，增进德国民众对中国的认知和理解，为双方企业务实合作营造积极正面的政策环境和舆论环境，为中德人文交流奠定良好的基础。对席勒研究所这样深刻理解并积极支持“一带一路”倡议的德国智库，中国不仅应积极邀请其赴华交流，还应为其在德国的工作提供支持，帮助其将“一带一路”的理念更好地向西方诠释。

面对德国智库对中德合作和“一带一路”的疑虑，中国应认真对待其中的合理批评，完善自身的海外项目。中国智库则应承担中国在“一带一路”合作国内外环境变化的“瞭望者”，中国在“一带一路”合作国利益维护的“建言者”，中国对“一带一路”合作国战略的“谋划者”，以及“监督者”等多重角色。

（中国社会科学院西亚非洲研究所　周瑾艳）

参考文献

［1］胡海鹏、袁永、廖晓东：《世界顶级科技决策智库建设经验及启示——以德国为例》，《科技与创新》2018 年第 1 期。

［2］荆林波等：《中国智库综合评价 AMI 研究报告（2017）》，中国社会科学出版社 2018 年版。

［3］刘潇潇：《德国智库的运营机制及启示》，《中国社会科学评价》2017 年第 2 期。

① 孔芳：《柏林“中国日”中德代表共话经贸合作“新常态”》，http://www.oushinet.com/ouzhong/ouzhongnews/20190330/317513.html，2019 年 8 月 18 日访问。

［4］马丁·W·蒂纳特、杨莉：《德国智库的发展与意义》，《国外社会科学》2014 年第 3 期。

［5］王永志：《西欧国家党建智库及其建设经验述论——以英、法、德三国为例》，《理论导刊》2017 年第 6 期。

［6］吴蕾：《德国政治基金会及其在德国对华决策中的作用分析》，华东师范大学，硕士学位论文，2012 年。

［7］张大卫、元利兴：《借鉴国际著名智库发展经验 加快中国特色新型智库建设》，《全球化》2018 年第 6 期。

［8］郑春荣主编：《德国发展报告（2019）》，社会科学文献出版社 2019 年版。

［9］James G. Mcgann, *Global Go To Think Tank Index Report* (1st – 11th *edition*), Think Tanks and Civil Societies Program, University of Pennsylvania, 2008 – 2019.

大洋洲智库研究报告

大洋洲智库的发展历史普遍较短，数量上也远不及欧美智库。国内外学者对于大洋洲智库的研究也相对较少。虽然智库规模小，但是大洋洲智库发展迅速，政府对于智库建设大力支持，投入资源资金保障运行发展。智库在独立性与研究专业化方面，评价机制较为完善。在澳大利亚，智库建立了规范化的运行机制和评价体系，利用“旋转门”机制等多种渠道对政策的制定和推行加以影响[①]。长期以来，澳大利亚智库对于中国的发展关注密切，而新西兰又是“一带一路”的合作国，研究了解大洋洲智库对于国内智库的建设发展具有启示性作用。大洋洲智库分报告主要从发展经验、运行机制以及对中国的研究等方面对澳大利亚与新西兰的主要智库进行介绍，从智库的独立性与运行机制等方面对中国建设中国特色新型智库提供参考建议。

一　大洋洲智库概况

大洋洲智库整体起步晚，数量少。自 2007 年起，美国宾夕法尼亚大学“智库与市民社会项目”（Think Tanks and Civil Societies Program）每年发布《全球智库报告》（Global Go To Think Tank Index Report），对

---

① 段炳德：《澳大利亚智库发展经验及启示》，《调查研究报告》2014 年第 186 号，国务院发展研究中心，2014 年。

全球智库进行评价和排名。根据最新发布的《2018 年全球智库报告》[①]（2018 *Global Go To Think Tank Index Report*）数据显示，在大洋洲 14 个独立国家中，有 6 个国家拥有智库，分别是澳大利亚、新西兰、斐济、巴布亚新几内亚、萨摩亚与瓦努阿图。其中，澳大利亚的智库数量最多，拥有 42 家；其次是新西兰，有 11 家智库；斐济有 4 家智库，萨摩亚有 1 家智库，瓦努阿图从 2014 年起，开始有第一家也是至今唯一一家智库。而所罗门群岛、帕劳、瑙鲁、图瓦卢、基里巴斯、汤加、密克罗尼西亚联邦、马绍尔群岛至今都没有智库。综合 2008—2018 年的《全球智库报告》统计数据，大洋洲智库数量增长缓慢，2015 年以后有显著提升。大洋洲智库数量总体从 2008 年的 38 家增加到 2018 年的 62 家。

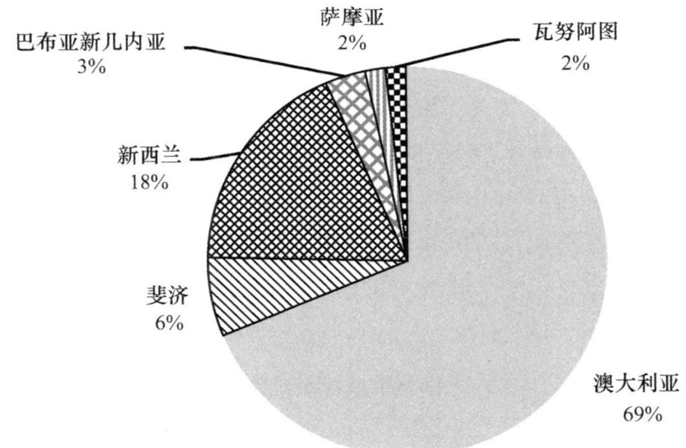

图 2　2018 年大洋洲智库数量国家分布百分比

资料来源：作者整理绘制。

① James G. McGann, 2018 *Global Go To Think Tank Index Report*, *Think Tanks and Civil Societies Program*, *University of Pennsylvania*, 2019, *p*. 35.

（一）大洋洲智库发展历程

20 世纪 70 年代是大部分大洋洲智库诞生成长的时期。在澳大利亚，随着这一时期政府对于外部咨询体系的逐渐重视，许多服务于社会政策的小型团体萌生，为政府的决策提供咨询支持。进入 21 世纪后，澳大利亚政府对于新的经济、安全形势的应对需求增加，加大公共政策的研究力度，更多社会智库诞生崛起，著名的洛伊国际政策研究所（Lowy Institute for International Policy）、格拉坦研究所（Grattan Institute）就诞生于这一时期。

而在新西兰，外交活动一度受到贸易驱动力的影响而开展，这一趋势一直持续到20 世纪 80 年代，以贸易利益为首要成为早期新西兰制定外交政策的标志，国家经济利益明显优先于政治利益，这也影响到了新西兰经济社会智库及分析中心的趋于经济专业化的发展。就智囊团的数量而言，新西兰的智库数量虽然明显少于其邻国澳大利亚，但这并非是由于政府对智库服务的需求稀少导致的。相反，新西兰政府并没有忽视智库中心，但同时也没有刻意去增加建设智库①。尽管新西兰智库的数量不多，但是这些智库对地方政治家、官员以及在外交政策、国家安全等方面发挥着实质性影响。

虽然大洋洲智库规模小，但是凭借研究成果的专业度与影响力，不少智库在国际上享有盛誉。

表 8　　大洋洲重点智库列举

国家	智库英文名称	智库中文名称
澳大利亚	Australian Institute of International Affairs	澳大利亚国际事务研究所
	Centre for Independent Studies	独立研究中心
	Grattan Institute	格拉坦研究所
	Institute of Public Affairs	公共事务研究所
	Lowy Institute forInternational Policy	洛伊国际政策研究所

① Журбей E. B. Zhurbey E. V. “Мозговые центры” и внешняя политика Новой Зеландии: история вопроса //ОЙКУМЕНА. РЕГИОНОВЕДЧЕСКИЕ ИССЛЕДОВАНИЯ. 2012. №2. C. 76 – 84.

续表

国家	智库英文名称	智库中文名称
新西兰	Centre for Strategic Studies, Victoria University of Wellington	惠灵顿维多利亚大学战略研究中心
	Institute for Governance and Policy Studies, Victoria University of Wellington	惠灵顿维多利亚大学政策研究所
	New Zealand Institute of EconomicResearch	新西兰经济研究所
	New Zealand Institute of International Affairs	新西兰国际事务研究所

资料来源：作者收集整理。

（二）大洋洲智库运行机制

长期以来，绝大部分智库都倡导致力于独立、客观的问题研究，强调机构自身的独立性，与建言献策的客观性，不就任何国际问题或新兴趋势采取立场或发表有倾向性的意见。

澳大利亚与新西兰的智库主要分为三类：政府智库，社会智库以及高校智库。政府智库属于政府内部决策咨询体系的一种形式，其体系严密复杂、开放程度高①。生产力委员会（Productivity Commission）便是较为有代表性的政府智库，它由议会法案成立，本身属于政府的组成部门，隶属于澳大利亚财政部。高校智库更侧重于专一领域的研究，学术性强。如莫纳什大学莫纳什亚洲研究所（Monash University Monash Asia Institute），悉尼大学和平与冲突研究中心（Centre for Peace and Conflict Studies, University of Sydney）等都有各自专注的某一区域或问题的研究领域，高校智库对政府制定政策也有着不可或缺的积极影响。社会智库中较为知名的有洛伊国际政策研究所，澳大利亚国际事务研究所（Australian Institute of International Affairs），格拉坦研究所等等。无论哪一类智库，都十分注重机构的独立性与透明度，致力于为国家政策制定提供高质量的咨询服务。

---

① 段炳德：《澳大利亚智库发展经验及启示》，《调查研究报告》2014 年第 186 号，国务院发展研究中心，2014 年。

政府智库大多直接服务于政府的政策制定，提供高质量的、独立的咨询建议。作为咨询机构，这类智库并不具有行政权力或管理政府政策推行的能力。智库在为政府建言献策的同时也强调其成果的独立性，研究信息与分析向公众开放，广泛听取公众建议和反馈。以生产力委员会为例，它于1998年通过国会立法成立，是一所独立机构，与其他政府机构保持有一定距离。虽然政府在很大程度上决定了其研究方向与工作方案，但机构的研究成果与咨询建议是基于其自身的分析与判断。生产力委员会的核心职能是应澳大利亚政府的要求，就涉及澳大利亚经济表现、社会福祉等方面的关键政策或监管问题进行公开调查①。独立性、透明度与整体经济视角是生产力委员会在工作中的三大特点。

社会智库相较于政府智库，更为强调独立性与无党派属性。洛伊国际政策研究所在运作中保持无党派运行，不采取众议院立场，其研究人员自己署名发表论文。在国际问题上，研究所的研究人员和作者之间往往存在良性的意见分歧。研究所包容不同观点，且不采取任何主张。澳大利亚国际事务研究所也表明，机构为当今国际上一些争论的问题提供开放的讨论和辩论平台，但在这之中并不就任何问题制定任何机构自身的立场。成立于2008年的格拉坦研究所为确保机构的独立性，不接受来自执政党的资助及委托工作。研究所支持员工参与更广泛的外部活动，但与此同时，员工无论参与有偿或无偿的活动都需获得批准并将相关信息公布，以避免参加外部活动产生的利益冲突或声誉问题，保护机构独立客观与透明度。

高校智库同样在决策咨询方面有重要影响力，与前两类智库在功能上也有着互补作用。新西兰的一些智库中心是建立在大学的基础之上，一方面加强了智库与学院之间的紧密联系，另一方面，也克服了智库作为独立机构在研究方面过度的学术主义，缩小思想与行动实践之间的差距。在新西兰重点智库中，惠灵顿维多利亚大学政策研究所（Institute for

---

① 资料来源：生产力委员会，https：//www. pc. gov. au/about/contribute，2019年8月1日访问。

Governance and Policy Studies, Victoria University of Wellington）和惠灵顿维多利亚大学战略研究中心（Centre for Strategic Studies, Victoria University of Wellington）都是大学智库的代表。惠灵顿维多利亚大学战略研究中心作为协作机构致力于新西兰战略安全领域的研究调查。

（三）大洋洲智库的运行特点——结合 AMI 指标[①]分析

大洋洲智库在运行机制方面的特点，本文将结合“全球智库综合评价 AMI 指标体系”，从吸引力（A）、管理力（M）、影响力（I）三个方面，选取有代表性的大洋洲重点智库（澳大利亚、新西兰两国为主）进行综合分析与评价。

1. 吸引力——智库的资金运行机制

政府智库主要依靠政府财政拨款。相比之下，另外两类智库的资金来源更具有多样性，这也是为了确保任何个人、政府或实体都不会对智库的研究产生影响，从而保证研究的独立性与客观性。智库的资金来源绝大多数是接受来自基金会、会员、企业或个人的捐助。一些智库创立时都有商业资助人或是由创始人出资建立。例如创建于第二次世界大战末期的澳大利亚公共事务研究所（Institute for Public Affairs），在创立初期主要资助人是墨尔本当地的大零售商柯尔斯家族。洛伊国际政策研究所早期的资金来源主要依靠创始人弗兰克·洛伊爵士的捐赠。智库还有部分资金会来源于政府拨款、智库活动创收或订阅费。澳洲政府对智库建设大力支持，也会对除政治智库外的咨询机构进行少部分拨款资助。资金来源的多样化在保障智库运行的同时也有利于智库保持其独立性，使得研究与咨询建议更为客观公正。

与此同时，为了进一步维护智库的独立性，保证研究的中立性，大洋洲多家智库声明拒绝任何捐助者对智库的研究加以干预。洛伊国际政

① 本部分基于中国社会科学评价研究院自主研创的“全球智库综合评价 AMI 指标体系”相关内容加以研究分析，该指标主要从吸引力（A）、管理力（M）、影响力（I）三个方面对全球智库进行综合分析与评价。

策研究所随着机构日益发展，收入也日渐多样化，除了洛伊家族提供的资助外，还有来自私营部门和政府单位的会员的赞助、个人的慈善捐助等等，研究所在所有拨款资助协议中添加了适当条款，进行严格的研究调试过程，并且坚持进行独立的同行评审。对于研究所进行的委托研究，其研究进程和结论都强调必须是独立公正的，并且会将研究结果与资金来源一起公布给大众。大洋洲智库的公益性也在资金方面有所体现。多家智库声明所有的智库收入用于慈善事业。以新西兰国际事务研究所（New Zealand Institute of International Affairs）为例，惠灵顿维多利亚大学、新西兰外交与贸易部是其最为重要的资助方，对研究所的运行提供着长期支持，研究所也在尝试引进商业资金。研究所表示其资金、收入和财产，无论来源如何，均应仅用于新西兰境内研究所的专门慈善对象，在其研究领域推进相关教育[①]。

2. 管理力——智库的管理架构与人员

澳大利亚智库的建设与运营反映出许多英、美智库的经验，在管理架构与运营习惯上沿袭了西方的传统。同欧美智库一样，大洋洲智库普遍在运行机制上采用理事会管理制度，负责智库整体的领导和运作。理事会成员由商业、学术界等不同领域的杰出人士，或智库捐助方等构成。智库的结构设立采用平行式的组织架构，分为研究部门和管理部门。行政管理人员负责智库的日常运营，财务和利益相关者关系，并提供世界级的活动。部分智库在全国范围内设有分支机构。

从规模来看，大洋洲智库规模普遍不大，常驻研究人员和行政工作人员大部分都是几十人的规模。如洛伊国际政策研究所只有 24 名专家和 14 名运营人员。但研究人员由来自各个领域的专家学者组成，具有较高研究水平，研究人员专攻包括农业、商业研究、经济学、教育、语言研究、文学、历史、媒体研究、政治科学、公共卫生、社会学等在内的各种学科。大洋洲智库的用人机制上还会选用一些项目制聘用的临时研究

---

① 资料来源：新西兰国际事务研究所，http：//www. nziia. org. nz/，2019 年 7 月 16 日访问。

人员、访问学者。或是从该研究所的培养计划/实习计划中选出的高素质实习生以支持机构的研究工作，如澳大利亚国际事务研究所、澳大利亚研究所（The Australia Institute）等知名智库都有自己的用人培养机制，汇聚青年英才，为年轻的经济学家，政治学家和其他研究人员提供实习机会、制定培养计划。澳大利亚国际事务研究所会邀请领先的国际人士参与该研究所的活动。部分智库设有学术委员会等。

3. 影响力——智库社会、国际影响力

澳大利亚及新西兰的许多智库在其国内不同城市设有分支机构或办公室，例如澳大利亚国际事务研究所是一个全国性机构，它由位于堪培拉的总部国家办事处和地处七个州和地区的分支机构组成。新西兰国际事务研究所在奥克兰、怀卡托、霍克湾、北帕默斯顿、惠灵顿、怀拉拉帕、尼尔森、基督城以及马鲁等地设有8个分支机构。

大洋洲智库整体研究领域广泛，以澳大利亚、新西兰两国主要智库为研究对象，其研究课题包含但不限于国内外的公共政策问题，武装力量和战略国防，外交政策，亚太地区和平安全问题，环境科学，可持续发展以及国内外经济、文化等等，对国家政策的制定产生了积极的影响。大部分大洋洲的智库发展历程较短，但这些新兴智库的研究方向更为具体而专业化，针对某一领域或全人类关注的问题进行深入研究，提供政策支持。例如新西兰惠灵顿维多利亚大学政策研究所，致力于贫困儿童、公共卫生、环境保护、新西兰环境等方向的研究。近年来，一些大洋洲智库发展卓越，跻身国际舞台，在全球智库中崭露头角，其中澳大利亚洛伊国际政策研究所已被《全球智库评价报告（2015）》收录。

二 大洋洲智库的中国研究

随着中国的综合国力日益增强，在国际舞台上影响力逐步增大，越来越多的外国智库开始持续关注着中国政策的变动。大洋洲与中国的经济关系联系紧密，不少智库的研究内容都与亚洲息息相关。研究所进行的研究和一些活动日程安排会以亚洲为特别关注点，相关领域的专家也会就亚太地区热点事件而撰写媒体评论。部分智库有关中国的研究发表较为及时，如对中美贸易战等热点话题持续关注，对习近平主席的新政策及动向较为关注。

（一）大洋洲智库涉及中国相关的研究现状

澳大利亚联邦政府于1982年启动了一项特别研究中心计划，大力投入智库建设。在这期间，以大学为基础的智库数量激增，而亚太研究这一集中领域是这些智库发展最为强劲的领域。大多数在亚洲研究的某些方面具有竞争力的澳大利亚大学都设立了专门的中心，以调动各学科的专业知识，开展当代研究，特别是经济发展的研究。澳大利亚国立大学的几个主要中心：澳大利亚国立大学澳大利亚—日本研究中心（Australia-Japan Research Centre，Australian National University）、澳大利亚国立大学当代中国研究中心（Contemporary China Centre，Australian National University）、澳大利亚国立大学亚太研究院（Research School of Pacific and Asian Studies，Australian National University）等都是响应这一时期的倡议，长期关注更广泛的公共政策、贸易和经济问题。中国也是其中研究的重点之一。

中国经济的崛起也是近年来智库研究的关注点之一。洛伊国际政策研究所在2018年、2019年发布的《亚太实力指数》（Asia Power Index），从资源和影响力两方面证实中国已经跻身强国之列。报告显示，虽然美国仍是亚太地区实力最强的国家，但是中国与美国的实力差距正在快速缩小，美国与中国的竞争将成为《亚太实力指数》报告未来密切关注的要素之一。洛伊国际政策研究所执行董事迈克尔·富里洛夫（Michael Fullilove）表示："美国仍是领头人，但中国的实力向美国逐步靠近，缩小距离。未来亚太地区国家实力的走向很可能是中国超越美国。除非事态发生巨大变化，否则我们预计中国将在未来10年或15年内超过美国。"报告对日本、美国、中国和俄罗斯等亚太地区的25个国家及地区在8个领域的实力打分，满分100，中国排名第二[①]。

（二）大洋洲智库与中国的合作

悉尼大学中国研究中心（China Studies Centre，University of Sydney），将中国的观点融入多个学科的研究项目中。该中心支持对中国有研究兴趣的学科专家，为学术界和从业人员提供合作研究的机会。中心对中国的研究涉及多个学科领域，汇集了诸如全球健康、自然资源管理、社会运动和民主等主题。主要从以下六个方面进行研究：城市时代的中国、商业与经济、历史、语言文学文化教育、法律与政治、科学技术以及福利。2018年，悉尼大学中国研究中心还启动了一个合作研究主题，将研究所针对中国城市时代的多学科研究的部分活动，重点放在本地和国际合作伙伴的城市进行[②]。

新西兰在2016年成立了三个新西兰—中国研究合作中心，旨在促进和支持两国科研机构间的交往，为国际科学合作奠定基础。这三所研究中心分别是：林肯大学（Lincoln University）主办的新西兰—中国水资源研究中心（New Zealand-China Water Research Centre）；梅西大学（Massey University）主办的新西兰—中国食品保护网络（New Zealand-China Food Protection Network）；奥塔哥大学（The University of Otago）主办的新西兰—中国非传染性疾病合作中心（New Zealand-China Non-Communicable Diseases Collaboration Centre）。三所研究中心集结了水资源、食品安全和非传染性疾病等领域的优势科研力量，致力于与中国建立起长久的合作关系，持续推进现有的双边合作项目。

三 大洋洲智库的“一带一路”研究

大洋洲智库涉及“一带一路”相关话题的研究整体较少，大部分文

① 资料来源：亚太实力指数，https：//power. lowyinstitute. org/，2019年8月8日访问。

② 资料来源：悉尼大学中国研究中心，https：//sydney. edu. au/china – studies – centre/our – research. html，2019年8月5日访问。

章发布在2018年以前，主要围绕“一带一路”倡议的动机分析、本国是否应该加入该倡议等主体进行研究。

（一）大洋洲智库与“一带一路”

中国提出的“一带一路”倡议在国际上引发广泛关注。在大洋洲地区，出于对各自国家利益的考量，各国对于“一带一路”倡议反响不一。新西兰、斐济、巴布亚新几内亚等国积极响应，陆续签订共建“一带一路”合作文件。斐济还表示“一带一路”倡议不仅有益于斐济自身的发展，同时对南太平洋地区的发展也有助推作用①；作为地区大国的澳大利亚对此却迟疑不决。国际舆论对于“一带一路”的看法也呈现出多元化。

表9　涉及“一带一路”研究较多的智库

智库英文名称	智库中文名称
Australia Institute	澳大利亚研究所
Australian Institute of International Affairs	澳大利亚国际事务研究所
Australian Strategic Policy Institute	澳大利亚战略政策研究所
Committee for Economic Development of Australia	澳大利亚经济发展委员会
Lowy Institute for International Policy	洛伊国际政策研究所

资料来源：作者收集整理。

在项目组进行信息采集的21家澳大利亚智库和5家新西兰智库中，涉及“一带一路”的研究相对较少。其中，数量占比较大的为澳大利亚智库的相关研究，新西兰智库基本没发布相关内容。作者以China，Chinese，One Belt One Road，BRI等为关键词，在进行信息采集的部分智库官网中进行搜索（除去官网无法访问、无法检索文件等情况），文献类型不限，来源于该智库的、涉及“一带一路”研究文献较多的智库有澳大

① 《“一带一路”倡议对世界未来发展至关重要——访斐济国立大学学者马昆》，2018年7月9日，新华网，http：//www.xinhuanet.com/world/2018－07/09/c_1123098410.htm，2019年7月15日访问。

利亚国际事务研究所（137 篇），洛伊国际政策研究所（42 篇），澳大利亚战略政策研究所（18 篇）。

（二）澳大利亚对“一带一路”的认知与态度

澳大利亚作为美国在亚太地区的重要盟友，在对“一带一路”倡议的合作问题上面对极大压力。一方面，有声音认为，加入“一带一路”将会挤压美国在亚太地区的战略空间，从而影响到澳大利亚自身的利益①。澳大利亚是否加入“一带一路”倡议这一决定与澳大利亚与中国和美国的关系密切相关，而中美两国之间目前的竞争越来越激烈。这一观点对于澳大利亚是否加入“一带一路”倡议，持观望态度。但另一方面，也有人认为这会为自由贸易提供更好的平台，并且尽早适应“一带一路”更利于推动本国经济发展。

持观望态度、对“一带一路”存疑的观点认为，中国提出“一带一路”倡议的背后是战略驱动因素，会潜在影响地缘政治，战略性强，中国经济实力的稳步增强是亚太地区地缘政治转移的主要驱动力，在美国和其他盟友缺乏有效遏制中国的战略前提下，“一带一路”将会加速中国的经济增长，从而可能对西方经济产生更大冲击。与此同时，澳大利亚对“一带一路”的政策清晰度和标准也存在疑问。澳大利亚认为，“一带一路”倡议太过概念化，缺乏详细的规划路径。澳大利亚在支持产生强劲发展成果的倡议、推动遵守透明度原则和实施强有力的治理框架方面具有明显的国家利益。还有学者认为“一带一路”倡议是为了迎合中国进入经济发展新阶段的需求。受到紧迫的国内经济挑战，内向型经济格局在当前遭遇困境，中国需要重塑开放型的经济发展格局，特别是需要扩展地区经济上的互联互通②。澳大利亚洛伊国际政策研究所研究员 Peter Cai 认为，“一带一路”倡议的首要目标是解决中国在国家经济现代化方

① 沈予加：《澳大利亚对“一带一路”倡议的态度及原因探析》，《太平洋学报》2018 年第8 期。

② 邢瑞利、刘艳峰：《澳大利亚对“一带一路”的认知》，《国际研究参考》2017 年第11 期。

面日益加深的地区差异。通过更好地与邻国经济体融合，带动中国内陆及中西部地区的区域发展，缓解国内经济发展不平衡的问题。“同时在出口中输出‘中国标准’，进行中国工业的产业升级，解决产能过剩问题。”[①] 澳大利亚国际事务研究所发布的一篇报告也提到，当前中国经济和政权面临的最大威胁是工业产能过剩，“一带一路”倡议可被视为这一问题的解决方案，“一带一路”倡议是中国应对其工业产能过剩和避免经济硬着陆可能性的关键[②]。

另一种观点则较为积极，对“一带一路”的发展趋势抱有期待。洛伊国际政策研究所一篇名为“Belt and Road Will Go ahead with or without Australia”的报告认为澳大利亚不仅要加入该倡议，并且应该越早越好，理由如下：第一，中国企业在海外投资，其资金需要受到投资国国内政策的管控限制。而当下澳大利亚在谈判中尚且处于有利地位，应该借此时机批准中国企业在澳投资并对之加强监管[③]。第二，目前有大洋洲国家已经成为“一带一路”合作国，澳大利亚在这方面已经落后于其邻国。以新西兰为例，它不仅已经同中国签署共建“一带一路”合作谅解备忘录，并且和新加坡携手，探索基于“一带一路”倡议展开合作的可能性。第三，澳大利亚加入“一带一路”倡议似乎是大势所趋。如同亚洲基础设施投资银行的情形一样，“一带一路”的发展并不会受到澳大利亚加入与否这一决策的影响，换而言之，无论澳大利亚是否加入，“一带一路”仍会继续推进[④]。报告还指出，“一带一路”倡议对于澳大利亚虽然存在一定风险，但同时更是机遇，因而应尽快加入该倡议并掌控游戏规则，

---

① Peter Cai, Understanding China's Belt and Road Initiative, 2017, http://www.lowyinstitute.org/publications/understanding-belt-and-road-initiative, 2019 年 7 月 10 日访问。

② Alex Cheung, One Belt, One Road: A Threat to China?, 2016, http://www.internationalaffairs.org.au/australianoutlook/one-belt-one-road-a-threat-to-china/, 2019 年 7 月 10 日访问。

③ 邢瑞利、刘艳峰：《澳大利亚对“一带一路”的认知》，《国际研究参考》2017 年第 11 期。

④ James Laurenceson and Elena Collinson, Belt and Road Will Go ahead with or without Australia, https://www.lowyinstitute.org/theinterpreter/belt-and-road-will-go-ahead-or-without-australia, 2019 年 7 月 20 日访问。

否则，将被迫参与一场由别国制定规则的游戏。

澳大利亚前总理 Malcolm Turnbull 在 2017 年亚太区域会议的主旨演讲中明确表示支持这一提议："与贸易一样，跨境基础设施投资无疑是一件好事，只要投资得当，地区需求就非常明显。现在，中国的'一带一路'倡议在满足这种需求方面发挥了作用。这也刺激了来自日本、印度、美国和其他国家的健康竞争。澳大利亚并不是在为一个战略投资议程而对另一个战略投资议程而大喊大叫。我们将根据透明度、公平性、问责制和市场需要来判断任何国家的个人投资建议。我们将坚决支持澳大利亚公司在这一基础上从事国际基础设施项目。"① 对于风险的顾虑，有澳大利亚学者认为可以借鉴新西兰做法，签订"合作原则"，以保障日后的投资合作发展。

澳大利亚商界认为"一带一路"倡议为澳大利亚带来机遇，使商业发展从中获取新的经济利益。澳大利亚必和必拓公司（BHP）发表声明，建议澳大利亚商界联合起来，说服政府抓住机会，将战略目的与贸易分开，推动"一带一路"倡议的合作②。支持澳大利亚加入"一带一路"倡议的观点侧重于这一倡议所带来的投资机会和经济潜力。他们注意到中美之间日益加剧的地缘政治紧张局势，并提出澳大利亚加入"一带一路"是澳大利亚独立外交政策的表现。而中澳关系在经济领域的密切联系也是考虑加入"一带一路"的重要原因之一。洛伊国际政策研究所的艾伦·杜邦（Alan Dupont）研究员说，"我们与中国的经济联系日益深化，使我们越来越容易受到中国经济下滑的影响，如果经过大幅调整或扩大，中国经济将严重打击澳大利亚。"③

---

① Malcolm Turnbull, Keynote Address to the 2017 Asia Pacific Regional Conference, https://www.malcolmturnbull.com.au/media/keynote-address-to-the-2017-asia-pacific-regional-conference-perth-4-novemb，2019 年 8 月 10 日访问。

② Glen Norris, BHP director Malcolm Broomhead calls on business to Support China Belt and Road, https://www.couriermail.com.au/business/bhp-director-malcolm-broomhead-calls-on-business-to-support-china-belt-and-road/news-story/24cda271d7ce86c60cae1727616d30c2，2019 年 7 月 15 日访问。

③ Alan Dupont, Australia Needs To Engage China And Hedge The Risks Of This Relationship, http://www.lowyinstitute.org/publications/australia-needs-engage-china-and-hedge-risks-relationship，2019 年 7 月 10 日访问。

(三) 大洋洲"一带一路"促进机制

2017年，新西兰"一带一路"智库和基金会在奥克兰成立，这两所机构的成立不仅有助于为中新双方各领域交流合作实现精准对接提供智力和法律支持，同时发挥重要智囊团和桥梁作用，为提升中新全面战略伙伴关系和深化两国关系发展做出积极贡献。作为机构筹建者，新西兰工党国会议员霍建强表示，希望通过新西兰国会和奥克兰地方政府，寻求一条合理途径，把"一带一路"概念和资源引进新西兰。通过这两个机构进一步打通新西兰与中国两国之间融资通道①。

在与中国的合作关系上，新西兰在西方发达国家中，向来是"敢为天下先"。2017年3月27日，在李克强总理访问新西兰期间，两国政府签署了《中华人民共和国政府和新西兰政府关于加强"一带一路"倡议合作的安排备忘录》，新西兰成为第一个与中国签署"一带一路"协议的西方发达国家②。3月28日，新西兰执政党新西兰国家党主席 Peter Goodfellow 与华人议员杨健等人宣布，共同发起"大洋洲'一带一路'促进机制"，以深化新中两国合作关系并顺应"一带一路"发展大趋势。这一机制是以"一带一路"倡议所秉持的共商、共建、共享理念为价值观和合作模式，发动新西兰等大洋洲国家及"一带一路"沿线政、商、学和社会精英搭建一个公共服务平台和网络体系。

此前，中国与新西兰就有一些领域的紧密合作基础。在农业领域，新西兰拥有先进的知识与技术储备，以及得天独厚的自然资源条件，这些都为中国发展农业产业现代化，加强该领域贸易往来提供有力条件。例如，中国乳制品行业巨头伊利集团自2014年起，就在新西兰坎特伯雷地区建设了大洋洲生产基地。该项目总投资30亿元，覆盖科研、生产、

① 《新西兰国会议员霍建强：期待中新携手合作共创更多优质文化产品》，2017年5月18日，国际在线，http://news.cri.cn/20170518/c9116c70-f9bb-3cec-5cbc-c2eece966c73.html，2019年7月15日访问。

② 《李克强总理对新西兰进行正式访问成果清单》，2017年3月29日，人民网，http://politics.people.com.cn/n1/2017/0329/c1001-29175550.html，2019年7月15日访问。

深加工、包装等多个领域，是中新两国的重要合作项目。为了进一步响应“一带一路”号召，加快中国企业“走出去”的步伐，深入发展与合作国的经济合作伙伴关系①，2019 年 3 月，伊利集团宣布收购新西兰第二大乳业合作社——Westland100% 的股权。这一举动可以被看作是中国企业参与“一带一路”建设的又一成功案例，为行业发展提供了更多经验。

四 结语

与大洋洲智库相比，中国智库体量较大，研究范围更为广泛，但在管理模式和智库研究专业度方面，大洋洲智库之于中国智库建设具有一定学习和借鉴价值。

在研究范围方面，除了综合性智库外，大洋洲智库在专一问题的研究，特别领域的研究方面，做到精于专业。大洋洲智库在对中国的研究方面，聘用合作的华裔、中国籍学者，对问题的研究视角多样化、本土化，值得中国智库建设借鉴。智库专家组成上甄选业内顶级专家，加强开展国内外各类研讨交流活动，个别学科和领域邀请国外专家作为非常驻研究人员，进行个案分析和研究。同时，澳洲智库在政策覆盖的全面性上也值得借鉴，在一贯重视政治、经济等领域的同时，对于民生、环境、福利等方面的问题也要提出有针对性的对策建议。为建设中国特色智库提供战略性、前瞻性思考和科学决策参考。

改善智库管理运行机制。建立完善的智库管理模式与评价机制，针对不同类型智库因地制宜，提高中国智库的管理能力。尊重智库独立性与透明度，鼓励支持智库机构开展独立的研究工作，保证咨询的客观性、公正性。管理方面可以借鉴大洋洲智库的理事会制度，与中国特色相结合，制定或完善有关法律制度，对智库的资金运行等方面加强法律保障。

① 《伊利积极参与“一带一路”建设 打造国际化典范》，2019 年 6 月 28 日，新华网，http：//www.xinhuanet.com/food/2019－06/28/c_1124682093.htm，2019 年 7 月 15 日访问。

中国民间智库、社会智库建设有待加强，要从民主化角度出发，投入更多资源发展社会智库，加强社会智库与政府智库的协同作用，拓宽决策咨询渠道，降低政府决策成本。

做好智库的对外传播工作，加强在国际上的话语权、公信力。加强国际化智库人才的培养，引进海归人才、具有高水平研究能力的海外成熟研究人员，加强国际学术交流，更为积极主动地参与或举办国际智库交流论坛，提升中国智库在国际舞台上的话语权和影响力。在融媒体发展时代，利用好现代宣传手段，打造智库品牌，提高智库宣传力度与影响力。

（中央广播电视总台　闫素）

参考文献

[1] 胡潇文：《西方智库理论研究现状评析》，《学术论坛》2017 年第 2 期。

[2] 沈予加：《澳大利亚对“一带一路”倡议的态度及原因探析》，《太平洋学报》2018 年第 8 期。

[3] 汪诗明：《当前澳中关系新变化及其深层原因探析》，《人民论坛·学术前沿》2018 年第 1 期。

[4] 朱旭峰：《“思想库”研究：西方研究综述》，《国外社会科学》2007 年第 1 期。

[5] Dong Dong Zhang，“The Making and Implementation of the Belt and Road（B&R）Policy”，East Asian Bureau of Economic Research Working Paper No. 126.

[6] Ian Marsh，The Development and Impact of Australia's Think Tanks，*Australian Journal of Management*，Vol. 19，1994，pp. 177 – 200.

[7] James G. McGann，*Global Go To Think Tank Index Report*（1*st* – 11*th edition*），Think Tanks and Civil Societies Program，University of Pennsylvania，2008 – 2019.

[8] Zhang Mei, New Driving Force of China-New Zealand Relations——Exclusive Interview with New Zealand Ambassador to China John McKinnon, *China Investment Magazine*, Vol. 9, 2017, pp. 48 –50.

东南亚地区智库研究报告

东南亚地区十分重视智库在外交、政治、经济、社会发展等方面提供的智力支持。该地区有发达经济体也有发展中国家，拥有类型各异的国家体制，这些国家与区域特征也会塑造具有地区特征的智库发展模式和管理经验。东南亚地区不乏在全球有影响力的智库，因此，研究这些智库的成功发展经验可以为中国智库发展提供有益借鉴。同时，东南亚地区是中国的近邻，中国与这些国家在外交、经贸、人文等诸多方面有密切交往，通过研究该地区智库看待中国发展所持观点，并从智库角度了解这些国家政策、学术思想和舆论方面的发展方向和立场，可以更好地为推动中国与东南亚国家的交往提供有益参考。

一　东南亚国家的政治体制和经济发展概况

东南亚包括越南、老挝、柬埔寨、泰国、缅甸、马来西亚、新加坡、菲律宾、印度尼西亚、文莱、东帝汶 11 个国家，陆地面积约 450 万平方公里，人口超过 6 亿。[①] 东南亚地处亚洲和大洋洲两大洲之间以及太平洋和印度洋两大洋之间的交通要道，独特的地理位置和战略地位在国际地缘政治和经济格局上具有十分重要的影响。同时，东南亚也是中国重要的周边地区之一。

---

① 资料来源：根据世界银行公开数据（World Bank Open Data）公布的东南亚各国国土面积和人口数量计算得出。https：//data. worldbank. org. cn/，2019 年 8 月 8 日访问。

从政治体制上来看，东南亚国家的政治体制十分丰富：越南、老挝是共产党领导的社会主义国家，实行一党制和人民代表制；马来西亚、泰国、柬埔寨、文莱是君主制国家，其中文莱实行绝对君主制，其余三国实行君主立宪制；印度尼西亚、菲律宾实行总统共和制，总统同时担任国家元首和政府首脑；新加坡实行议会共和制；缅甸实行总统制。从社会制度上来看，越南和老挝实行社会主义制度，其他国家则实行资本主义制度①。

从经济发展水平上来看，东南亚国家间差别也较大，既有发达国家也有发展中国家。根据2018 年世界银行对世界各国发展水平的划分结果，新加坡和文莱的人均国民总收入（GNI）分别为 58770 美元、31020 美元，为高收入国家②；马来西亚、印度尼西亚、泰国、菲律宾、越南、老挝、柬埔寨、缅甸和东帝汶等国的人均国民总收入分别为 10460 美元、3840 美元、6610 美元、3830 美元、2400 美元、2460 美元、1380 美元、1310 美元、1820 美元，其中马来西亚、泰国为中高等收入国家，其他国家属于中低等收入国家③。相比较而言，其他 9 国与新加坡和文莱的经济发展水平具有显著差距。

总体而言，东南亚国家政治体制和经济发展水平的差异对社会组织的属性和发展产生一定的影响。社会主义制度国家和资本主义制度国家所设立的组织属性会有较大差异，发达国家和发展中国家社会组织的规模和影响力会有所不同。这些背景对考察东南亚国家智库发展具有一定的参考价值。

二 东南亚地区智库的概况

东南亚 11 国均拥有各自的政治体制和发展环境，相关智库在规模、

① 俞可平主编：《当代各国政治体制—东南亚诸国》，兰州大学出版社 1998 年版，第 1—3 页。

② 资料来源：世界银行，https：//data. worldbank. org. cn/indicator/NY. GNP. PCAP. CD？locations = XD&view = chart，2019 年 8 月 8 日访问。

③ 资料来源：世界银行，https：//data. worldbank. org. cn/indicator/NY. GNP. PCAP. CD？view = chart，2019 年 8 月 8 日访问。

结构和影响力方面也有一定差异。该部分通过对东南亚地区智库的发展现状和分类来介绍东南亚地区智库的概况。

(一) 东南亚地区智库的发展现状

1. 国家间有影响力的智库数量差异较大

根据宾夕法尼亚大学发布的《2018 全球智库报告》(*2018 Global Go To Think Tank Index Report*),东南亚地区部分国家有影响力的智库数量分别为:印度尼西亚 31 家、马来西亚 23 家、菲律宾 21 家、新加坡 18 家、泰国 15 家、柬埔寨 14 家、越南 11 家、文莱 8 家、老挝 4 家、缅甸 2 家①。从数量上看,大多数国家智库数量集中在 10—20 家之间,而部分国家间智库数量差异也较明显。与印度尼西亚 31 家智库相比,越南仅有 4 家智库,缅甸则只有 2 家智库。值得注意的是,与东南亚其他国家相比,新加坡国土面积最小,但是参与排名的智库数量达到 18 家,这在东南亚国家中十分独特。

2. 国家间智库全球影响力发展不均衡

东南亚地区智库的发展不平衡在全球影响力方面体现的较为明显。根据《2018 全球智库报告》,东南亚和亚太地区排在前 10 名的智库分别是:印度尼西亚的战略与国际研究中心(Center for Strategic and International Studies)、新加坡的拉贾拉南国际研究院国防与战略研究所(Institute of Defence and Strategic Studies)、新加坡国际事务研究所(Singapore Institute of International Affairs)、马来西亚的战略与国际研究所(Institute of Strategic and International Studies)以及马来西亚的公共政策研究中心(Centre for Public Policy Studies)。从全球来看,排在前 150 位的智库有 5 家,分别是:新加坡国际事务研究所、印度尼西亚的战略与国际研究中心、新加坡的东南亚研究所(Institute of Southeast Asian Studies)、新加坡的国防与战略研究所以及马来西亚的公共政策研究中心。总体而言,不

① James G. McGann, *2018 Global Go To Think Tank Index Report*, Think Tanks and Civil Societies Program, University of Pennsylvania, 2019.

论是地区排名还是全球排名，新加坡和马来西亚智库在数量和影响力上都拥有绝对优势，尤其是新加坡智库的表现尤为突出，除了新加坡、马来西亚和印度尼西亚外，高位排名中鲜有东南亚其他国家智库的身影。

3. 智库增长速度加快，但全球影响力变化不大

整体来看，近两年东南亚地区智库数量增长加快（如图 3 所示）。从 2016 年开始，智库总量从 110 家增加到 2018 年的 145 家，增幅达 31%。然而，尽管智库数量在不断增长，但是智库的全球影响力没有明显变化。从 2012 年开始，东南亚地区智库进入全球前 150 位的数量保持在 5 家左右，并集中在印度尼西亚的战略与国际研究中心、新加坡的拉贾拉南国际研究院国防与战略研究所、新加坡国际事务研究所、新加坡的东南亚研究所和马来西亚的公共政策研究中心。其中，柬埔寨发展资源研究所（Cambodia Development Resource Institute）于 2015 年曾进入了全球前 150 名。总之，尽管每年智库数量在不断增长，但是全球有影响力的智库在数量和名称上均没有较大变化。

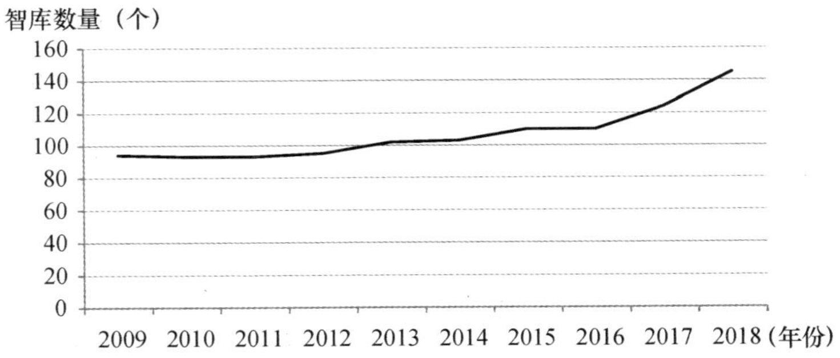

图 3　近 10 年东南亚地区智库总量变化

数据来源：2009—2018 年《全球智库报告》，https：//repository. upenn. edu/think_tanks/。

（二）东南亚地区智库的分类

根据智库的战略规划和资金来源，智库类型可以分为政府型智库、半政府型智库、独立型智库等①。结合东南亚地区智库的特点，本文认为

① ［美］詹姆斯·麦甘：《第五阶层：智库·公共政策·治理》，李海东译，中国青年出版社 2018 年版，第 12—21 页。

除了这三类智库外，东南亚地区智库种类还包括网络平台型智库。网络平台型智库由某个具有影响力的智库发起，周边国家或地区的相关智库共同参与的智库类型，参与智库具有不同的国家背景。网络平台型智库以共同商讨和研究某个共同的主题并促进相关国家政策交流为成立目的，以区域智库联盟为主要形式。该类型智库以智库间交流为主，并兼具一定的研究功能。下文将具体介绍东南亚地区这四类智库的情况。

表 10　　东南亚地区各国主要智库分类

智库类别	智库名称	领域/功能	成立时间	国别
政府型智库	越南社会科学院	社会科学/研究、培训	1953	越南
	中央经济管理研究所	经济管理/研究	1978	
	越南外交学院	外交战略/研究、培训	2008	
	国家公共管理研究所	公共管理/培训	1972	马来西亚
	马来西亚海事协会	海事/研究	1993	
	菲律宾发展研究所	社会经济/研究	1977	菲律宾
半政府型智库	新加坡国际事务研究所	东盟公共政策/研究	1961	新加坡
	东南亚研究所	东南亚政治、经济、安全、战略等/研究	1968	
	政策研究所	公共政策/研究	1988	
	东亚研究所	东亚政治、经济、社会发展/研究	1997	
	亚洲与全球化中心	亚太及其他地区发展/研究	2006	
	亚洲竞争力研究所	亚洲竞争力/研究	2006	
	拉贾拉南国际研究院国防与战略研究所	亚太战略与国际事务/研究	2007	
	能源研究所	能源政策/研究	2007	
	中东研究所	中东问题/研究	2007	
	水资源政策研究所	水资源政策/研究、培训	2008	

续表

智库类别	智库名称	领域/功能	成立时间	国别
半政府型智库	战略与国际研究所	经济、外交、安全等/研究	1983	马来西亚
	马来西亚经济研究所	经济、金融、商业等/研究、培训	1986	
	马来西亚与国际研究所	拉美、亚洲/培训、研究	1995	
	国库控股研究所	经济、社会发展/研究	2014	
	战略与国际研究中心	战略、国际问题/研究	1971	印度尼西亚
	国家能力研究所	国家综合能力/研究	1989	
	印度尼西亚政策研究中心	农业、食品安全、教育等/研究	—	
	柬埔寨和平与发展研究所	农业、经济、教育、环境、健康等/研究	1990	柬埔寨
	柬埔寨合作与和平研究所	安全、外交、经济、社会/研究	1994	
独立型智库	安全与国际研究所	国际与安全问题/研究、培训	1981	泰国
	泰国发展研究所	公共政策/研究	1984	
	亚洲战略与领导力研究所	亚洲战略与领导力/研究	1993	马来西亚
	民族与经济事务研究所	经济、社会、民主政策/研究	2006	
	国际林业研究中心	森林、农林业/研究	—	印度尼西亚
网络平台型智库	亚太安全合作理事会	亚太安全/合作平台	1993	马来西亚
	亚太可持续性消费与发展圆桌会议	可持续性消费与生产/合作平台	2004	泰国

资料来源：所列各智库官网，2019 年 8 月 10 日访问。

1. 政府型智库

政府型智库是指智库作为政府机构的组成部分并在政府许可下开展各项工作。这类智库的最显著特征是作为政府的下属机构，在此前提下，这类智库所开展的各项研究工作主要是为了政府决策服务。换句话说，政府型智库是在政府主导下以满足政府决策需要为主要目的而成立的。例如，马来西亚海事学院（The Maritime Institute of Malaysia）隶属于海事部门，为了满足马来西亚政府维护海洋利益的需要而专门设立的政策研究机构[①]；菲律宾发展研究所（Philippine Institute for Development Studies）隶属于国家经济和发展局并主要负责国家发展规划和政策研究[②]；越南社会科学院（Vietnam Academy of Social Sciences）隶属于政府机构，在社会科学领域开展研究并为该国党和政府提供政策支持[③]。另外，除了主要服务于政府决策，部分政府型智库还兼具培训功能（见表10）。其他主要智库的信息如下：

越南外交学院是越南社会主义共和国总理于2008年对原有的国际关系学院进行升级后成立的研究机构。该学院主要开展国际关系和外交政策的战略研究工作，作为越南外交部、党和政府的智囊团提供外交政策咨询服务[④]。

越南的中央经济管理研究所由越南政治局于1987年7月成立，最初被命名为中央委员会经济管理研究所，主要任务是协助党中央和政府进行经济管理方面的研究工作。此外，该研究所还开设了专门针对政府官员的经济管理培训课程[⑤]。

2. 半政府型智库

半政府型智库由政府直接或间接成立，或者以政府拨款和项目合作作为资金来源，但不属于政府机构的一部分。这类智库有马来西亚的战略与国际研究所、马来西亚经济研究所（Malaysian Institute of Economic Research）、马来西亚与国际研究所（Institute of Malaysian and International Studies）、国库控股研究所（Khazanah Research Institute）、东南亚研究所、

---

① 资料来源：马来西亚海事协会，http：//www. mima. gov. my/about - us/about - mima/mima - overview，2019年8月8日访问。

② 资料来源：菲律宾发展研究所，https：//pidswebs. pids. gov. ph/CDN/OTHERS/pd1201. pdf，2019年8月8日访问。

③ 资料来源：越南社会科学院，https：//vass. gov. vn/noidung/gioithieu/Pages/gioi - thieu. aspx，2019年8月8日访问。

④ 资料来源：越南外交学院，https：//dav. edu. vn/en/history - and - development/，2019年8月8日访问。

⑤ 资料来源：中央经济管理研究所，http：//www. ciem. org. vn/bai - viet/421/introduction，2019年8月8日访问。

东亚研究所（East Asian Institute）、拉贾拉南国际研究院国防与战略研究所、政策研究所（Institute of Policy Studies）、能源研究所（Energy Studies Institute）、亚洲与全球化中心（Centre on Asia and Globalization）、亚洲竞争力研究所（Asia Competitiveness Institute）、中东研究所（Middle East Institute）、新加坡国际事务研究所、印度尼西亚的战略与国际研究中心、印度尼西亚的国家能力研究所（Institute of National Capacity Studies）、柬埔寨合作与和平研究所（Cambodian Institute for Cooperation and Peace）、柬埔寨发展资源研究所（Cambodia Development Resource Institute）等。

其中，马来西亚国库控股研究所由马来西亚国库控股公司提供资金支持，并作为担保有限公司注册成立于 2014 年①。而马来西亚国库控股公司成立于 1993 年，负责管理政府商业资产，并对具有战略重要性和高科技的机构进行投资，马来西亚财政部是该公司的主要控股方②③。

3. 独立型智库

独立型智库不隶属于政府和其他组织，而是由社会力量自发成立和运营。这类智库包括马来西亚的亚洲战略与领导力研究所（Asian Strategy & Leadership Institute）、马来西亚的民族与经济事务研究所（Institute for Democracy and Economic Affairs）、泰国发展研究所（Thailand Development Research Institute）、泰国安全与国际研究所（Institute of Security and International Studies）、印度尼西亚的国际林业研究中心（Center for International Forestry Research）。这些智库的主要信息如下：

马来西亚的亚洲战略与领导力研究所成立于 1993 年，联合创始人兼主席是马来西亚最大的房地产建筑集团创始人谢富年，该研究所由谢富年基金会（Jeffrey Cheah Foundation）全资拥有并负责管理。亚洲战略与

① 资料来源：国库控股研究所，http://www.krinstitute.org/About_Us-@-About_Us.aspx，2019 年 8 月 8 日访问。

② 资料来源：马来西亚国库控股公司，http://www.khazanah.com.my/About-Khazanah/Our-History，2019 年 8 月 8 日访问。

③ 资料来源：马来西亚国库控股公司，http://www.khazanah.com.my/About-Khazanah/Corporate-Profile，2019 年 8 月 8 日访问。

领导力研究所通过圆桌会议和论坛为政府、外交界、行业和学界搭建共同交流平台，提供政策制定、战略分析和商业咨询服务①②。

泰国发展研究所成立于1984年，隶属于私人非营利基金会，专注于公共政策研究，并为各类公共机构提供政策咨询服务，帮助泰国经济社会发展③。泰国安全与国际研究所作为朱拉隆功大学政治科学学院的东南亚安全研究项目而建立，该所成立于1981年，并于1982年成为该大学的正式研究所。该研究所主要开展国际和安全问题方面的研究工作④。

4. 网络平台型智库

网络平台型智库通过会议、论坛、学术交流等形式，搭建专业性、国家间和区域性的智库合作、交流与研究平台。这类智库有泰国的亚太可持续性消费与发展圆桌会议（Asia-Pacific Roundtable for Sustainable Consumption and Production）、马来西亚的亚太安全合作理事会（Council for Security Cooperation in the Asia-Pacific）。

首先，亚太可持续性消费与发展圆桌会议是在联合国环境规划署、联合国工业发展组织和其他合作伙伴的支持下，在泰国清洁生产区域会议之后成立的，秘书处设立在泰国，每18至24个月开一次会议。该机构是以促进亚洲协调与发展为目的的国际性非营利性组织，致力于推动该地区工业界、政府、学术界和非政府组织之间的对话和加强各方的伙伴关系，并推广有关亚洲及太平洋地区可持续性消费和生产相关项目的成功经验和政策措施，机构相关成果已经应用于全球决策中⑤。该机构的网络覆盖了整个亚太地区，相关合作伙伴中的国际组织有环境署、工发组

① 资料来源：亚洲战略与领导力研究所，https：//www. asli. com. my/page/119/About/，2019年8月8日访问。

② 资料来源：谢富年基金会，https：//jeffreycheah. foundation/ybhg – tan – sri – dato – seri – dr – jeffrey – cheah – ao/，2019年8月8日访问。

③ 资料来源：泰国发展研究所，https：//tdri. or. th/en/about/mission/，2019年8月8日访问。

④ 资料来源：泰国安全与国际研究所，http：//www. isisthailand. org/about – us/？crmid = 6ae0aad2d3db78f142f4253a1084e854，2019年8月8日访问。

⑤ 资料来源：亚太可持续性消费与发展圆桌会议，http：//aprscp. net/aprscp. html，2019年8月10日访问。

织、开发计划署、欧盟、美国环保局、亚行、世界银行等，国家和地方政府有泰国、澳大利亚、菲律宾、印度尼西亚、马来西亚、越南、斯里兰卡等，还有一些非政府、非营利组织以及专业的研究组织①。

其次，亚太安全合作理事会成立于在首尔1992年11月举行的亚太十国会议之后，会议中提出要建立一个非政府区域性信任与安全合作机制，于是该理事会在1993年6月正式成立。该机构的创始机构和指导委员会分别由印度尼西亚、泰国、菲律宾、马来西亚、日本、加拿大、美国、韩国、新加坡、澳大利亚十个国家的智库组成，指导委员会的主席任期是2年。该平台的委员会成员包括政治安全领域的非政府与政府附属机构以及个人（公职人员）②③。

总体而言，东南亚地区政府型和半政府型的智库数量占据大多数。从所列出的智库可以看出，新加坡的半政府型智库在实力上优势明显。另外，这些智库的属性还在一定程度上受到所在国家政治体制的影响。比如，越南是社会主义国家，智库类型以政府型智库为主。新加坡政治体制为议会制，智库类型与越南的智库类型差别很大。

三　东南亚地区智库的运行特点——基于AMI指标的分析④

根据中国社会科学评价研究院提出的“全球智库综合评价AMI指标体系”，本报告从吸引力、管理力、影响力三个方面对东南亚地区智库进

① 资料来源：亚太可持续性消费与发展圆桌会议，http：//aprscp. net/partners. html，2019年8月10日访问。

② 资料来源：亚太安全合作理事会，http：//www. cscap. org/index. php？ page = about – us，2019年8月10日访问。

③ 资料来源：亚太安全合作理事会章程，http：//www. cscap. org/index. php？ page = cscap – revised – charter，2019年8月10日访问。

④ 本部分基于中国社会科学评价研究院研创的“全球智库综合评价AMI指标体系”相关内容加以研究分析，该指标主要从吸引力（A）、管理力（M）、影响力（I）三个方面对全球智库进行综合分析与评价。

行综合评价。其中，吸引力是指全球智库的外部环境，良好的外部环境可以吸引更多资源并提升评价客体的吸引力；管理力是指全球智库的管理者管理评价客体的能力和促进评价客体发展的能力；影响力是全球智库的直接表现，也是吸引力和管理水平的最终体现。与其他国内外智库评价指标体系相比，“全球智库综合评价 AMI 指标体系”兼顾了主观与客观方法的有机融合，注重定性与定量分析的结合，建立了覆盖面更广的五级指标，并充分发挥了专家和第三方评估的作用①②。在此次评价中，分别列举和总结出在吸引力、管理力和影响力下所有东南亚智库中特色鲜明、效果显著的实践经验。

（一）吸引力

在人员吸引力方面，新加坡智库和马来西亚智库由于良好的科研环境而吸引了较多的科研人员来此工作。由于智库所在的新加坡和马来西亚国际化程度较高，这为拥有不同学历背景和国籍背景的科研人员以客座教授、兼职研究员等身份来此进行长期研究工作、短期交流访问和培训学习等提供了良好条件。以拉贾拉南国际研究院国防与战略研究所为例，该研究所的研究人员大多来自国际著名高校③，高学历和国际化人才的集聚为智库营造了良好的学术氛围。

在资金吸引力方面，著名的新加坡智库资金来源相对多样化。新加坡国际事务研究所的资金主要来自以基金形式的捐赠。除此之外，会议赞助、会员订阅费、研究顾问收入、书籍销售收入、利息收入等也是该智库的重要资金来源④。

---

① 荆林波等：《全球智库评价报告（2015）》，中国社会科学出版社 2016 年版，第 24—34 页。

② 荆林波：《智库评价方法综论》，《晋阳学刊》2016 年第 4 期。

③ 资料来源：拉贾拉南国际研究院，https：//www. rsis. edu. sg/research/idss/idss - staff - profiles/，2019 年 8 月 19 日访问。

④ 资料来源：新加坡国际事务研究所，http：//www. siiaonline. org/wp - content/uploads/2019/03/FY2018 - Financial - Statement. pdf，2019 年 8 月 19 日访问。

（二）管理力

首先，对于那些具有显著影响力的智库，其高学历研究人员占比与东南亚其他智库相比普遍较高，其中硕士学历占比接近或超过 50%，硕士和博士学历共同占比超过了 70%。印度尼西亚的战略与国际研究中心共有研究人员 21 名，其中硕士和博士学位拥有者占比分别是 48% 和 33%。拉贾拉南国际研究院国防与战略研究所共拥有 67 名研究人员，其中硕士和博士学位拥有者占比分别是 48% 和 51%。马来西亚的战略与国际研究所中主要研究人员有 16 人，其中硕士学位占比 56%，博士学位占比 19%。不同学历占比的差异凸显出不同智库在人才管理方面的不同。拥有硕士和博士较高占比的智库在吸引和留住人才方面具有一定的优势，也体现了智库具有较强的人才管理能力。

在人员结构上，东南亚研究所注重研究人员的规模和结构分布。东南亚研究所的三个研究项目组和两个研究中心的人员数量相差不大，其中，三个研究项目和淡马锡历史研究中心都配备有研究人员、研究助理、访问学者，每个项目组和研究中心都拥有较为多样化的人员结构①。

其次，在客户关系管理方面，一些智库专门配备有负责该类工作的职位。以新加坡国际事务研究所为例，该研究所配备有国际事务和媒体助理主任一职，并协调该研究所与政府、学术机构、媒体、企业、国外机构的联系②，这为研究所维护与各类客户之间的关系提供了有力支撑。

第三，在战略规划方面，印度尼西亚的战略与国际研究中心除了与国内组织和机构合作外，还与国际组织积极互动。一方面通过政策研究、对话和公共政策辩论等形式为政府、大学、研究机构、社会组织、媒体和企业提供政策支持和观点外，另一方面还积极和区域与国际智囊团互动，包括太平洋经济合作理事会（Pacific Economic Cooperation Council）、

① 资料来源：东南亚研究所，https：//www. iseas. edu. sg/，2019 年 8 月 19 日访问。

② 资料来源：新加坡国际事务研究所，http：//www. siiaonline. org/our - people/，2019 年 8 月 19 日访问。

亚太安全合作理事会。[①]。

（三）影响力

1. 学术影响力方面，注重高质量的会议交流

在学术活动活跃度方面，新加坡国际事务研究所作为主办方组织并举办了两个会议：东盟与亚洲论坛（ASEAN and Asia Forum）、新加坡可持续世界资源对话（Singapore Dialogue on Sustainable World Resources）。前者从2008年开始每年举办一次，后者从2014年开始每年举办一次。两个会议已经成为了亚太地区拥有较大影响力的活动，为推动亚太地区政策沟通与和平稳定发展作出了积极贡献[②]。

东南亚研究所同样注重学术活动。截止到2019年8月19日，东南亚研究所在2018年全年和2019年分别举办了169场和110场学术研讨会和学术讲座。这些学术活动的参与人员包括多国领导人、学界专家、企业界领袖等，无论在规模上还是在次数上均领先于其他智库，为该地区学术交流、政策咨询、国家间沟通提供了有力支持[③]。高质量和高频次的学术会议与讲座提高了智库的学术活动活跃度，一定程度上提升了智库的学术影响力。

2. 在社会影响力方面，注重承担社会责任和媒体曝光度

在社会责任方面，东南亚研究所将保护环境作为一项与研究同等重要的社会责任，认为更好的生活环境可以确保所有员工能够高质量完成各项管理与研究工作。在这一理念的引导下，东南亚研究所鼓励所有员工参与环保工作、学习环保法律法规、购买节能产品、实施废物再利用等[④]。

---

① 资料来源：战略与国际研究中心，https：//www. csis. or. id/about/overview，2019年8月19日访问。

② 资料来源：新加坡国际事务研究所，http：//www. siiaonline. org/flagship/，2019年8月19日访问。

③ 资料来源：东南亚研究所，https：//www. iseas. edu. sg/medias/event－highlights，2019年8月19日访问。

④ 资料来源：东南亚研究所，https：//www. iseas. edu. sg/about－us/sustainability，2019年8月19日访问。

通过建立公共图书馆，战略与国际研究中心积极履行传播知识、教育公众的社会责任。该研究中心从建立之初就成立了专门的图书馆，并承诺为公共教育事业向外界开放。该图书馆的用户来自于社会和政府，尤其为印度尼西亚和世界不同地区的学生和学者提供了帮助。在日本世界博览会纪念基金的支持下，该图书馆成立了日本分部。此外，战略与国际研究中心还设立有一家小型书店，向公众展示和出售出版的书籍、期刊和各类教科书①。

在网络新媒体曝光度上，新加坡国际事务研究所除了在传统媒体上进行报道和宣传外，还积极拥抱 Facebook 和 Twitter 等网络新媒体。针对时事、社会热点问题、学术问题，新加坡国际事务研究所的研究人员会通过这些网络新媒体发表简短的评论性观点，并与读者积极互动。该研究所在网络传播方面走在东盟所有国家的前列②。

在传统媒体曝光度上，新加坡东南亚研究所的实践成果显著。截止到 2019 年 8 月 19 日，2019 年东南亚研究所研究人员发表在国内外媒体上的评论性文章 87 篇，研究人员和机构被国内外媒体报道 278 次；2018 年该研究所发布在国内外媒体上的评论性文章达到 144 篇，被国内外媒体报道 599 次。另外，东南亚研究所在 2019 年开展了一系列社会调查工作，相关调查内容和研究成果被众多媒体引用和报道 86 次③。

3. *在政策影响力方面，形成了良好的旋转门机制*

在政府与决策者关系方面，新加坡国际事务研究所现任主席 Simon Tay 副教授目前兼任新加坡国立大学法学院国际法教育的终身副教授。在此之前，Simon Tay 副教授拥有新加坡国家环境局主席和独立议员的身份。④。新

① 资料来源：战略与国际研究中心，https：//www. csis. or. id/about/overview，2019 年 8 月 19 日访问。

② 资料来源：新加坡国际事务研究所，http：//www. siiaonline. org/multimedia/，2019 年 8 月 19 日访问。

③ 资料来源：东南亚研究所，https：//www. iseas. edu. sg/medias/latest – news，2019 年 8 月 19 日访问。

④ 资料来源：新加坡国际事务研究所，http：//www. siiaonline. org/simon – tay – 2/，2019 年 8 月 19 日访问。

加坡国际事务研究所安全和全球事务主管 Nicholas Fang 加入该研究所后被任命为新加坡议会的提名成员①。

印度尼西亚的战略与国际研究中心成立时得到了时任总统私人助理的支持，同时，战略与国际研究中心基金会主席 Mari Elka Pangestu 教授曾担任印度尼西亚贸易部部长和旅游与创意经济部部长。战略与国际研究中心基金会的副主席 Jusuf Wanandi 曾经担任国家教育委员会秘书长以及第四届人民协商会议的代表②。

东南亚研究所的主任 Choi Shing Kwok 此前曾担任环境和水资源部常务秘书③。高级顾问 Tan Chin Tiong 在担任上一任东南亚研究所主任的同时，兼任外交部大使④。

四　东南亚地区智库对中国问题的研究

作为中国的近邻，东南亚地区与中国在地缘政治、经济和人文交往等多方面都具有十分密切的联系。作为第二大经济体，中国的和平崛起必然对东南亚地区甚至亚太地区的外交关系、地缘政治、国际格局产生深远影响。因此，从现实和未来考虑，东南亚智库将中国问题列为关键议题已经成为必然选择。

（一）东南亚地区智库研究中国问题的原因

首先，出于国家安全的考量。中国与东南亚国家长期存在领土纷争，因此中国的崛起必然会引起东南亚相关国家的担忧。另外，东南亚国家从国土面积、国际地位、军事实力和经济水平等诸多方面远不及中国，

① 资料来源：新加坡国际事务研究所，http：//www. siiaonline. org/nicholas - fang/，2019年8月19日。

② https：//www. csis. or. id/about/csis - foundation，2019年8月19日。

③ 资料来源：东南亚研究所，https：//www. iseas. edu. sg/about - us/director，2019年8月19日访问。

④ 资料来源：东南亚研究所，https：//www. iseas. edu. sg/about - us/senior - advisor，2019年8月19日。

力量的悬殊也让东南亚国家时刻关注中国。随着中国的崛起，东南亚国家会担忧中国也像某些霸权国家一样制造地区间摩擦。另外，中国崛起扰乱了美国建立并长期主导的亚太格局，未来很长一段时间，南海局势将会持续紧张。地区和平稳定是东南亚国家关注中国和亚太局势的重要原因之一。

其次，出于经济发展的考量。东南亚国家经济发展是其智库关注中国问题的动因之一。这一动因主要由东南亚国家与中国的经贸关系决定。一方面，东南亚国家是外向型经济，初级产品贸易是经济增长的主要方式，经济增长很容易受到外部经济波动的影响，因此对外部经济十分关注。另一方面，东南亚国家与中国的经贸关系十分密切，截止到2018年，中国已经连续9年成为东盟第一大贸易伙伴国①。如此大规模的经贸往来是东南亚国家重视和中国经济发展的重要原因，经济问题也成为智库提供智力支持的重要内容。

最后，出于学术研究和资政献言的考量。从学术研究角度看，中国崛起已经成为国际政治中热议的话题，对于东南亚国家更是如此。作为近邻，中国的政治、外交、军事、人文等领域已经成为东南亚国家关心的议题，这些议题都需要东南亚智库用学术的语言加以解读。从资政献言角度看，作为发展中国家，中国的崛起之路将为东南亚国家提供良好的经验借鉴，介绍和解读中国经验成了智库资政献言中必不可少的内容。因此，对东南亚智库而言，研究中国问题具有很高的学术价值和深远的政策意义。

（二）东南亚地区智库研究中国问题的观点

这一部分将从以下三个方面对东南亚地区智库研究中国问题的观点进行论述：中国的崛起、中国南海问题、中美贸易战。东南亚智库分析相关问题的角度和所持立场有所差异，现就部分角度和立场进行分析。

---

① 齐志明：《中国连续九年成为东盟第一大贸易伙伴（在国新办新闻发布会上）》，《人民日报》2018 年 7 月 18 日第 9 版。

1. 关于中国崛起的研究观点

从理论研究角度出发，东南亚智库对中国崛起如何影响国际秩序进行了多种预判。一些智库的研究结果认为中国的崛起挑战了现行国际规则，将会引起中国与他国的冲突和矛盾。新加坡的拉贾拉南国际研究院从三个学派的立场分析认为，中国的崛起将以三种可能影响未来国际秩序。现实主义学派认为，大国间会实现权力平衡，尽管这种平衡不稳定且实现起来十分困难。中国的崛起破坏了西方国家建立的自由主义秩序，而中国主导的国际秩序将会试图改变这些准则，难免与西方国家产生利益冲突。因此，大国间在诸多领域实现权力平衡，维护好各自的秩序，同时相互沟通、保持协调，才会将不利因素降低到最小。国际主义学派认为，中国的崛起将改变新的规则。由于西方国家建立的国际秩序是为了维护其国际主导地位，中国的崛起逐渐打破了这一秩序并给全球其他国家带来重新审视国际规则的机会，中国将会改写现有国际秩序。建构主义学派认为，需要从历史观的角度来感知和认识中国的崛起，不应该只关注国际地位和经济指标。该学派认为，越来越多的中国学者开始从中国的世界观和价值观来考虑问题，那么要想更好地理解中国问题，需要以中国的思维习惯来考虑中国的崛起。三种立场分别从地缘政治、经济关系和文化的角度对未来国际秩序进行了论述，未来如何发展，仍需要进一步观察①。

然而，仍有智库认为中国崛起的目的就是为了实现本国的发展目标并寻求在东亚的主导权。新加坡东南亚研究所认为，通过评估中国与东亚国家的地缘外交关系，就可以预知中国崛起的未来如何。该智库认为，中国可能会为了维护本国的核心利益而损害其他国家利益。中国在崛起过程中会面临美国在东亚的战略平衡，因此中国需要克服这些困难才有可能实现崛起的目标②。

---

① Benjamin Ho，The China Challenge：Contending Discourses on International Order，https：//www. rsis. edu. sg/wp – content/uploads/2018/11/CO18202. pdf.

② David Arase，The Geopolitics of XI Jinping's Chinese Dream：Problems and Prospects，https：//www. iseas. edu. sg/images/pdf/TRS15_16. pdf.

对于中国的军事力量发展，部分智库指出，中国海军将成为一支维护和平的海上力量。拉贾拉南国际研究院认为，中国是国际海上贸易体系的积极参与者和利益相关者，中国的崛起更有可能受到欢迎，只要中国的崛起有助于保护全球体系免受威胁，那么中国的崛起就不是一种值得担心的战略威胁①。

对于中国发展给世界带来的影响，一些持积极态度的智库认为，世界需要新的发展模式，而中国为此提供了自己的方案。拉贾拉南国际研究院认为，西方发达国家建立并主导全球几十年的发展模式带来了诸多严重的问题，如发展中国家越来越贫困、战争频繁发生，发达国家增长缓慢、贫富差距悬殊、民粹主义情绪高涨等，而发达国家对此却无能为力。事实上，西方国家的衰落被中国的崛起所掩盖。中国在党的十九大报告中承诺会主动承担起领导全球的责任。然而，西方知识分子对中国主导的世界感到不安，中国还需要做出很多努力来增加世界对中国领导力的信任②。

对于中国在今后国际上的定位，李光耀公共政策学院黄靖教授持积极乐观态度，并认为在世界格局不确定的情况下，中国应该有所作为，主动承担起维护国际秩序的责任。当前特朗普政府领导下的美国奉行单边主义，美国国内民粹主义盛行，世界金融体系不稳定因素加剧。鉴于此，中国需要抓住机遇，积极维护世界和平与稳定，推动建立新型中美大国关系，顺应世界发展潮流，坚定不移地奉行多边主义机制③。

2. 关于中国南海问题的研究观点

一些智库对南海仲裁案产生的影响持悲观态度，认为南海仲裁案给东南亚地区带来不利影响。新加坡的东南亚研究所指出，南海仲裁案对

① Geoffrey Till, China and Its Navy: Drifting Towards Normality?, https://www.rsis.edu.sg/wp-content/uploads/2016/01/CO16018.pdf.

② Christopher H. Lim and Tan Ming Hui, The Global System: New Developmental Model Needed?, https://www.rsis.edu.sg/wp-content/uploads/2018/03/CO18040.pdf.

③ 黄靖：《中国应成为维护世界和平稳定的积极力量》，中美聚焦网，http://cn.chinausfocus.com/foreign-policy/20170124/12141.html，2019年8月8日访问。

中国的行为进行了裁定，而中国不接受该裁决，这一结果会增加东南亚地区海上对抗的风险。由于中国海上自卫队不断增加，中国与菲律宾和越南之间的争端将会日趋激烈①。

然而，还有一些智库认为南海仲裁案也有积极的一面，即南海仲裁案为地区和平稳定带来机遇。李光耀公共政策学院黄靖教授指出，首先，南海仲裁案为推动《南海行为准则》提供了机遇。东盟需要积极与中国进行《南海行为准则》的谈判，一个有约束力的准则将会为南海地区建立和平互动的框架，从而降低意外冲突发生的可能性。其次，南海仲裁案给南海和亚太地区安全带来挑战，但同时也存在机遇。由于中国和菲律宾表现的十分克制，中国一直坚持用和平谈判方式来解决分歧，这种方式有助于缓和南海仲裁案对地区稳定带来的破坏②。

一些智库对南海仲裁案相关国家在事件发生时所采取的态度表示认可，认为这将是未来解决南海问题和其他地区问题的好兆头。新加坡国际事务研究所认为，中国和相关国家对南海仲裁案裁决的回应都十分克制和理性，各方都想将此事件的影响降低。南海裁决使得南海紧张局势升温，但是相关国家由于有较深厚的外交关系，还是有机会可以通过谈判来缓解紧张局势。而中国倡导的“一带一路”倡议和亚投行会为东盟与中国的合作提供契机，从而促进东盟地区和平稳定③。

3. 关于中美贸易战的研究观点

持反对贸易战观点的智库认为，贸易战破坏了两国关系和发展进程。拉贾拉南国际研究院的研究指出，美国单方面挑起的中美贸易战肯定会损害美国经济，打破中美间建立的平衡的经济关系。中美之间相互依存，这种依存关系对双方都有利。但是特朗普政府将其归咎于中国的经济威

---

① Ian Storey, Assessing Responses to the Arbitral Tribunal's Ruling on the South China Sea, https://www.iseas.edu.sg/images/pdf/ISEAS_Perspective_2016_43.pdf.

② 黄靖：《仲裁案给区域和平带来的挑战和机遇》，联合早报网，https://www.zaobao.com/forum/views/world/story20160716-642023，2019年8月8日访问。

③ South China Sea: A Quiet diplomacy needed to calm choppy waters，2015年7月15日，新加坡国际事务研究所，http://www.siiaonline.org/south-china-sea-a-quiet-diplomacy-needed-to-calm-choppy-waters/，2019年8月8日访问。

胁，美国这种保护主义行为并不能使得美国再次伟大[①]。

从第三国角度出发，有智库认为中美贸易战对其他国家是机遇与挑战。新加坡的亚洲与全球化中心（Centre on Asia and Globalization）认为，如果印度能抓住这次机会，就能够更好地实现本国的发展，否则将可能会错过这次发展机会。从挑战来看，全球贸易萎缩可能导致资本从印度流向新兴市场，从而引起印度卢比加速贬值。从机遇来看，随着美国对技术的保护，印度可以替代美国作为中国长期软件合作伙伴，并扩大在中国的市场份额。对印度来说，机遇与挑战并存，这就需要印度更加慎重的来看待这次贸易战[②]。

同样，也有智库对中美贸易战产生的影响持乐观态度。新加坡的东南亚研究所指出，中美贸易战给东南亚带来了机遇。贸易战破坏了已有的全球供应链，全球化发展受到阻碍。美国和中国经济发展已经放缓，如果贸易战继续升级，或将永久性抑制全球经济增长。东南亚对中国的中间产品出口将受到打击，但是贸易战还可能会使得东南亚取代中国来满足美国的商品需求。从长期来看，贸易战给发展和壮大区域供应链带来机遇，能够增强亚洲经济整体实力[③]。

五　东南亚地区智库的“一带一路”研究

在逆全球化背景下，中国的“一带一路”倡议为全球经济发展提供了中国方案。作为海上丝绸之路的重要地区，东南亚国家寻找到了促进地区和平稳定和发展地区经济的一条新道路。2018 年，中国经济是全球经济增长的最大引擎之一，中国经济的增长潜力将为周边国家和全球经

① Phidel Vineles, US – China Economic Ties Under Trump: Need for More Balance, https: //www. rsis. edu. sg/wp – content/uploads/2017/04/CO17066. pdf.

② Byron Chong, India and the US-China Trade War, https: //lkyspp. nus. edu. sg/research/publications/details/china – india – brief – 120, 2019 年 8 月 8 日访问。

③ Joergen Oerstroem Moeller, U. S. -China Trade War: Opportunities & Risks for Southeast Asia, https: //www. iseas. edu. sg/images/pdf/ISEAS_Perspective_2018_64@50. pdf.

济增长继续注入动力。随着“一带一路”倡议在合作国不断推进，中国与相关国家的合作成果丰硕，当然也存在许多问题。通过东南亚国家智库对“一带一路”倡议的研究可以更全面地审视该倡议在东南亚的发展现状。从东南亚智库对“一带一路”倡议的研究观点来看，大致可以分为支持、保守和反对三种，其中支持和保守的观点占多数，反对的观点占少数。本报告对其中的主要观点进行分析。

（一）关于“一带一路”倡议与中国外交战略的研究观点

持支持观点的智库认为，中国的“一带一路”和外交战略为世界塑造了多国平等参与的国际秩序。东南亚研究所指出，“一带一路”倡议是中国发挥全球领导力的主要形式。中国借助“一带一路”所提倡的理念和塑造的形象来重塑现有世界秩序，然而“一带一路”倡议的成功离不开周边国家的积极参与。东南亚国家对该计划十分支持，但是中国必须确保该计划不会挤压其他地区的战略空间。该研究所还认为，中国正在从低调的国际战略转向更加积极的战略选择，以此争取获得国际社会的认同和更大的影响力①。拉贾拉南国际研究院认为，中国的“一带一路”既不是中国版的“马歇尔计划”，也不是地缘政治战略②。

（二）关于“一带一路”倡议所面临问题的研究观点

持保守观点的智库认为，“一带一路”倡议尽管推动了双边经贸发展，但是该倡议推动过程中面临的阻力和可能引起的风险引起了东道国的担忧，应该对该倡议持谨慎态度。东南亚研究所认为，“一带一路”倡议中与其他国家开展的合作项目因多种原因而发展受阻。泰国与中国的高铁项目因透明度问题而受到公众的广泛关注，由于其中涉及当地的土

---

① Jason Salim，China's Belt and Road Forum-A Vision for the World，An Eye on the Region，https：//www. iseas. edu. sg/medias/commentaries/item/5407 – chinas – belt – and – road – forum – – a – vision – for – the – world – an – eye – on – the – region – by – jason – salim，2019 年 8 月 8 日访问。

② Frank Umbach，China's belt and road initiative and its energy – security dimensions，https：//www. rsis. edu. sg/wp – content/uploads/2019/01/WP320. pdf.

地征收问题，有可能会侵犯当地公民的权益。新加坡东亚研究所的研究指出，地缘战略局势紧张是“一带一路”建设面临的重大安全挑战。由于中国和印度之间缺乏一些互信，会阻碍“孟中缅经济走廊倡议”的进一步发展。另外，美国很可能会增加在亚太地区的影响力，维持其海上航道的主导地位，那么这也将给中国的海上丝绸之路支点建设带来巨大安全成本。“一带一路”倡议面临的非传统安全威胁包括东道国的冲突、恐怖袭击等。另外，一些国家担忧会有陷入债务陷阱的风险，中国与部分国家开展的相关项目被推迟，因此，中国需要重新审视所开展的项目和合作形式与地区特征是否相一致。除此之外，丝绸之路上不同国家之间货物运输时使用的铁路轨道系统有所差异，轨道宽度不同，这给火车运输带来一定麻烦①。

（三）关于东南亚在“一带一路”倡议中战略定位的研究观点

持支持观点的智库认为，“一带一路”倡议将为东南亚地区的发展带来机遇，需要认真对待。东亚研究所指出，东南亚地区是“一带一路”倡议顺利实施的重要保障。东南亚地区已经深入参与了“一带一路”倡议开展的多种项目建设、经贸合作区建设、港口建设等。东南亚地区拥有6.42亿人口和庞大市场，市场需求巨大，因此东南亚在“一带一路”倡议中的作用是十分突出的。然而，东南亚基础设施建设资金十分缺乏，亚开行只能提供部分资金支持，因此亚投行将会为东南亚地区资金不足提供解决方案。另外，东亚区域一体化发展趋势也将推动东南亚与中国进行更深入的合作②。

---

① Pongphisoot Busbarat, Despite Progress, Challenges Remain for Thailand-China High Speed Rail Project, https://www.iseas.edu.sg/medias/commentaries/item/5776 - despite - progress - challenges - remain - for - thailandchina - high - speed - rail - project - by - pongphisoot - busbarat, 2019年8月8日访问。

② Kong Tuan Yuen, The One Belt, One Road in Southeast Asia, https://research.nus.edu.sg/eai/wp - content/uploads/sites/2/2019/05/BB1449.pdf.

（四）关于亚投行的研究观点

持支持观点的智库认为，亚投行给全球金融系统带来新的力量，将为发展中国家发展提供巨大支持。拉贾拉南国际研究院认为，亚投行的成立打破了长期以来由美国、欧洲、日本对国际金融机构的全面垄断，正在重塑新的全球金融格局。西方主导的国际货币基金组织和世界银行等机构的影响力正在下降，亚投行这种地区性替代机构正在崛起，并将以互补的形式为全球提供“公共产品”，满足日益增长的亚洲金融需要。由于亚洲人口众多、经济发展水平较快、基础设施建设薄弱，亚开行资金能力有限，基础设施建设资金缺口巨大，亚投行的出现将逐渐缩小基础设施建设方面的资金缺口。不仅如此，亚投行为当地企业参与中国项目提供了机会，一些国家的企业可以借助“一带一路”倡议来参与中国的基础设施项目①。

六　总结与启示

智库是一国重要的咨政渠道，不同国家和地区的智库具有各自特点。东南亚地区的 11 个国家受到地理位置、政治和经济水平等因素的影响，智库发展水平差异较大，其中不乏一些具有国际影响力的智库，这些智库为当地政治外交、经济社会发展起到了重要推动作用。通过对东南亚地区智库的评价分析，可以为中国智库建设提供一定的经验借鉴。

首先，积极推进和建立旋转门机制，加强智库政策影响力。旋转门机制在东南亚地区智库中十分普遍，尤其在新加坡智库建设中起到了十分重要的作用。旋转门机制为政府人员和研究机构搭建起了良好的沟通渠道，为智库咨政献言作用的发挥提供了有力保障。旋转门机制是智库发展的重要环节，需要引起足够的重视。可以借鉴新加坡智库在旋转门

---

① Joseph Chinyong Liow, Taking Shape: New Global Financial Architecture, https: //www. rsis. edu. sg/wp – content/uploads/2017/10/CO17190. pdf.

机制建设方面的经验，聘请已经退休的相关政府机构负责人担任智库的领导职务，加强研究机构与政府机构、研究与政策之间的良好互动，提高智库的政策影响力。

其次，积极拥抱新媒体，扩大智库知名度。互联网技术的发展凸显了传统媒体传播范围的局限性，因此加强网络新媒体的宣传工作可以更好地扩大智库的社会知名度、提高研究的社会影响力，同时还可以丰富研究者与社会的沟通方式，让研究更贴近社会关切，提高研究的时效性和针对性。新加坡国际事务研究所一方面雇佣媒体领域的资深从业人员参与智库的管理工作，另一方面在 Facebook 和 Twitter 等新媒体上发表和传播研究成果，取得了显著效果。

再次，在加强研究的同时，主动承担更多社会责任，塑造智库良好的社会形象。除了提供智力支持外，智库还应该关注更广泛意义上的社会责任感，包括知识共享、环境保护等。在研究之余承担更多的社会责任可以提升智库员工的认同感、归属感和凝聚力。可以借鉴东南亚研究所和战略与国际研究中心的有益实践：东南亚研究所鼓励员工以多种方式参与环保工作、传播环保理念，提高了员工对社会责任感的认识；战略与国际研究中心建立起的图书馆为社会提供了免费的知识共享服务，让更多人便利地获取知识。

最后，打造学术领军人物，以人物带动机构，增加智库的社会影响力。智库除了要加强政策影响力外，还需要在舆论引导方面加强建设，打造学术领军人物可以有效地提升智库社会影响力。“酒香也怕巷子深”，对于智库来说，研究能力和研究成果是基础，然而有了基础缺少宣传也降低了研究的部分社会价值。中国智库可以将东亚研究所郑永年教授的成功案例作为主要研究对象，借鉴其成功经验。郑永年教授在中国学术界和部分民众心目中是研究中国的权威专家，受到郑教授个人影响力的推动，东亚研究所在中国的知名度也随之升高。因此，为了有效地推广智库产品和扩大智库社会影响力，智库可以通过积极打造学术领军人物的方式来增加机构的曝光度和学术传播范围，提高智库的知名度和社会影响力。学术领军人物不仅在学术上独树一帜，而且具有很强的社会责任感，能够始终针对相关领域的民众关切问题发表研究观点和解决之策。同时，还要借助于新媒体和传统媒体等多种宣传渠道增加其曝光度，并与民众在网络上积极互动。

（中国社会科学评价研究院　赵渊博）

参考文献

[1] 黄靖:《中国应成为维护世界和平稳定的积极力量》，《中美聚焦》，http：//cn. chinausfocus. com/foreign - policy/20170124/12141. html，2019 年 8 月 8 日访问。

[2] 黄靖:《仲裁案给区域和平带来的挑战和机遇》，联合早报网，https：//www. zaobao. com/forum/ views/ world/ story20160716 - 642023，2019 年 8 月 8 日访问。

[3] 荆林波:《智库评价方法综论》,《晋阳学刊》2016 年第 4 期。

[4] 荆林波等:《全球智库评价报告（2015)》，中国社会科学出版社 2016 年版。

[5] 俞可平主编:《当代各国政治体制——东南亚诸国》，兰州大学出版社 1998 年版。

[6] 齐志明:《中国连续九年成为东盟第一大贸易伙伴（在国新办新闻发布会上)》,《人民日报》2018 年 7 月 18 日第 9 版。

[7] 詹姆斯·麦甘:《第五阶层：智库·公共政策·治理》，李海东译，中国青年出版社 2018 年版。

[8] Benjamin Ho，The China Challenge：Contending Discourses on International Order，https：//www. rsis. edu. sg/wp - content/uploads/2018/11/CO18202. pdf.

[9] Byron Chong，India and the US-China Trade War，https：//lkyspp. nus. edu. sg/research/ publications/ details/ china – india – brief – 120.

[10] Christopher H. Lim and Tan Ming Hui，The Global System：New Developmental Model Needed?，https：//www. rsis. edu. sg/wp – content/up-

loads/2018/03/CO18040. pdf.

[11] David Arase, The Geopolitics of XI Jinping's Chinese Dream: Problems and Prospects, https://www. iseas. edu. sg/images/pdf/TRS15_16. pdf.

[12] Frank Umbach, China's Belt and Road Initiative and Its Energy-Security Dimensions, https://www. rsis. edu. sg/wp – content/uploads/2019/01/WP320. pdf.

[13] Geoffrey Till, China and Its Navy: Drifting Towards Normality?, https://www. rsis. edu. sg/wp – content/uploads/2016/01/CO16018. pdf.

[14] Ian Storey, Assessing Responses to the Arbitral Tribunal's Ruling on the South China Sea, https://www. iseas. edu. sg/images/pdf/ISEAS_Perspective_2016_43. pdf.

[15] James G. McGann, *Global Go To Think Tank Index Report* (1*st* – 11*th edition*), Think Tanks and Civil Societies Program, University of Pennsylvania, 2008 – 2019.

[16] Jason Salim, China's Belt and Road Forum-A Vision for the World, An Eye on the Region, https://www. iseas. edu. sg/medias/commentaries/item/5407 – chinas – belt – and – road – forum – – a – vision – for – the – world – an – eye – on – the – region – by – jason – salim.

[17] Joergen Oerstroem Moeller, U. S. – China Trade War: Opportunities & Risks for Southeast Asia, https://www. iseas. edu. sg/images/pdf/ISEAS_Perspective_2018_64@50. pdf.

[18] Joseph Chinyong Liow, Taking Shape: New Global Financial Architecture, https://www. rsis. edu. sg/wp – content/uploads/2017/10/CO17190. pdf.

[19] Kong Tuan Yuen, The One Belt, One Road in Southeast Asia, https://research. nus. edu. sg/eai/wp – content/uploads/sites/2/2019/05/BB1449. pdf.

[20] Phidel Vineles, US-China Economic Ties Under Trump: Need for More Balance, https://www. rsis. edu. sg/wp – content/uploads/2017/04/CO17066. pdf.

[21] Pongphisoot Busbarat, Despite Progress, Challenges Remain for Thailand – China High Speed Rail Project, https://www.iseas.edu.sg/medias/commentaries/item/5776 – despite – progress – challenges – remain – for – thailandchina – high – speed – rail – project – by – pongphisoot – busbarat.

[22] South China Sea: A Quiet Diplomacy Needed To Calm Choppy Waters, 2015年7月15日，新加坡国际事务研究所，http://www.siiaonline.org/south – china – sea – a – quiet – diplomacy – needed – to – calm – choppy – waters/，2019年8月22日访问。

[23] World Bank Open Data: https://data.worldbank.org.cn/，2019年8月8日访问。

俄罗斯、乌克兰、白俄罗斯和中亚地区智库研究报告

智库（фабрики мысли、think tanks）作为现代社会出现的一种生产思想、制造议题以及为政府决策者或公司提供智力支持并对这些政治决策可能产生的社会经济后果进行评估的专家组织形式在俄罗斯、乌克兰、白俄罗斯和中亚地区亦得到迅速发展①。特别是1991年苏联解体之后，独联体地区国家在继承了苏联的人力资源和知识遗产的同时，也仍然保留了苏联的科学院系统并对其组织机制进行改革，促使其继续进行基础研究并且为政府提供相应的应用咨询和决策服务，承担智库的功能。同时随着社会转型和经济制度的转轨，大量的新型智库亦出现。根据智库的资金来源和自身定位，可以分为官方智库（政府智库、科学院智库、高校智库）和民间独立智库；根据发展方向和研究内容又可以分为专业智库和综合性智库。如俄罗斯的独联体国家研究所，就是一家专门追踪研究独联体地区及其与俄罗斯双边关系的专业智库，并且将其研究成果通过立法的形式呈现出来。总而言之，自苏联解体近30年来，俄罗斯、乌克兰、白俄罗斯和中亚地区的智库发展既根植于本民族的历史传统，又与制度变迁密切相关，呈现出自己的本土发展特色，即“强国家弱社会”传统中的智库缺乏相对独立性和转型社会特色。

---

① Филиппов В. А. Аналитические центры-стратегический интеллектуальный ресурс. М.：ЛЕНАНД，2007. с. 18 –31.

一　俄罗斯、乌克兰、白俄罗斯和中亚地区智库总体概况和发展特征

俄罗斯、乌克兰、白俄罗斯和中亚五国作为苏联的加盟共和国，他们的智库发展历程继承了苏联的人力智识遗产，又因处于转型变动的社会进程中，表现出自己的特征。

（一）俄罗斯、乌克兰、白俄罗斯和中亚地区智库的发展沿革

俄罗斯、乌克兰、白俄罗斯和中亚五国作为苏联的加盟共和国，其国内智库组织的历史沿革可以追溯到苏联时期。1922 年苏联建立之后，联共（布）中央政治局就组建了相关的马克思、恩格斯和列宁的研究机构，其主要目的是收集、整理马克思、恩格斯、列宁等人的手稿资料以及对社会主义思想家的理论开展研究。1925 年，苏联中央政府又将圣彼得堡科学院和俄罗斯科学院合并组建了苏联科学院。1930 年，苏联科学院增设人文社会科学学部，组建俄罗斯文学研究所。1936 年又组建了历史研究所，对苏联历史和国际共产主义运动史进行研究。这些党的科研机构和官方科研机构作为苏联早期智库，在苏联的基础理论研究和政府的决策建议咨询中发挥了重要作用。

20 世纪 50 年代中期，由于赫鲁晓夫改革，苏联在对外政策中实施“三和路线”，放弃了斯大林时期与西方进行强硬对抗的方针，缓和了与以美国为首的北约的关系。由于受意识形态的对抗和长期的教条主义影响，当时苏联执政的精英阶层对外部世界尤其是西方世界的认知存在严重的缺陷，所以急切需要了解世界政治和经济发展的新态势，这客观上也就要求当时苏联的知识界对世界各主要大国的政治经济情况进行全面深入的研究。为了实现这一目的，苏联领导层对苏共中央委员会国际部和苏联科学院的研究机构进行改革，并新组建了世界经济和国际关系研究所（1956 年）、非洲研究所（1959 年）、世界社会主义体系经济研究所（1960 年）、拉美研究所（1961 年）、远东研究所（1966 年）、美国研究

所（1967 年后更名为美国加拿大研究所）等。这些新成立的智库在苏联党和国家领导人的对外决策中发挥了重要作用。当然，这些智库的发展也受制于当时的历史条件，存在机构臃肿和官僚主义氛围浓厚的弊端。

1991 年苏联解体之后，俄罗斯、乌克兰、白俄罗斯和中亚五国分别独立，其政治经济制度发生巨变，官方智库亦受到根本性的冲击。随着苏联国家的解体，苏联时期各加盟共和国的科学院系统亦剥离出来成为各国的官方科研机构，经过管理机制改革之后，成为新独立国家的官方智库，而苏联科学院系统则被俄罗斯联邦继承，改名为俄罗斯科学院，下辖的世界经济和国际关系研究所（普里马科夫研究所）、远东研究所、拉丁美洲研究所、美国加拿大研究所、欧洲研究所继续从事相关的国际问题研究，并为俄罗斯政府的决策提供相关的智力支持。

事实上，随着俄罗斯、乌克兰、白俄罗斯和中亚五国的社会转型，原有的官方智库已不能满足社会经济发展的需求，同时政府和商业公司对相应的专题分析和研究需求日益增长，各种智库机构如同百花齐放，一时蔚为风尚。首先是各国领导人（总统）根据国家的发展需求成立以战略研究所命名的官方智库。1992 年，俄罗斯联邦总统叶利钦下令成立俄罗斯战略研究所（Российский институт стратегических исследований），首任所长为科诺金·叶甫根尼·米哈伊洛维奇。战略研究所的主要任务是研究与俄罗斯国家安全和国家利益紧密相关的国内政治经济以及国际关系问题，为国家杜马和俄罗斯政府提供信息保障。1993 年，哈萨克斯坦总统纳扎尔巴耶夫颁布法令，成立了隶属于总统本人的哈萨克斯坦战略研究所（Казахстанский институт стратегических исследований），负责人为叶尔兰·卡林（Ерлан Карин），他同时也担任哈萨克政权党“祖国之光党”（партия“НУР ОТАН”）的秘书。此后，吉尔吉斯斯坦、塔吉克斯坦、乌兹别克斯坦等国家相继也成立了直属于总统的战略研究所。

除了上述官方智库之外，民间独立智库和商业智库也遍地开花。1992 年，俄罗斯政界、企业界、学术界、军工部门的部分知名人士组建了民间独立智库外交与国防政策委员会［Совет по внешней и оборонной политике（РФ）］，其主要目标在于“促进俄罗斯国家发展战略构想、外交与国防政策的制定与实施”，出版的期刊主要有《全球政治中的俄罗斯》。外交与国防政策委员会的成员均是俄罗斯社会各界的精英，其人员组成的权威性和广泛性使其在俄罗斯国内享有很高的声誉，在俄罗斯对外政策中发挥着不可忽视的作用。[①] 1994 年，乌克兰政治家亚历山大·拉祖姆克也成立了以自己名字命名的拉祖姆克中心（Центр Разумкова）（中心全名叫拉祖姆克乌克兰政治和经济研究中心），主要研究乌克兰社会转型过程中的政治、经济以及国家安全，该中心与西方社会有密切的联系并得到欧美的财政支持。此外，亦不乏出现商业性的咨询智库，例如列瓦达中心，全俄舆情研究中心，“舆论”基金会等，他们主要提供竞选技术咨询、民意调研、公关服务等项目。

2000 年以后，俄罗斯又出现了以“瓦尔代国际辩论俱乐部”为代表的有全球部分政要、著名的专家学者参加的国际性智库。2004 年，俄罗斯总统普京为了改善自身和俄罗斯国家的形象主动出击，创办了瓦尔代国际辩论俱乐部，力求在多极化世界中争夺话语权，以捍卫俄罗斯的国家利益。瓦尔代国际辩论俱乐部最初的宗旨是“形成一个国际专家平台，使外国学者有机会从俄罗斯精英代表那里得到有关俄罗斯国家与社会发展的最权威、最可信的信息”。因此，它在俄罗斯和国外得到高度的重视，全球最重要的智库和科研机构的专家学者都愿意参与到其中，部分国家领导人和商界领袖也乐意出席每年举行的瓦尔代会议。自 2014 年开始，瓦尔代国际俱乐部由向“世界介绍俄罗斯”转变为关注、参与全球性的议程，对全球性的政治和经济问题制定议题，进行客观分析，并提出相关的解决方案。瓦尔代国际辩论俱乐部的宗旨转变为“巩固全球知识精英，以制定方案来克服世界性的制度危机”[②]。国际性智库除了瓦尔代国际辩论俱乐部之外，还有圣彼得堡国际经济论坛，东方经济论坛（举办地海参崴）等。这些论坛在俄罗斯每年召开的时候，俄主要国家领导人和权威专家一般都会出席，部分与俄罗斯有密切关联的外国领导人

---

① 季志业主编：《俄罗斯外交思想库》，时事出版社 2005 年版，第 4 页。

② Что такое《Валдай》，ru. valdaiclub. com/about/valdai/，2019 年 9 月 4 日访问。

也会参加论坛。2019 年 9 月初在海参崴举行的第五届东方经济论坛时，俄罗斯总统普京与日本首相安倍晋三、印度总理莫迪、马来西亚总理马哈蒂尔、蒙古总统巴特图勒以及中国副总理胡春华参加了论坛并举行了双边会晤。中国社会科学院副院长高翔亦带领院内有关研究中俄关系和俄罗斯问题的专家学者出席了“从历史与现实角度看中华人民共和国成立七十年以来的中俄关系”国际学术会议，此次学术会议由俄罗斯历史学会主办，也是东方经济论坛的重要分论坛之一。

总而言之，俄罗斯、乌克兰、白俄罗斯和中亚五国的智库经过 20 多年的发展，打破了昔日国家一统天下的局面，呈现出多元化的趋势并带有自己的本土特色。根据智库的类型、规模和资金来源，俄罗斯、乌克兰、白俄罗斯和中亚五国的智库可以分为政府智库、科学院和大学智库、民间独立智库以及商业智库等。根据智库的研究内容和发展方向，又可以分为综合性智库和专业性智库。据美国宾夕法尼亚大学智库项目发布的《2018 全球智库报告》和中国社会科学评价研究院全球智库数据库等相关数据综合统计，截止到 2018 年，俄罗斯智库数量为 215 家，乌克兰 39 家，白俄罗斯 22 家，哈萨克斯坦 31 家，吉尔吉斯斯坦 28 家，塔吉克斯坦 7 家，乌兹别克斯坦 3 家，土库曼斯坦 1 家①。

（二）俄罗斯、乌克兰、白俄罗斯和中亚地区重要智库的研究领域和发展特征

智库作为专业化的知识制造者，显而易见，它需要有自己的研究领域进而创造新的思想产品供给给政府和社会，为自己赢得声誉和进一步发展空间，俄罗斯、乌克兰、白俄罗斯和中亚地区的智库亦不例外。他们通过对关涉政治、经济、国防、外交、意识形态等领域的研究，为解决公共利益和国家安全提供相关的思想方案。由于上述国家智库研究的内容不一，智库性质和影响力亦有不同，现根据“全球智库综合评价

---

① 根据《2018 全球智库报告》和中国社会科学评价研究院全球智库数据库中有关数据统计得出。

AMI 指标体系”① 将重要智库的研究领域、出版的刊物、科研人员人数等在表 11 中列出来。

表 11　俄罗斯、乌克兰、白俄罗斯和中亚地区重要智库基本情况概览

智库名称	所属国家	智库类型	成立时间	研究领域	出版刊物	科研人员数量
俄罗斯政府分析中心	俄罗斯	官方智库	2005 年	俄罗斯经济和社会发展，俄罗斯地区关系和对外政策等	《全球经济发展趋势报告》、《俄罗斯经济发展趋势报告》等十余种	200 多人
瓦尔代国际辩论俱乐部	俄罗斯	官方智库	2004 年	与俄罗斯和全球事务紧密相关的议题	有少量的瓦尔代国际辩论俱乐部举行的论坛的会议论文集	全球合作智库专家 40 余人
圣彼得堡国际经济论坛	俄罗斯	官方智库	1997 年	讨论俄罗斯、新兴市场和世界整体而言面临的关键经济问题	圣彼得堡国际经济论坛杂志	不详
外交与国防政策委员会	俄罗斯	民间独立智库	1992 年	俄罗斯国家安全和对外政策	出版政治学期刊《全球政治中的俄罗斯》，俄罗斯外交政策和国际关系领域的权威刊物	200 余人
俄罗斯战略研究所	俄罗斯	官方智库	1992 年	俄罗斯国防和对外政策、经济、生态等安全问题	出版政治学期刊《国家战略问题》	人数不详
独联体国家研究所	俄罗斯	民间独立智库	1996 年	俄罗斯与独联体地区关系、独联体国家、俄罗斯侨民等	出版政治学期刊《后苏联时期大陆》以及专门的乌克兰追踪研究的智库报告	30 余人

① 本部分基于中国社会科学评价研究院自主研创的“全球智库综合评价 AMI 指标体系”相关内容加以研究分析，该指标主要从吸引力（A）、管理力（M）、影响力（I）三个方面对全球智库进行综合分析与评价。

续表

智库名称	所属国家	智库类型	成立时间	研究领域	出版刊物	科研人员数量
俄罗斯国际事务委员会	俄罗斯	官方智库	2011 年	国际关系和安全问题（大规模杀伤性武器和扩散问题等）	定期出版有关俄罗斯周边国家关系的智库报告和相关著作，具有权威性	参与合作科研人员750 余人
俄罗斯科学院国际经济与政治研究所	俄罗斯	科学院智库	1956 年	世界经济与国际关系	出版政治学期刊《世界经济与国际关系》《俄罗斯与新欧亚国家》《通往和平与安全之路》等；经济学期刊《俄罗斯经济晴雨表》	400 余人
拉祖姆克中心	乌克兰	民间独立智库	1994 年	乌克兰社会转型，乌克兰经济与国际关系	出版乌克兰语期刊《国家安全问题》	全职科研人员 45 人，兼职 100 余人
哈萨克斯坦战略研究所	哈萨克斯坦	官方智库	1993 年	哈萨克斯坦政治经济，哈萨克斯坦与周边国家关系及国家安全	出版期刊《Казахстан-Спектр》《Коам жə не Дə уір》《Central Asia's Affairs》	40 余人
白俄罗斯科学院	白俄罗斯	官方智库	1929 年	白俄罗斯国家经济、历史、社会和国际关系	白俄罗斯科学院出版的系列期刊	人数不详
吉尔吉斯斯坦总统国际战略研究所	吉尔吉斯斯坦	官方智库	1994 年	吉尔吉斯斯坦的内外政策和国家安全，包括经济、法律和生态安全等	有英文和俄文学术著作	40 余人
塔吉克斯坦总统战略研究中心	塔吉克斯坦	官方智库	2003 年	塔吉克斯坦的社会转型，国家安全和地区国际关系	出版政治学俄文期刊《塔吉克斯坦与当代世界》	科研人数不详

续表

智库名称	所属国家	智库类型	成立时间	研究领域	出版刊物	科研人员数量
乌兹别克斯坦总统战略与地区研究所	乌兹别克斯坦	官方智库	1992 年	中亚地区安全问题，乌兹别克斯坦国际关系等	有中亚地区安全和乌兹别克斯坦与世界主要大国关系的报告及著作	150 多人
战略规划与经济发展研究所	土库曼斯坦	官方智库	2007 年	土库曼斯坦经济发展和国家安全研究	少量的土库曼语和俄语报告	人数不详

资料来源：作者整理。

根据上表可以看出，俄罗斯、乌克兰、白俄罗斯和中亚五国重要智库在研究领域主要是关涉社会转型时期的内政外交、国家安全、地区关系和国际政治等。由于上述地区在 1991 年苏联解体之后面临着制度转轨，因此新组建的官方智库为政府和公众担负起形塑国家发展方向以及处理本国周边地区关系等问题。他们对国内的研究领域不仅关注政治、经济、社会、生态环境、工业发展和信息现代化等，同时还对社会心理、国家认同、历史记忆和意识形态等精神层面的领域也倾注了极大心血。对外政策方面，则以本国的国家利益和国家安全为出发点，圈层式的研究地区关系和大国政治，优先关注本国与周边国家关系（地区关系）以及与世界主要大国美国、中国、印度等的双边或多边关系。

智库的成果主要以报告、期刊文章、著作、媒体采访等形式呈现出来，并且通过与高级行政官员、议会成员以及媒体人士等的互动直接或间接方式来影响政府决策。

此外，从表 11 中列出的俄罗斯、乌克兰、白俄罗斯和中亚五国的 13 个重要智库名单中，我们可以发现，上述国家知名智库主要是以官方智库为主。不言而喻，智库作为国家或地区社会的智力提供者，与国家经济力量、文化软实力和历史传统紧密相关。因此，俄罗斯、乌克兰、白俄罗斯和中亚地区智库发展具有以下特征：

一是具有鲜明的转型社会的特征。由于独联体地区 20 多年来政治经济制度由传统的苏式社会主义向资本主义的变迁，社会转型是其根本的特征。因此，俄罗斯、乌克兰、白俄罗斯和中亚地区的智库也不可避免带有转型的特征，即对智库的定位、组织机制和相关的立法都处于变动之中。此外，这些地区和国家智库的研究主题之一就是社会转型及其相关的国家安全和国家利益。

二是与西欧和美国相比，俄罗斯、白俄罗斯和中亚地区智库相对而言缺乏“独立性”，其资金来源更多是来自财政预算和政府拨款，具有社会影响力和国际传播力的知名智库主要是以官方智库或半官方智库为主。诸如在俄罗斯国际知名的智库主要有俄罗斯科学院普里马科夫世界经济与国际关系研究所（Национальный исследовательский институт мировой экономики и международных отношений имени Е. М. Примакова Российской академии наук）、外交与国防政策委员会（Совет по внешней и оборонной политике）、俄罗斯国际事务委员会（Российский совет по международным делам）等。不仅如此，俄罗斯、白俄罗斯和中亚国家也通过了相对严格的立法，防止非政府组织（独立智库）受外国影响干预本国政治。例如 2012 年俄罗斯国家杜马通过了《非营利组织法》修正案，明确规定接受国外资金和其他财务资助并参与俄境内政治活动的独立法人非营利组织为“外国代理人”，须登记监管和对其资金进行监控。2014 年乌克兰危机之后，俄罗斯政府进一步修改了该法令，允许政府检控那些对俄罗斯“宪制秩序基础、国防力量与安全”构成威胁的非政府组织，加强了对在俄罗斯活动的外国非政府组织或者在国家安全层面上被认定为“不受欢迎”的外国公司的监管，检察机关有权禁止外国组织或机构在该国境内活动及运作。因此，无论是俄罗斯本土的智库，还是国际智库在俄罗斯的分支机构均受到影响。为此，部分俄罗斯本土智库和国际智库的分支机构不得不外迁到欧盟国家，有的则将总部迁到欧盟，保留在俄罗斯的分支机构，有的则因为缺乏外部资金的支持以及国内活动受到政权的压制而消亡。总而言之，俄罗斯智库的活动相对缺乏独立性，它更容易受到国家和政权的影响。某种意义上来说，这也反映了俄罗斯“强国家、弱社会”的传统。

上述地区中，乌克兰则是一个特例，由于1991年乌克兰独立后其西部的政治精英力主“脱俄入欧”，乌克兰的智库发展格局上整体而言深受欧盟和美国的影响。乌克兰各种智库负责人对智库的定位、组织机制，甚至包括价值观都是倾向于西方，以此得到来自西欧和美国的资金支持。因此，乌克兰智库相对俄罗斯、白俄罗斯和中亚五国而言，受政府影响较小，受西方影响大。例如民间独立智库拉祖姆克中心在国际社会的知名度就远远超过乌克兰官方智库和科学院智库。

三是俄罗斯、乌克兰、白俄罗斯和中亚地区智库内部发展不平衡。这在各国智库的数量上就表现出来，俄罗斯一枝独大，数量和智库影响力都超过其他国家。同时智库在地域上也呈现出不平衡的态势，俄罗斯的智库主要分布在首都莫斯科地区以及圣彼得堡。俄罗斯地方政府的咨询分析需求主要由莫斯科的大型智库完成。同理，乌克兰、白俄罗斯、中亚五国的智库也主要是分布在首都或经济发达的城市。

二　俄罗斯、乌克兰、白俄罗斯和中亚地区智库的“一带一路”研究

2013年9月，中国国家主席习近平在哈萨克斯坦纳扎尔巴耶夫大学发表演讲时提出建设“丝绸之路经济带”的倡议，在国际社会引起巨大的反响，得到中亚地区国家的热烈欢迎。俄罗斯、乌克兰、白俄罗斯和中亚五国智库对这一倡议进行了认真研究，并将研究成果通过以政策建议、咨询报告、文章、媒体采访等形式表达出来，积极支持本国政府提出的与“一带一路”建设相对接的国家经济发展战略或是地区一体化战略。

（一）俄罗斯、乌克兰、白俄罗斯和中亚五国官方对“一带一路”的认知

2013年秋季习主席的“丝绸之路经济带”倡议提出后，俄罗斯、乌

克兰、白俄罗斯和中亚五国对此反应不一，中亚国家率先响应，显得尤为积极。不言而喻，“一带一路”重新定位了中亚在欧亚大陆中的角色，使其由世界经济的边缘走向中心，为中亚五国带来重大的发展机遇，契合各国自身的利益。哈萨克斯坦前总统纳扎尔巴耶夫在习主席的讲话后立即表示哈方赞同习主席提出的“丝绸之路经济带”的倡议，认为它对欧亚地区经济一体化发挥非常重要的作用。哈萨克斯坦拥有重要的地理位置，因此中国提出“一带一路”倡议后，哈萨克斯坦第一时间给予积极响应。纳扎尔巴耶夫表示：“正如我们所见，这一倡议对哈萨克斯坦产生了极大影响，150 多个国家和国际组织参与进来，互联互通网络得到完善，许多人因此受益。”① 2013 年 12 月，吉尔吉斯斯坦外交部长阿布德尔达耶夫也从中吉双方交往的古代丝绸之路的历史出发，赞誉了习近平提出的“丝绸之路经济带”的倡议，认为这一理念符合吉方的国家发展战略思想，要特别珍惜这个与中国发展合作的机会。此后的一年时间中，乌兹别克斯坦、塔吉克斯坦、土库曼斯坦等国领导人都表达了类似的观点。中国在与中亚国家签署的各种合作文件中，无一例外都提及了“丝绸之路经济带”框架下的合作。

2013 年下半年，俄罗斯官方由于将主要的注意力置于乌克兰动荡不安的国内形势之上，对“丝绸之路经济带”倡议的反应比较谨慎，但这并不意味着俄罗斯不重视这一倡议。俄罗斯官方智库的学者，主要是中国问题专家对习近平主席在哈萨克斯坦的讲话进行了认真研究。主流观点认为应该利用中国进行“丝绸之路经济带”建设的契机服务于俄罗斯的国家利益，俄罗斯应该参与到“丝绸之路经济带”建设中来。

2014 年 2 月，习近平主席在出席索契冬奥会期间会晤了俄罗斯总统普京。中俄两国元首对中俄关系的发展作出战略规划，普京总统明确表示“俄方积极响应中方建设丝绸之路经济带和海上丝绸之路的倡议，愿

---

① 《“一带一路”是前景广阔的伟大倡议——访哈萨克斯坦首任总统纳扎尔巴耶夫》，http：//www. xinhuanet. com/2019 -04/27/c_1124422898. htm，2019 年 3 月 2 号访问。

将俄方跨欧亚铁路与‘一带一路’对接，创造出更大效益”[①]。2014 年 5 月 20 日，中俄两国元首在上海签署《中俄关于全面战略协作伙伴关系新阶段的联合声明》中指出：“俄方认为，中方提出建设‘丝绸之路经济带’倡议非常重要，高度评价中方愿在制定和实施过程中考虑俄方利益。双方将寻找丝绸之路经济带项目和将建立的欧亚经济联盟之间可行的契合点。为此，双方将继续深化两国主管部门的合作，包括在地区发展交通和基础设施方面实施共同项目”[②]。显而易见，从中俄两国领导人的两次会晤中，可以看出俄罗斯明确支持“丝绸之路经济带”的建设，并且希望即将成立的欧亚经济联盟与其进行对接，促进欧亚地区经济一体化和俄罗斯经济发展。双方之间合作的重点主要是地区交通和基础设施建设等。

2015 年 1 月 1 日，由俄罗斯主导的欧亚经济联盟（俄罗斯、白俄罗斯、哈萨克斯坦）正式启动。同年，吉尔吉斯斯坦和亚美尼亚也加入欧亚经济联盟。为了进一步协调好欧亚经济联盟与“丝绸之路经济带”的关系，2015 年 5 月 8 日中俄两国在莫斯科发表《中华人民共和国与俄罗斯联邦关于丝绸之路经济带建设和欧亚经济联盟建设对接合作的联合声明》（以下简称联合声明）。在中俄共同发布的这份文件中，“俄方支持丝绸之路经济带建设，愿与中方密切合作，推动落实该倡议。中方支持俄方积极推进欧亚经济联盟框架内一体化进程，并将启动与欧亚经济联盟经贸合作方面的协议谈判。双方将共同协商，努力将丝绸之路经济带建设和欧亚经济联盟建设相对接，确保地区经济持续稳定增长，加强区域经济一体化，维护地区和平与发展。双方将秉持透明、相互尊重、平等、各种一体化机制相互补充、向亚洲和欧洲各有关方开放等原则，通过双边和多边机制，特别是上海合作组织平台开展合作”[③]。

---

① 《习近平会见俄罗斯总统普京 共同作出战略规划》，http：//news. china. com. cn/world/2014 -02/07/content_31387918. htm，2019 年 3 月 6 日访问。

② 《中俄关于全面战略协作伙伴关系新阶段的联合声明》，http：//www. xinhuanet. com//world/2014 -05/20/c_1110779577. htm，2019 年 3 月 6 日访问。

③ 《中华人民共和国与俄罗斯联邦关于丝绸之路经济带建设和欧亚经济联盟建设对接合作的联合声明（全文）》，http：//www. xinhuanet. com//world/2015 -05/09/c_127780866. htm，2019 年 3 月 6 日访问。

《联合声明》不仅确立了“丝绸之路经济带”与欧亚经济联盟建设的目标，而且就双方推进地区合作提出了具体的步骤：其一是扩大投资贸易合作，优化贸易结构，为经济增长和扩大就业培育新的增长点；其二是促进相互投资便利化和产能合作，实施大型投资合作项目，共同打造产业园区和跨境经济合作区；其三是在物流、交通基础设施、多式联运等领域加强互联互通，实施基础设施共同开发项目，以扩大并优化区域生产网络；其四是在条件成熟的领域建立贸易便利化机制，在有共同利益的领域制订共同措施，协调并兼容相关管理规定和标准、经贸等领域政策。研究推动建立中国与欧亚经济联盟自贸区这一长期目标；其五是为在区域经济发展方面能够发挥重要作用的中小企业发展创造良好环境。①

在“一带一路”倡议的目标框架下，白俄罗斯和乌克兰也积极参与进来。2015 年 5 月 10 日习近平主席在白俄罗斯首都明斯克与白总统卢卡申科举行会晤，卢卡申科强调“我们完全支持中方提出的丝绸之路经济带和 21 世纪海上丝绸之路重要设想，白方愿成为中方‘一带一路’倡议的重要支柱”②。此后，白俄罗斯政府的高官都根据总统的这一战略判断在数次与中国代表的会谈中，一致指出白俄罗斯是“一带一路”倡议构想实施过程中在欧洲的重要战略支点，能够发挥物流枢纽和商品集散地的重要作用。2013 年年末，乌克兰总统亚鲁科维奇政府也认识到“丝绸之路经济带”倡议对乌克兰的经济发展和社会转型是千载难逢的机会，具有巨大的吸引力。因此，亚鲁科维奇乐见中乌在“丝绸之路经济带”的倡议框架下开展合作。但是，就在中乌两国刚刚达成“丝绸之路经济带”合作的意向之际，2014 年年初乌克兰国内就陷入严重的政治动荡和武装冲突之中，国家安全环境和经济发展环境急剧恶化，共建“丝绸之

---

① 《中华人民共和国与俄罗斯联邦关于丝绸之路经济带建设和欧亚经济联盟建设对接合作的联合声明（全文）》，http：//www. xinhuanet. com//world/2015 －05/09/c_127780866. htm，2019 年 3 月 6 日访问。

② 《习近平晤卢卡申科 开创中白全面战略伙伴关系新时代》，http：//www. chinanews. com/gn/2015/05 －11/7265443. shtml，2019 年 3 月 6 日访问。

路经济带”的合作意向也就此搁浅，直到2017年之后，中乌双边关系取得重大进展，“一带一路”才在乌克兰落地，取得一定的成果。

中国与俄罗斯、乌克兰、白俄罗斯和中亚五国在“一带一路”框架下的合作取得显著进展的是2017年5月在北京举行的第一届“一带一路”国际合作高峰论坛。俄罗斯总统普京、白俄罗斯总统卢卡申科、吉尔吉斯斯坦总统阿坦巴耶夫、乌兹别克斯坦总统米尔济约耶夫等国家领导人出席了峰会，双方之间就“一带一路”倡议与本国的发展战略推进对接进行了密切沟通，同时还为深化项目合作，促进设施联通签订了一系列的协定。普京在论坛的开幕式上呼吁将欧亚经济联盟、“一带一路”、上合组织、东盟等一体化机制的潜力联合起来，可以为建立大欧亚伙伴关系奠定基础。中国政府与乌兹别克斯坦、白俄罗斯政府签署国际运输及战略对接协定，同时在产业投资，金融合作等领域也签署了一系列的协定。

（二）俄罗斯、乌克兰、白俄罗斯和中亚五国智库对“一带一路”倡议的研究

自2013年“一带一路”倡议发布以来，俄罗斯、乌克兰、白俄罗斯和中亚五国智库就对其开展了追踪研究，特别是上述国家研究中国问题的智库和专家，对中国提出“一带一路”倡议的动机、“一带一路”与欧亚地区一体化、“一带一路”与本国发展战略对接等问题开展积极研究。

1. “一带一路”倡议的动机

2013年9月习近平主席的“丝绸之路经济带”倡议发布后，引起俄罗斯和中亚五国智库的高度关注。对智库专家而言，首要的任务就是研究“丝绸之路经济带”倡议的动机。2014年第5期的《远东问题》杂志刊发了俄罗斯科学院远东研究所拉林和马特维夫的题为《“新丝路”与中国的西进战略》的文章。拉林认为中国“丝绸之路经济带”倡议的动机在于迫于地缘政治和地缘经济的压力实施西进战略。一方面是中国内部的经济发展出现大量的过剩产能、劳动力成本的急剧攀升以及东西部地区差异过大，需要在经济方面进行西进战略，以平衡东西部地区的发展

差距；另一方面则是美国实施“重返亚太战略”和“遏制中国战略”，中国以西进战略对此作出回应[①]。莫斯科卡内基中心亚洲太平洋区域项目的负责人亚历山大·加布耶夫也秉持类似的观点，认为中国的“丝绸之路经济带”倡议的地缘政治动机在于“中国的对外贸易过于依赖海上运输，特别是在美国实施重返亚太战略的前提下，中国应该建设一条陆上运输线直接通向中国最大的海外市场之一——欧洲”[②]，同时推动中国西部地区的发展和新疆的政治稳定。

当然，也有学者表达了不同的观点，认为“一带一路”倡议是中国新领导人自 2013 年以来施展更为积极进取外交的一部分。В·Я·沃罗比约夫认为，应该把“‘丝绸之路经济带’的倡议同北京方面在对外政策上的一切新的表现结合在一起考量……它是近几年中国在对内和对外方面提出的众多具有长远眼光的计划和事件的一部分”[③]。乌兹别克斯坦世界经济与外交大学副校长奥比克·谢拉利耶夫（Ойбек Шералиев）从中亚的地缘政治出发，认为中国倡导的“丝绸之路经济带”旨在巩固中国在中亚地区和欧亚地区的影响力，明确指出在大欧亚地区政治组织的作用不如经济组织，现有的机构（欧亚经济联盟、上合组织）会成为这一倡议制度化的基础[④]。

乌克兰顿涅茨克独立学者康多尔斯基则从中国的历史传统（儒学）和近代的革命传统这两个维度出发，属于第三世界国家的中国在走向复兴的过程中，它需要借助于传统的儒学资源和革命传统来振兴民族，因此“一带一路”倡议成为中国梦和人类命运共同体的抓手，这一倡议的

---

① Ларин А.，Матвеев В. Китайская стратегия “продвижения на Запад” и “новый Шелковый путь”.《Проблемы Дальнего Востока》. 2014. № . 5.

② Габуев А. Россия и китайский проект《Экономический пояс Шелкового Пути》，https：//carnegie. ru/2015/05/26/ru－pub－60517，2019 年 4 月 6 日访问。

③ Воробьев В. Я. О китайской идее построения《экономического пространства Великого шелкового пути》. http：//www. globalaffairs. ru/number/Novyi－shelkovyi－kurs－16776，2019 年 4 月 6 日访问。

④ Ойбек · Шералиев. ИНВЕСТИЦИОННО-ЭКОНОМИЧЕСКАЯ ПРИВЛЕКАТЕЛЬНОСТЬ И ГЕОЭКОНОМИЧЕСКОЕ ЗНАЧЕНИЕ ПРОЕКТА “ЭКОНОМИЧЕСКИЙ ПОЯС ШЕЛКОВОГО ПУТИ”，ОБЩЕСТВО И ЭКОНОМИКА. 2018. № 6.

实施打开了欧亚大陆广阔的发展空间[①]。

2. “一带一路”倡议与欧亚地区一体化

“一带一路”倡议与欧亚地区的一体化也成为学者们关注的热点。2014 年 6 月莫斯科国际关系学院东亚与上海合作组织研究中心主任亚历山大·卢金（Александр Лукин）在《国际生活》上发表了题为《“丝绸之路经济带”与欧亚一体化》的研究文章。卢金指出中亚地区与俄罗斯有密切的文化和历史联系，俄罗斯并不反对“丝绸之路经济带”倡议，但希望中国关切俄罗斯的诉求——保持俄罗斯在中亚地区的传统影响力并继续推进欧亚地区一体化。因此，“丝绸之路经济带”倡议可以成为中国和俄罗斯及中亚五国开展经贸合作的催化剂[②]。2015 年 3 月 24 日，欧亚经济委员会贸易委员斯列普涅夫在北京与中华人民共和国商务部部长高虎城的会谈中，表示欧亚经济联盟及各成员国对与中国发展全面经贸合作关系具有高度共识，愿与中方启动对话机制。“丝绸之路经济带”建设对贸易投资便利化、推动区域经济合作提速增效具有重要意义，符合各方的利益。欧亚经济委员会愿与中方进一步加强在欧亚经济一体化与“丝绸之路经济带”框架下的交流合作，发掘更多合作机会，共同提升在区域经济合作和多边贸易体制内的影响[③]。

乌克兰国家战略研究所对外政策和国际安全部学者谢尔盖·科舍沃伊（СергейКошевой）认为“一带一路”的伟大倡议是一个系统工程，它需要各方在双边谈判和协调“丝路带”沿线各国国家发展战略的框架内遵循共同协商与积极磋商机制。中国与所有愿意支持其欧亚合作倡议的国家一起，准备共同开放市场，促进贸易自由化，加强投资合作，加

① Кондорский Б. М. Историко-экономические и политико-идеологические предпосылки китайского проекта《Экономический пояс Шелкового пути》, Проблемы Дальнего Востока. 2019, № 2.

② Лукин А В. Идея “Экономического ПоясаШелкового Пути” и Евразийская Интеграция. Международная Жизнь. 2014. , № 7.

③ 《中国：丝绸之路经济带可与欧亚经济一体化对接》，https：//www. inform. kz/cn/article_a2758878，2019 年 4 月 10 日访问。

快基础设施一体化[①]。在此基础上，乌克兰借助“一带一路”的倡议，实现国家复兴。欧亚地区的一体化不仅是基础设施的一体化，它还包括民心相通。

3. “一带一路”倡议与双边或多边关系发展

“一带一路”倡议提出后，部分俄罗斯智库专家存在疑虑，认为中俄两国将分别以不同的组织形式在中亚开展竞争。上海合作组织原秘书长梅津采夫发表了题为《欧亚经济联盟与中国方案可以共存甚至是相互补充》的文章。文章承认中俄两国各自实施的项目会在中亚形成竞争，但这种竞争是一种良性的竞争[②]。拉林认为“丝绸之路经济带”的倡议对中亚国家来说，与中国合作意味着不仅能激发其经济活力，还能拓展迈向国际市场的通道。但对俄罗斯来说，情况就变得比较复杂：“丝绸之路经济带”带给俄罗斯的不仅是新机遇，也有新挑战：机遇在于可以促使“中国—欧洲走廊”俄罗斯段的现代化改造和集约经营；风险在于中国影响力的提升将导致西伯利亚大铁路的运输份额减少并相对削弱俄罗斯在中亚的影响[③]。俄罗斯应该适应新的现实，减少损失并抓住获得大利益的机会。亚历山大·加布耶夫则认为俄罗斯可以从“丝绸之路经济带”建设当中获益匪浅，应当抓住机会。首先“丝绸之路经济带”将为俄罗斯铁路运输系统融入欧亚地区物流运输网中创造机会，为过境运输和沿线物流服务提供保障；其次，“丝绸之路经济带”将有助于加强邻国间的产业合作，为形成新的产业经济链创造机会；最后，欧亚经济联盟与“丝绸之路经济带”将可能成为“大欧亚”核心，而“大欧亚”将可能成为

---

① 谢·科舍沃伊：《“一带一路”：世界一些国家的经验及乌克兰的前景》，李俊升、张娟译，《俄罗斯学刊》2016 年第 4 期。

② ЕАЭС и китайский проект могут сосуществовать и даже дополнять друг друга，http：//www. notum. info/news/politika/ekspert – eaes – i – kitaisky – proekt – mogut – sosushhestvovat – i – dazhe – dopolnyat – drug – druga，2019 年 5 月 2 日访问。

③ ［俄］ А. Г. 拉林、В. А. 马特维耶夫，高晓慧译：《俄罗斯如何看待欧亚经济联盟与“丝绸之路经济带”对接》，《欧亚经济》2016 年第 2 期。

新的世界经济发展中心[①]。吉尔吉斯斯坦学者则认为“一带一路”倡议既符合吉尔吉斯斯坦在1990年代倡导建立的“欧洲—高加索—亚洲”经济发展方案，而且也可以突出吉尔吉斯斯坦的地缘位置，使其成为欧亚大陆铁路运输体系中最重要的交通枢纽，这将为吉尔吉斯斯坦进入全球市场提供机会[②]。

“冰上丝绸之路”同样也是俄罗斯学者关注的焦点。由于中国与北极并没有地缘上的接近，俄罗斯学界主流都认为“冰上丝绸之路”是中俄合作的又一个增长点。大部分学者都认为俄罗斯与中国在北极的合作，不仅会给俄罗斯带来资金，同时也可以开发俄北极地区的自然资源、石油和天然气，这些都是中国需要的物资，对双方而言是互利共赢的。远东联邦大学的索科洛夫分析了自20世纪90年代到2017年北极航道年货物的运载量，认为受制于恶劣的自然环境，运载量增长缓慢，俄罗斯需要与中国开展合作。莫斯科国立大学的Б. 卡尔法格鲁（Калфаоглу）根据自己的研究成果，指出“俄罗斯和中国对北极的共识远远大于分歧，俄罗斯与中国在北极的合作是互惠互利的”[③]。俄罗斯科学院经济学所的Б. А. 海菲茨（ХЕЙФЕЦ）研究员也认为俄罗斯和中国在开发“冰上丝绸之路”中存在共同的商业利益。不言而喻，俄罗斯对北极航道的开发兴趣比这个北极项目中任何其他潜在参与者都要浓厚得多。[④] 事实上，在俄方学者看来，北极航道在俄罗斯和中国的未来生活中将发挥着重要的战略作用，两国不仅对运输感兴趣，而且对北极的开发也感兴趣。

4. “一带一路”与合作国安全问题

俄罗斯科学院远东研究所萨法洛娃高级研究员认为“丝绸之路经济

① ГабуевА. Россия и китайский проект《Экономический пояс Шелкового Пути》, https://carnegie.ru/2015/05/26/ru-pub-60517，2019年4月6日访问。

② РАХИМОВБ. КЫРГЫЗСКАЯ РЕСПУБЛИКА В РЕАЛИЗАЦИИКОНЦЕПЦИИ《ОДИН ПОЯС-ОДИН ПУТЬ》, Азия и Африка сегодня.，2018，№7.

③ Калфаоглу Б. КИТАЙСКО-РОССИЙСКОЕ СОТРУДНИЧЕСТВО В АРКТИКЕ: ПЕРСПЕКТИВЫ РАЗВИТИЯ.，ВЕСТНИК МОСКОВСКОГО ГОСУДАРСТВЕННОГО ОБЛАСТНОГО УНИВЕРСИТЕТА，2018，№ 2.

④ ХЕЙФЕЦ Б. А. СЕВЕРНЫЙ МОРСКОЙ ПУТЬ-НОВЫЙ ТРАНЗИТНЫЙ МАРШРУТ“ОДНОГО ПОЯСА-ОДНОГО ПУТИ”.，МЕЖДУНАРОДНАЯ ЖИЗНЬ.，2018，№7.

带”的建设与中亚国家安全紧密相关。中国的“丝绸之路经济带”倡议需要中亚国家有稳定的政治生态和经济生态，因此，中亚国家需要通过上海合作组织得到中国和俄罗斯的支持打击恐怖主义和极端主义。同时，“丝绸之路经济带”建设又可以促进中亚国家的经济发展，改善民生，消除恐怖主义和极端主义的社会基础。这两者是一个双向互动的过程①。

生态环境安全与国家安全亦紧密相关，俄罗斯学者戈拉吉林那从生态学的角度出发，认为“丝绸之路经济带”建设过程中，极度需要关注生态环境安全。中俄两国可以在这一领域开展合作，共建“绿色丝绸之路”②。

5. 对“一带一路”倡议的评价

与欧美智库对“一带一路”倡议持负面评价不同，俄罗斯、乌克兰、白俄罗斯和中亚五国智库专家对其评价显得更为积极，并且认为“一带一路”倡议是一种“勾连民心相通、促进共同发展”的战略规划。哈萨克斯坦管理经济战略研究院法学院教授詹尼斯·坎巴耶夫对“一带一路”作出以下三点评价：其一，“一带一路”倡议强调中国国内发展与邻国的发展互利互惠。基于这一目标，中国政府提供的丝路基金以及总部位于北京的亚洲基础设施投资银行，满足伙伴国家基础设施项目的融资需求，包括道路、电力和电信项目。这些内容的核心元素就是打破亚洲地区互联互通的瓶颈，这一瓶颈阻碍了许多发展中国家的发展。其二，“一带一路”是一个巨大而包容的平台。中国并不希望通过“一带一路”成为亚洲或者世界的霸权，而是希望通过出口中国的资本、科技和产能给那些急需的国家，帮助其他国家实现发展。其三，中国的“一带一路”倡议是向所有国家开放，不论其政治制度如何。因此，中国的“一带一路”

---

① СафроноваЕ. И. Проект《Экономический пояс Шелкового пути》и безопасность в Центральной Азии. , Проблемы Дальнего Востока, 2018. № 4.

② ГлазыринаИ. МИРОВАЯ ЭКОНОМИКА И МЕЖДУНАРОДНЫЕ ОТНОШЕНИЯ, 2018, том 62, № 1.

倡议拥有更大的国际影响力[①]。

俄罗斯远东研究所高级研究员 И. Г. 瞿巴诺夫（И. Г. Чубаров）认为中国的“一带一路”倡议通过重塑全球价值链和改变世界经济的“中心—边缘”模式推动了经济全球化进程。中国通过实施“一带一路”来反对贸易保护主义并提出“包容性全球化”的概念，表明中国希望重新构建全球经济并进入全球体系的核心。[②] 圣彼得堡大学经济学教授别洛夫在研究了近五年来有关“一带一路”倡议的相关文献之后，认为中国学界总体而言洋溢着一种乐观向上的情绪，但也提醒中国学者需要注意“一带一路”合作国所蕴藏的消极因素，[③] 诸如生态环境、自然地理、民族、司法等因素。

三 俄罗斯、乌克兰、白俄罗斯、中亚五国与中国智库的合作

近五年来，随着“一带一路”倡议的推进，俄罗斯、乌克兰、白俄罗斯和中亚五国智库与中国智库的交流日益密切，对话机制日益成熟，并就双边关系或地区关系中的重大问题进行前瞻性、战略性、全局性和针对性的研究，作出综合研判和战略谋划，为双方政府间委员会以及相关的国家机构提供建议咨询，成为“民心相通”和“文明互鉴”最重要的交流形式之一。

2014 年在“一带一路”倡议提出近一周年之际，为了消除俄罗斯官方和学界对这一倡议的疑虑，增强中俄互信，同时为了进一步推动两国在产业、投资、科技、金融和旅游等领域的合作，中国社会科学院和黑

---

① 《外国专家眼中的一带一路愿景》，《人民日报》2015 年 7 月 14 日第 23 版，2019 年 5 月 2 日访问。

② Чубаров И. , Калашников Д. “ОДИН ПОЯС-ОДИН ПУТЬ”: ГЛОБАЛИЗАЦИЯ ПО-КИТАЙСКИ. , МИРОВАЯ ЭКОНОМИКА И МЕЖДУНАРОДНЫЕ ОТНОШЕНИЯ. 2018, том 62, № 1.

③ А. БЕЛОВ.《ОДИН ПОЯС-ОДИН ПУТЬ》: ОБЗОР ЛИТЕРАТУРЫ. , Азия и Африка сегодня. 2019, № 6.

龙江省人民政府联合主办了第一届中俄经济合作高层智库论坛。中方的主要出席者有中国社会科学院、国务院发展研究中心、中国国际战略学会等智库部门的科研人员，俄方的主要出席者有俄罗斯科学院、俄罗斯战略和技术研究中心、莫斯科大学等智库的研究人员，双方就对中国实施“一带一路”倡议和俄罗斯设立远东超前经济发展区所面临的合作机遇开展了研讨。此后，中俄经济合作高层智库论坛作为中俄机制化、常态化的智库交流方式一年召开一次，到今年共举行7届，如表12所示。

表12　中俄经济合作高层智库论坛（2014—2019年）

	时间	地点	主办方	俄方参与智库	主题
第一届	2014年	哈尔滨	中国社会科学院、黑龙江省人民政府	俄罗斯科学院远东研究所，俄罗斯战略和技术研究中心等	“一带一路”战略下的中俄经济合作
第二届	2015年	哈尔滨	中国社会科学院、黑龙江省人民政府	俄罗斯科学院远东研究所，莫斯科大学等	“一带一路”与欧亚经济联盟对接
第三届	2016年	哈尔滨	中国社会科学院、黑龙江省人民政府	俄罗斯科学院远东研究所，莫斯科大学等	中俄经济合作，“一带一路”与欧亚经济联盟对接
第四届	2017年	哈尔滨	中国社会科学院、黑龙江省人民政府	俄罗斯科学院远东研究所，莫斯科大学等	“一带一路”与欧亚经济联盟对接，中俄蒙经济走廊
第五届	2018年	哈尔滨	中国社会科学院、黑龙江省人民政府	俄罗斯科学院远东研究所、欧亚经济委员会	“一带一盟”对接和中俄经济合作
第六届	2019年	哈尔滨	中国社会科学院、黑龙江省人民政府	俄罗斯科学院远东研究所、欧亚经济委员会	中俄蒙经济走廊，中俄地方经济合作

资料来源：作者整理。

中俄双方智库除了在探讨中俄经济合作以及“一带一盟”对接等经济事务、人文交流、社会建设等方面之外，还加强和深化了中俄全面战略协作关系，乃至国际和地区形势变化等重大问题的交流。

2017 年 2 月，中国社会科学院中俄战略协作高端合作智库成立，此后便与俄罗斯国际事务委员会进行合作，双方每年轮流召开一次中俄高端智库论坛。2018 年 5 月，中俄战略协作高端合作智库与俄罗斯国际事务委员会在北京以“中国与俄罗斯：新时代的合作”为主题召开第一届中俄高端智库论坛，与会专家学者们就党的十九大、俄罗斯总统大选与中俄关系进行了研讨。2019 年 5 月双方在莫斯科举行了以“新时代的中俄合作暨中俄建交 70 周年”为主题的第二届中俄高端智库论坛，与会专家学者分别以“中俄建交 70 周年”“中俄与快速变化的世界”“经贸务实合作”为主题进行深入讨论。

此外，上海社会科学院、复旦大学国际问题研究院、兰州大学中亚研究所等智库机构也与俄罗斯相关智库开展合作，就双方之间关心的地区热点问题和中俄合作进行讨论，并提出相关的对策建议。尤其需要指出的是复旦大学国际问题研究院俄罗斯中亚研究中心自 2015 年开始就与俄罗斯国际事务委员会共同发起“中俄对话”联合研究项目并出版年度研究报告。迄今为止，中俄对话研究报告已经公开出版 2 辑，得到两国舆论界和学术界的好评，也受到决策层的重视。

白俄罗斯也是中国推进“丝绸之路经济带”建设的重要节点国家。2015 年 5 月 10 日，习近平主席访问白俄罗斯，开启了中白关系的新篇章。随团出访的中国社会科学院院长王伟光与白俄罗斯科学院院长古萨科夫共同签署了两院合作协议，决定设立中白论坛，由双方轮流举办。同年 9 月份，双方在北京举办了第一届“中国—白俄罗斯学术论坛”，聚焦反法西斯战争研究。与此同时，中国社会科学院和白俄罗斯科学院根据双方政府间的协议于 2016 年共同建设了中白发展分析中心。该智库主要由中白两国知名学者、国务和社会活动家组成，主要针对中白合作中的重大问题和进程进行科研和应用分析，促进双方进一步提升合作水平和合作效益，为在“一带一路”框架下推进中白合作中具有全局性、战略性和前瞻性问题提供智力支持。

中亚地区是古“丝绸之路”的必经之地，也是中国“一带一路”倡议的重要地区。自 2013 年秋季习近平主席在哈萨克斯坦纳扎尔巴耶夫大学提出“丝绸之路经济带”的倡议后，中亚五国智库与中国智库进行了积极合作，逐步建立了常态化的交流机制。首先是在上海合作组织框架下举办“中国—中亚学术机构定期交流机制会议”，旨在拓宽上合组织国家间交流与合作渠道，为促进欧亚地区和平与发展贡献力量。2014 年 12 月，首次“中国—中亚学术机构定期交流机制会议”在北京召开。中亚五国核心智库的专家们和国内来自中国社会科学院、中国国际问题研究院、现代国际关系研究院等智库的学者们就“丝绸之路经济带”下中国与中亚五国合作的优先事项、地区关系、人文交流等问题进行了探讨。其次是中亚国家著名的智库机构领导人赴中国的涉中亚—俄罗斯研究智库机构进行考察、访问，签订相关的合作协议。最后是中国智库与中亚五国智库的人文交流成为公共外交的一部分。2018 年秋，在“一带一路”倡议提出五周年之际，中国公共外交协会与哈萨克斯坦国际关系委员会共同举办了“一带一路”中哈智库媒体人文交流论坛，其中智库对话和文化交流是论坛中最重要的环节。同年 9 月，中国公共外交协会在乌兹别克斯坦也举行了类似的公共外交活动。

事实上，俄罗斯、乌克兰、白俄罗斯和中亚五国与中国通过双边或多边形式在“一带一路”倡议的框架下开展合作，合作不仅是在以基础设施建设为核心的经济和外交等领域，而且逐步发展到以“民心相通”的社会发展合作和人文交流等。中国与上述国家通过“一带一路”国际合作高峰论坛、上合组织峰会、亚信峰会等国际会议就“一带一路”开展协商与协作。与此同时，中国官方或民间智库也与俄罗斯、乌克兰、白俄罗斯及中亚五国的智库开展合作，这既是公共外交的一部分，也是“民心相通”的重要途径，对于促进双方之间的文化交流，实现不同文明的共同发展有重要作用。尽管如此，但中国与俄罗斯、乌克兰、白俄罗斯、中亚五国的智库合作方面仍然还存在不少问题，可以从以下三个方面改善：

第一，加强基础研究和人才培养，增进了解。“一带一路”倡议提出后，国内兴起了研究俄罗斯、乌克兰、白俄罗斯和中亚地区的热潮，但大多数都是对策和应用研究，而对与之相关的历史、社会传统、民族志等基础研究较少。上述国家对中国的研究亦如是，某种程度上也是处于跟风的热潮中，这就造成了双方之间难以真正的互相理解，并且达到“民心相通”的效果。事实上，国内现今研究乌克兰、白俄罗斯和中亚五国的历史、宗教、民族志等学科的科研人员是少之又少，有的甚至无人研究。因此，国内的智库，特别是官方智库，有必要加强对上述国家基础学科的人才培养，并且对人才培养的模式做出变革，可以将新进入科研体系的博士和年轻科研人员送到上述国家的高校、智库或科研机构学习、调研，或者与上述国家的科研人员开展共同合作研究，只有这样才能增进对俄罗斯、乌克兰、白俄罗斯和中亚五国的理解，为应用研究和国家决策提供更为厚重的基础知识供给。

第二，扩大研究领域，建立常态化的合作机制。中国与俄罗斯、白俄罗斯、乌克兰、中亚五国的智库不仅要服务于双方之间的外交，发挥咨政的作用，更要进一步扩大合作领域，以智库为支点撬动双方之间的人文合作，增进民心相通。同时，双方之间的智库需要建立常态化的合作机制，通过共同的研究课题、国际会议以及参与政府、企业的调研等事项来深化双边之间的合作。除此之外，中亚五国应该秉持一种更加开放的心态，对中国智库学者在签证、调研以及得到邀请函等方面给予更大的方便。

第三，官产学应该跨界融合，互通信息。中国的“一带一路”倡议实施后，有大量的中国企业走向俄罗斯、乌克兰、白俄罗斯和中亚地区，学界应该与上述地区的中国企业家和管理人员建立较为紧密的联系，在对象国调研的时候也应该听取他们的意见，了解他们在当地落地生根遇到的困难，怎样克服这些困难成长起来，其经验是否可以上升到学术理论或政策建议，值得继续推广。某种程度上，就是要打破官方、产业界和学者三方之间的壁垒，建立便捷的信息交流机制。

（中国社会科学院俄罗斯东欧中亚研究所　周国长）

参考文献

[1] 郝赫：《俄罗斯智库建设特点及启示》，《中国社会科学报》2016 年 2 月 4 日第 2 版。

[2] 季志业主编：《俄罗斯外交思想库》，时事出版社 2005 年版。

[3] 张健荣：《纵谈俄罗斯智库》，《社会观察》2006 年第 8 期。

[4] "Мозговые центры" в странах СНГ и Грузии: структура, задачи, основные тенденции развития. ПРОБЛЕМЫ НАЦИОНАЛЬНОЙ СТРАТЕГИИ., 2016, № 1.

[5] Сунгуров. А. Как возникают политические инновации：《фабрики мысли》 и другие институты-медиаторы. М.：Политическая энциклопедия, 2015.

[6] Филиппов В. А. Аналитические центры-стратегический интеллектуальный ресурс. М.：ЛЕНАНД, 2007.

中东欧地区（含土耳其）智库研究报告

中东欧16国在“二战”结束至今的历史中，有着相似的发展历程。2004年以来，这些国家均陆续加入了欧盟，或成为欧盟候选成员国。希腊虽然是欧盟东扩以前的老成员国，但由于地理相近，经济关系紧密，因此自2018年以来也经常与中东欧16国并称，从而使中国与中东欧国家的“16+1”机制升级为“17+1”机制。土耳其因为与东南欧地区密切的历史和地理联系，在国际政治中一般被视为欧洲国家，同时土耳其也是欧盟的候选成员国。更重要的是，中东欧16国、希腊、土耳其这18个国家构成了中国“一带一路”倡议上地缘临近的一个完整区域，是连接中国和西欧、太平洋和大西洋的重要通道，是中国对外政策中的一个重点区域。所以，我们将这18个国家的智库领域作为一个整体对象（统称“中东欧智库”）进行研究。

本研究所选智库，大部分出自中国社会科学评价研究院选定的海外智库，其中，波兰10家，捷克14家，克罗地亚5家，马其顿5家，塞尔维亚8家，斯洛伐克7家，斯洛文尼亚10家，波黑3家，保加利亚3家，黑山1家，罗马尼亚4家，土耳其7家，希腊8家，爱沙尼亚7家，拉脱维亚3家，立陶宛5家，阿尔巴尼亚1家。另外，中东欧16国普遍设立的实体性国家科学院，也进入了本研究的考察范围。本研究的主要素材是各智库官方网站上公开显示的信息。在考察某一智库对某一话题的关注度时，主要的研究方法是通过其官网的搜索引擎对关键词进行站内搜索，并以其搜索结果为依据，做进一步分析。

本研究报告分为四个部分。第一部分就本地区智库的发展历程、运行特点、制约因素等整体情况进行介绍；第二部分是本地区智库关注的中国问题、主要观点，以及传播情况；第三部分是本地区智库对“一带一路”倡议的研究情况和主要观点；第四部分是本地区智库对中国智库建设的启示和借鉴，以及中国智库，特别是中国社会科学院与中东欧16国及希腊智库的合作情况。

一 中东欧智库概况

（一）产生与发展

中东欧16国严格意义上的智库（即不包括各国仿照苏联体制组建的“国家科学院”）是随着冷战的结束而开始出现的。其最早的智库均诞生于1990年。20世纪90年代，由于在转型初期，政治、经济、社会等各个领域都突然出现了巨大的真空，因此政党、公司、智库等社会实体都出现了爆炸式增长[①]。2000年以后，随着各国政治运行逐渐稳定下来，智库也走上了稳步发展的轨道。希腊作为传统的西方国家，其智库的出现比中东欧国家要早，如著名的“希腊欧洲和对外政策基金会”（Hellenic Foundation for European and Foreign Policy，ELIAMEP）成立于1988年[②]，但希腊智库的大规模发展则是在90年代以后。土耳其虽然在政治、经济制度上也一直属于西方阵营，但其目前的主要智库，也都创建于20世纪90年代。可以说，这一地区没有像美国、西欧那样的老牌智库。智库还是一种冷战结束后才兴起的新的政治现象。

① 有关情况可参见徐刚《中东欧智库及其对华交往：认知与自觉》，《国外社会科学》2013年第3期；王灵桂、高子华：《境外主要战略智库关于“一带一路”倡议研究评析》，《文献与数据情报学》2019年第1期。

② 资料来源：希腊欧洲和对外政策基金会，https：//www. eliamep. gr/en/about - us/，2019年8月20日访问。

（二）研究领域

在研究领域方面，除各国智库都会涉及的内政和外交各领域外，中东欧16国的智库相对于西欧智库还有一个重要特点，即至今仍关注所谓“转型”问题，即在政治、经济、文化、社会等方面从冷战体制向西方体制的转变。一般认为，已经加入欧盟的11个中东欧国家①，都已经完成了转型；这些国家自身也强调在其加入欧盟和北约后，就已经完成了转型。但实际上，它们仍然不断在欧盟的政治生活中强调自己新成员国的地位和特殊的国情，以便获得更多的财政拨款和优惠政策。在智库研究中，它们也在不断就本国参与欧洲一体化的程度，或者说对向西方融入的进程进行评估。例如，中东欧16国智库普遍对本国在某个时期的经济政策是否符合市场经济原则，或者某项法案的出台是否符合民主法治的原则进行探讨，而这一问题对于作为欧盟创始国的西欧国家（包括希腊）来说，是比较少见的。对于尚未加入欧盟的中东欧成员国来说，转型问题，亦即加入欧盟问题，则更加成为了一个无可争议的重要议题，特别是对于地区大国，如塞尔维亚，或因种种原因格外渴望加入欧盟的国家，如北马其顿等来说，就更是如此。

土耳其是黑海沿岸国家，与东南欧各国的经济融合度较高，是黑海经济合作组织（Black Sea Economic Cooperation Organization，BSEC）成员国。土耳其智库对环黑海合作高度重视，如土耳其亚洲战略研究中心（Center for Economic，Political and Strategic Research，TESAM）从2011年起，在黑海经济合作组织（Black Sea Economic Cooperation Organization，BSEC）的框架下，定期举办“黑海—高加索国际研讨会”②。同时，土耳其作为伊斯兰大国，其智库的关注点有一定特色。随着2015年7月政变以来国内外形势的发展，国内的政治民主问题和伊斯兰教问题，以及与

① 指波兰、捷克、匈牙利、斯洛伐克、斯洛文尼亚、克罗地亚、爱沙尼亚、拉脱维亚、立陶宛、罗马尼亚、保加利亚。

② 资料来源：土耳其亚洲战略研究中心，https：//tasam. org/en/Search？ q = black%20sea，2019年9月14日。

欧盟关系问题，再次成为智库关注的焦点，由此还引申到一些传统上并不具政治敏感性的话题，如穆斯林的生育政策问题、男女青年的交往问题、农村青年是否应向城市流动等问题。相对于中东欧 16 国的转型而言，这实际上是一种“逆转型”，即逐渐远离欧盟入盟标准的过程。土耳其在伊斯兰世界的巨大影响，也影响到了中东欧地区的阿尔巴尼亚、波黑以及北马其顿和塞尔维亚科索沃地区等伊斯兰国家和地区。另外，土耳其作为历史上这一地区的宗主国、当今的地区大国、世界上的一个中等强国、G20 成员国，同时也是入盟前景最为渺茫的欧盟候选国，它格外看重自己在欧洲之外的世界格局中所扮演的角色。在很多议题上，土耳其实际上是具有某种“国际眼光”的。这一点与大多数中东欧国家有所不同。如土耳其经济与对外政策研究中心（Center for Economics and Foreign Policy Studies，EDAM）就发布了以《人工智能与新殖民主义风险》为题的报告[①]，认为中国在人工智能领域的领先，可能使土耳其这样在最近二三十年才获得中等强国地位的国家再次丧失这种地位，沦为信息领域，进而成为整个经济和政治领域的“新殖民地”。应该说，这种对自身地位的判断和担忧，是其他本地区国家所少见的。

（三）中东欧智库的运行特点

经过 30 年的发展，中东欧智库的运行模式已经与西欧的智库大体相同。尽管就财力方面而言，中东欧地区智库与国际同行相比，一般为低成本智库，例如根据美国宾夕法尼亚大学的“2018 年全球智库报告”，中东欧地区排名最靠前的几家智库，如波兰的“社会经济研究中心”（Center for Social and Economic Research，CASE）、“波兰国际事务研究所”（Polish Institute of International Affairs，PISM）、土耳其的“经济与外交政

① USSAL ŞAHBAZ，Artificial Intelligence and the Risk of New Colonialism：http：//edam. org. tr/en/artificial – intelligence – and – the – risk – of – new – colonialism/，2019 年 6 月 28 日访问。

策研究中心"，年度预算资金均在 500 万美元以下[①]。几乎所有主要的中东欧智库均声明，自己为独立的非赢利性机构，而同时其资金来源又多种多样，很难说能够做到完全的独立。例如，波兰智库"社会经济研究中心"2017 年的资金中，87.2% 直接来自欧盟基金，波兰本国私人部门的赞助仅占 7.6%，波兰本国政府的资金仅占 1.23%，因此可以说，其是一个具有欧盟官方背景的智库[②]。尽管欧盟资金也属于政府资金，并不直接代表商业利益，但近十几年来，特别是最近四五年来，波兰与欧盟的关系时常处于紧张之中，这就难免使其立场受到格外的关注。又如，捷克智库"欧洲政策研究所"（EUROPEUM Institute for European Policy）的大量项目，均来自"维谢格拉德集团基金"的赞助[③]，而这一基金是由波兰、捷克、匈牙利和斯洛伐克四国政府共同建立的。在某些问题上，当四国持相近观点时，则智库研究项目的运作比较顺利，但当四国持不同观点时，则研究项目就会遇到阻力。例如"维谢格拉德四国与法国"、"从华沙到地拉那——共同克服历史包袱"等题目，当四国与法国的关系和睦时，或当各国政府对历史问题持相近看法时，则智库工作就比较顺利，但当法国与"维谢格拉德集团"中的某国发生外交龃龉（如马克龙出任法国总统后曾数度对匈牙利展现严厉态度），或某国政府出于现实政治考虑（尤其是对待二战时期的伪政府、战后的资产阶级政党的再评价），希望重新解读历史时，则研究工作就会面临压力。

但由于其转型社会的特点，中东欧 16 国智库有两个方面与西欧智库存在不同。

---

① James G. McGann, *2018 Global Go To Think Tank Index Report*, Think Tanks and Civil Societies Program, University of Pennsylvania, 2019.

② 资料来源：社会经济研究中心，http：//www. case－research. eu/en/about－us，2019 年 5 月 18 日访问。

③ Charting a new path for a reinforced and improved V4－France cooperation, http：//europeum. org/en/articles/detail/1818/charting－a－new－path－for－a－reinforced－and－improved－v4－france－cooperation，2019 年 6 月 28 日访问。From Warsaw to Tirana：Overcoming the past together, http：//europeum. org/en/articles/detail/2478/from－warsaw－to－tirana－overcoming－the－past－together，2019 年 6 月 28 日访问。

一是与政党的关系问题。中东欧16国均为多党制国家。一般而言，其多党政治的运行仍没有进入完全成熟的阶段，政党的分化组合仍非常频繁：不但在总统大选、议会选举期间常常会出现强有力的新党，而且在两次换届大选之间，也经常出现政党的创立、合并与解体。因此附属于政党的智库，除了稳定的传统大党（主要是主流左翼政党和部分国家的右翼大党）之外，发展很不稳定。

另外，由于中东欧16国具有社会主义的历史背景，其有相当一批智库具有社会主义时期社会运行体制的痕迹。其中最主要的是这些国家独立于大学之外的科学院系统。这些科学院均为具有大量高端人才的实体机构，下设若干研究所，具有强大的研究实力，其资金通常由政府财政负担。另外，一些具有研究职能的博物馆、纪念馆、文化馆在历史上均为国家机构，其在转型后往往仍受到共产党的继承党（主要是社会党、社会民主党等左翼政党）的资助；但是，即使这些来自左翼的资助由于种种原因无法持续了，其他社会力量一般也会继续对其运营进行资金支持，很少有这些机构被迫倒闭、关张的报道。这可以说是某种社会惯性使然。

二是域外势力的活动。中东欧16国进入转型时期以后，西欧和北美的政界和商界在这些国家的早期智库发展中，起到了重要的推动作用。不但很多至今仍然活跃的本土智库曾经受到过大量西方资助、创办人具有西方留学或生活背景，而且西方的企业和基金会直接创办了一批有影响的智库。在这一过程中，如阿登纳基金会和索罗斯的开放社会基金会等德国和美国智库发挥了重要的作用，例如爱沙尼亚智库"'实践'政策研究中心"（PRAXIS Center for Policy Studies）就是由匈牙利裔美国人索罗斯于2000年创建的[①]。有些智库虽然与有关的域外智库仅存在某种松散的网络关系，但其研究志趣仍然受到海外伙伴的影响，如美国的"米塞斯研究所"（网址为 https：//mises. org）就对罗马尼亚智库"米塞斯研

① 资料来源："实践"政策研究中心，http：//www. praxis. ee/vana/index. php - id = 96&L = 1. html，2019 年 7 月 28 日访问。

究所”(Ludwig von Mises Institute，网址为 https：//mises. ro/）翻译出版米塞斯著作的事件进行了详细的报道[①]。

土耳其由于是伊斯兰国家，因此吸引了部分伊斯兰世界，特别是阿拉伯世界的关注。

(四) 智库发挥的功能及制约因素

中东欧 16 国智库正常发挥作用的制约因素主要来自两个方面。

一是政治腐败。这些中东欧国家的腐败指数仍然较高。政府在执政党资金来源、游说集团作用等方面，经常爆出丑闻。这在有些情况下也牵扯到了智库所扮演的角色。

二是公民社会发育不全。中东欧 16 国由于转型历程尚短，受自身经济、社会的发展水平所限，公民社会的发育仍未完全，在社会政策方面，其由下而上的形成机制和由上而下的传导执行机制都不如西方社会通畅。这是社会问题领域的智库在这些国家发挥作用有限的根本原因。

另外，近年来在部分中东欧国家有一个格外值得注意的现象，就是所谓“民主倒退”的问题。波兰和匈牙利政府分别于 2005 年，特别是 2011 年和 2018 年制定了对媒体加强管控的法律，受到了欧盟的严厉抨击。这直接牵扯到了一批与民意形成有关的智库的运作[②]。

希腊智库属于西欧智库类型，但有两方面问题对希腊的智库发展有一定影响。第一，希腊在过去四十多年间，大体上保持两党执政，这两党在希腊政治中已经根深蒂固、盘根错节，其他力量很难在根本上对其撼动；第二，希腊的腐败程度在欧盟国家中恰恰又是比较高的，这就造成希腊在游说集团管理、政治资金使用等问题上，又常常出现西欧国家所鲜有的腐败。所以，尽管希腊目前不存在“民主倒退”、政变或“逆转

---

① Carmen Elena Dorobăt, Human Action Now in Romanian, https：//mises. org/power – market/human – action – now – romanian，2019 年 7 月 28 日访问。

② Krisztina Than, Marton Dunai, Hungary tightens rules on foreign – funded NGOs, defying EU, https：//www. reuters. com/article/uk – hungary – ngo – law – idUKKBN19417T，2019 年 6 月 28 日访问。

型”的问题，但希腊作为一个传统的西方国家，其国际公认的真正具有影响力的智库却并不太多。

在土耳其，受自2003年以来逐渐兴起的伊斯兰势力的影响，部分与宗教激进主义教义相悖的政策主张受到了政府和社会舆论的双重打压，这一情况在2015年7月政变至今的时间中，达到了顶峰。土政府大大加强了对媒体和非政府组织的管控。这些都严重限制了包括大学、智库在内的研究机构在土耳其政策制定过程中所发挥的作用。

总体来看，本地区属于欧洲的转型地区和某种意义上的“欠发达”地区，这都造成本地区智库建设相比于西方国家来说，普遍比较薄弱。

二 中东欧智库的中国研究

（一）中国研究智库的概况和研究动因

近年来，中东欧国家智库的中国研究得到了大大加强。这是由欧洲和世界局势的发展所决定的。

欧盟在2012年至2015年间深陷由希腊开始的主权债务危机；2015年，欧洲的难民危机也达到了高潮；2016年，欧盟又迎来英国脱欧和民粹主义势力抬升等挑战；在同一时期，特朗普出任美国总统。而中国则在2013年推出了“一带一路”倡议，2016年达到了对欧洲直接投资的峰值，成为继美国和日本之外的第三大域外资金来源国。2017年欧盟开始酝酿法案，对外来投资进行审查，而一般认为其所针对的对象正是中国。

可以说，自2015年以来，欧洲和世界局势都出现了重大变化，中东欧国家的各项政策都做出了相应调整，而对华政策是其这一轮政策调整的重要内容。其智库对中国研究的加强，正是这一趋势的直接反映。

相对于2015年以前主要仍以汉学研究为主的阶段，2015年以后中东欧16国智库对当前中国现实问题的兴趣明显加强，研究报告明显增加。波兰、捷克等是中东欧大国，乃至欧盟大国，既牵扯到中国在这些国家的具体投资，这些国家又自认为对欧盟的整体政策具有某种“责任”，因此这一现象尤其明显。匈牙利是中东欧大国，对华友好，而与欧盟的关系微妙，因此也对中国问题格外关注。在保加利亚、罗马尼亚，以及希腊，由于中国有一些具体的重要投资项目，因此其对中国的兴趣也有所提高。

土耳其则在因中国投资增加而加强对华关注的同时，还因其国内伊斯兰势力的抬升、“新奥斯曼主义”的出现，中东局势的混乱，以及某种程度上的泛突厥主义思潮的影响，而对中国新疆持续关注。自 2017 年年底以来，这种关注又有进一步上升。但从目前的考察来看，新疆问题虽然在土耳其智库中占据了一定的地位，但并未成为土耳其智库在中国问题方面的最大关注点。

（二）中国研究观点及其传播

中东欧 16 国智库的中国研究，关注点主要有三个方面：

一是中国外交政策对欧洲、中东欧，以至于其本国的影响。由于中东欧 16 国与西欧的发展路径不同，特别是自 2015 年中国对欧投资猛增、“16 +1 机制”和“一带一路”建设全面发力以来，中东欧与西欧在中国投资问题上的态度有所不同，因此这些中东欧智库对中国的主流态度也与西欧不同，持谨慎的欢迎态度的较多，而持强烈质疑态度的很少。

二是中国国内经济问题。相对于对中国投资的欢迎态度，中东欧 16 国在中国国内经济问题上的看法与西欧比较接近，即认为中国经济的调整时期将比较长，在未来相当长一段时间内处于徘徊之中。

三是西方一贯关注的中国国内的所谓人权问题，台湾、藏独、疆独等问题。应该说，在中东欧 16 国开始关注中国的早期，即 2015 年以前，这些问题曾经是部分中东欧国家关注中国的焦点，特别是波兰、捷克等国。2015 年以后，对这一领域有逐步淡化的趋势。2018 年下半年以来，这类议题再次受到部分中东欧国家的关注，但由于中美经贸摩擦的升级，很快又让位于经济问题了。

土耳其对中国的关注则表现在三个方面：一，土耳其同样关心中国的国内经济及其对土投资。二，在外交方面，土耳其较少关注中国在欧洲的影响力问题，而是更加关心中国在欧亚地区，如波斯湾、地中海东部，以及中亚和俄罗斯的活动情况，例如具有阿拉伯背景的土耳其智库“东方论坛”在其以《“大中东”对中国的现实制衡》为题的报告中，就格外关注阿拉伯国家元首、伊朗总统和中国领导人的互动[①]，涉及叙利亚、以色列等本地区的多个国家，这是与土耳其地区大国地位和其国际抱负相符的。三，由于各国穆斯林问题是一个与土耳其国内政治走向密切相关的问题，因此土耳其对中国新疆地区保持关注。

（三）中东欧智库在对华政策形成中的影响机制及成效分析

中东欧智库影响所在国政府对华政策制定的机制，主要分为以下三种。

第一，根据一定的法律程序，智库成为政府制定有关政策时的法定参与者。例如，阿尔巴尼亚智库“合作与发展研究所”（Cooperation and Development Institute，CDI）就成为阿尔巴尼亚议会中的“欧洲一体化民族委员会”（National Council of European Integration）的一个机构成员，在政策制定过程中，特别是立法过程中，成为一个按法律要求必须受到咨询的社会组织[②]。

第二，智库的主席、高级顾问等主要人员个人具有一定的政治背景，可以使智库的研究成果传递到政治高层。例如，设立于塞尔维亚的智库“政策研究中心”（European Policy Centre，CEP），其主席英戈尔曼（Andrej Engelman）曾任职于斯洛文尼亚外交部，且目前仍然担任着斯洛文尼亚欧洲结构基金和团结基金管理署（Managing Authority for the Structural Funds and the Cohesion Fund）的副主任[③]。这种身份无疑将为其意见的传

① James M. Dorsey，The Greater Middle East：China's Reality Check，https：//research. sharqforum. org/2018/12/27/the - greater - middle - east - chinas - reality - check/，2019 年 6 月 28 日访问。

② 资料来源：欧洲一体化民族委员会，http：//cdinstitute. eu/web/misioni/? lang = en，2019 年 6 月 12 日访问。

③ 资料来源：政策研究中心，https：//cep. org. rs/en/members/cep - council/，2019 年 6 月 12 日访问。

递提供极大的便利。又如，波兰智库“社会经济研究中心”的现任监委会主席巴尔谢罗维茨（Ewa Balcerowicz）同时也是波兰经济学家协会的副主席[①]，这也为其将智库意见传递到上层提供了重要途径。

第三，通过影响社会舆论，对政策制定施加一定的影响。这又包含三种类型。一是通过工作量的积累，例如定期就某个领域的问题发布研究报告，各界对其报告已形成预期。二是通过智库的非官方渠道，即不是官网正式发布的文章、报告，而是通过智库学者个人在其官网开办的博客，还有智库非专职研究人员、外聘学者在其官网开办的博客，以个人观点的形式发布对某些问题的看法。这些文章往往不受篇幅和体例的限制，观点更加鲜明、直接，实际上也更能体现智库的倾向和真实想法。三是直接转载其他机构的研究成果，通过转载，间接地表达本智库想说，但又由于种种原因不便直说的想法，究其原因，可能是研究能力上的不足，也可能是直接撰文有所不妥。例如，保加利亚的自由战略中心（Centre for Liberal Strategies，CLS）关于中国的文章“Is China More Democratic than Russia”就只在本机构官网上给出了文章的题目，而下面的链接则指向了新闻平台“开放民主”（Open Democracy）上的一篇文章[②]。

另外，各国智库还经常依靠某种名人效应，如邀请某些重要的政界、商界或学界人物来发表言论，从而引起社会的关注。

值得一提的是，大多数中东欧智库的研究报告中，英语和本国语言能达到各占一半的比例（土耳其智库的这一比例似乎略少）。这虽然仅是一个技术性问题，但这无疑也扩大了有关报告的国际影响力。

但是，目前中东欧智库对其所在国政府提供资政服务的能力似乎并不大，可举其对中国华为公司的研究为例，中东欧智库虽然对中国的投资政策、中俄关系这类传统问题比较关注，但是在近两年的研究成果中，

---

① 资料来源：社会经济研究中心，http：//www. case - research. eu/en/ewa - balcerowicz，2019 年 6 月 28 日访问。

② Ivan Krastev，Is China More Democratic than Russia，https：//www. cls - sofia. org/en/media/is - china - more - democratic - than - russia - 538. html，https：//www. opendemocracy. net/en/odr/is - china - more - democratic - than - russia/，2019 年 6 月 28 日访问。

都鲜有涉及华为公司的报告。即使在2019年年初，华为成为中美在中东欧博弈的焦点，波兰和捷克政府接连拟对华为颁布禁令时，仍未有对华为公司的作用进行专门研究的报告。这可以说明两个问题：一方面，客观而言，国际形势变化之迅速，超过了多数研究者的预计，造成了智库没有能够提供前瞻性研究；但另一方面，华为的崛起并非最近的新闻，在欧洲的热卖已有四至五年的时间，在中国的成功则要更早，而有关智库没有对华为予以应有的关注，主要是因为未能深入中国的经济实际，甚至也未能及时了解其本国的经济状况，其虽然对与中国有关的宏观政策比较了解，但具体到行业、科技，甚至会计、行政管理等技术性问题方面，则有很大不足。在这方面，中东欧智库和西欧及美国智库的研究水平，特别是预测能力相比，有明显的差距。

三　中东欧智库的“一带一路”研究

（一）涉及“一带一路”研究的智库概况及研究成果

“一带一路”倡议提出六年多来，在国际政治中产生了巨大影响，受到了广泛关注。中东欧国家对“一带一路”倡议的反映可分为几类。

波兰、捷克等欧盟重要国家更多地是从欧盟全局角度看待“一带一路”倡议，把“一带一路”看作中国对欧投资的一个表现，因此在智库研究中对中国投资、中国经济的研究较多，但直接以“一带一路”为对象的研究相对较少。而且，由于这些国家的经济发展水平相对较高，中国在其境内实施的“一带一路”项目也确实较少。

希腊、保加利亚、罗马尼亚等欧盟中并非具有“远大抱负”而且遭遇过严重困难或经济水平相对落后的成员国，塞尔维亚、北马其顿等一些仍未加入欧盟、中国又投资较多的中东欧国家，则均较少从欧盟全局看待中国投资，而是更看重本国与中国的具体合作，因此“一带一路”倡议，以及“16 +1 机制”等具体的合作倡议在这些国家的智库受到了更多的关注。例如因为受国名问题困扰长期不能加入欧盟的北马其顿，其智库“研究和政策制定中心”（Center for Research and Policy Making,

CRPM）在2017至2018年这两年中，就举办了四次和中国投资及“一带一路”有关的研讨会[①]，尽管这些会议的规模比较小，但仍体现了其对有关议题的高度重视。

爱沙尼亚、拉脱维亚、立陶宛这三国的情况比较特殊。其在欧盟中并无政治抱负可言，在外交、能源、军事上又有与俄罗斯的比较急迫的现实问题，得到了欧盟政策的倾斜，因此对“一带一路”的参与并不广泛。但正是由于这些小国需要欧盟乃至美国和北约的“特殊关照”，因此往往表现出格外的亲西方特性，反而经常做到“急西欧所急，想美国所想”，将中国视作一股威胁力量，因此对中国在欧洲的投资和“一带一路”倡议关注有加。

土耳其是地区大国，也是历史上丝绸之路的节点性国家，因此对“一带一路”倡议具有研究热情。但除经济因素之外，“一带一路”倡议在地缘政治上可能带来的变化是土耳其更加关注的重点。

中东欧地区对“一带一路”进行研究的智库，均为综合实力较高的主要智库。但研究参与者仍主要以本国或欧盟以及西方（如美国）学者为主，在其主办的研讨会上和文集中，除中国社会科学院外，还很少有其他机构的中国学者系统性参与。同时，有关信息也未显示有关研究者经常对中国进行访问。这势必对本地区智库了解中国立场产生不利影响。

目前，中东欧智库对“一带一路”研究成果仍以研究论文和不定期报告（occasional paper）为主。如捷克智库“欧洲政策研究所”自2018年起发布的“中国在西巴尔干的影响——年度评议”（Chinese Influence in the Western Balkans：An Annual Review）这类的定期报告并不多见。

（二）中东欧智库对“一带一路”的观点汇总

在中东欧国家对“一带一路”的观点中，高度赞扬和消极批评者都是少数。持消极态度者，如爱沙尼亚智库“国防与安全国际中心”（In-

① 资料来源：研究和政策制定中心，http：//www. crpm. org. mk/？s＝china，2019年6月22日访问。

ternational Centre for Defense Studies, ICDS)习惯性地把中国和波罗的海国家的“公敌”俄罗斯相联系，处处将中俄合作视作对本国和欧盟的威胁，其研究观点从其发布的文章题目上即可得知，如《对俄中加强在西巴尔干地区影响力的警告》①、《互联网主权：教皇、中国和伊朗》② 等。

中立分析，能从本地区实际情况出发，同时指出成绩和问题的智库是主流声音，例如捷克智库“欧洲政策研究所”报告显示，在美国和中国这两大巨人之间，欧盟的处境已经发生了深刻变化，需要对有关政策加以及时调整③。在这类智库研究中，尽管这些分析可能囿于作者一定的局限，并不为我们所完全同意，但其基本客观的研究态度，还是值得欢迎的。又如波兰智库“东方研究中心”(Centre for Eastern Studies, OSW)的专家卡茨玛尔斯基(Marcin Kaczmarski)认为，中国在中东欧地区的投资中确有“偏袒”现象(Favouritism)，这给中国和欧盟的关系带来了负面影响，也阻碍了中国以投资为杠杆，发挥全面影响力④；而专家格罗佐科夫斯基(Jakub Groszkowski)认为，中国在中东欧过度依赖某个领导人的个人政治倾向，是不可持续的⑤。

当然，还有相当多的中东欧著名智库只专注于社会、教育等领域，对中国并无关注，例如塞尔维亚智库“经济研究所”(Economics Institu-

---

① Merle Maigre and Kadri Kaska, Cyber Defence, The Pope, China and Iran, https://icds.ee/cyber-defence-the-pope-china-and-iran/, 2019 年 7 月 14 日访问。

② Erkki Bahovski, A Warning that Russia and China Could Increase Their Influence in the Balkans, https://icds.ee/erkki-bahovski-to-danas-a-warning-that-russia-and-china-could-increase-their-influence-in-the-balkans/, 2019 年 6 月 28 日访问。

③ Tereza Novotná, Of Pandas and Elephants: The EU is Positioning Itself between China and the US after the April 2019 EU-China Summit, http://www.europeum.org/en/articles/detail/2668/of-pandas-and-elephants-the-eu-is-positioning-itself-between-china-and-the-us-after-the-april-2019-eu-china-summit, 2019 年 6 月 28 日访问。

④ Jakub Jakóbowski, Marcin Kaczmarski, Beijing's Mistaken Offer: the "16+1" and China's PolicyTowards the European Union, https://www.osw.waw.pl/sites/default/files/commentary_250_0.pdf, 2019 年 9 月 27 日访问。

⑤ Jakub Groszkowski, The Czech President's Private Foreign Policy, https://www.osw.waw.pl/en/publikacje/analyses/2017-10-18/czech-presidents-private-foreign-policy, 2019 年 6 月 28 日访问。

te）、波黑智库“民众机构”（Populari）、保加利亚智库“欧洲研究所”（European Institute）和“市场经济研究所”（Institute for Market Economics，IME）、斯洛维尼亚智库“当代社会和政治研究所”（Institute for Contemporary Social and Political Studies）等等。

中东欧智库对“一带一路”的态度，与其所在国在欧盟中的地位密切相关。特别是，塞尔维亚、波黑等未入盟的国家虽然接受了更多的“一带一路”投资，但“一带一路”并未成为其智库研究的重点，恰好可以说明这些国家较少受到西欧国家“警觉”气息的引导。实际上，保加利亚等在欧盟中地位相对较低的国家也存在这一情况。而波罗的海国家尽管未接受大量“一带一路”投资，却普遍对中国持负面看法，则说明其政界和舆论界受到了西欧乃至美国观念的深度影响。

四　建议与展望

（一）本地区智库对中国智库建设的两点可借鉴之处

中东欧16国、希腊和土耳其智库作为具有西方特征的智库，除西方社会的政治、经济制度赋予其的一些特征之外，还有一些地方值得中国智库借鉴。其中最重要的一点，就是智库对一线信息的准确掌握。这主要源于两方面原因。第一，其智库能够经常地、大量地、熟练地采用多种方法进行社会调查，特别是田野调查。该地区智库之所以能较好地实现这一功能，既有体制机制上的保证，又有专业知识、技术方面的保证。而中国智库即使在体制机制上可以进行更多的社会调查，但往往也普遍缺乏专业知识和技能，所谓调研，往往是基于某学科（如经济、法律、国际政治）本身的思路，而缺少进行社会调查的专业技术，如问卷设计、样本误差分析等。第二，其智库人员与政府官员、党派中的政治人士的角色转换比较灵活，“旋转门”机制起到了一定作用。目前中国的新兴智库对“旋转门”机制往往也比较重视，但对于对国家决策具有重要作用的传统智库而言，这一机制还很不通畅。

本地区智库的上述两点特征，对于中国来说具有积极的借鉴意义。

(二)对以“一带一路”和中国问题为主题在中东欧创建智库的分析与建议

鉴于以下两方面考虑，本研究认为，在中东欧地区专门以“一带一路”为题设立研究组织，时机尚不成熟。

第一，中东欧国家由于本国综合实力的限制，媒体、学界，以及普通民众均对中国关注较少，因此中东欧国家对中国的认识，特别是对新时代中国的认识，仍将是一个从无到有，从“轮廓”到细节的过程，从这个意义上说，“一带一路”倡议作为中国的一个侧面，还无法在该国媒介和学界对中国缺乏整体了解的情况下，独立取得社会影响。

第二，在中国对世界的改变中，特别是对于相对来说与中国距离较远的中东欧地区来说，双方并无直接的地缘政治纠纷，因此投资就在双方的对外关系中占据了突出地位。但客观而言，中国的对外投资受政策因素影响较深，例如中国在房地产和物业管理的对外投资于2016年达到峰值后，在2017年又迅速下降，年度波动很大。如果将投资视为一种一般的经济行为，则投资波动是正常现象，但如果将投资视为“一带一路”这一具体政策下的经济行为，则投资额的波动就会被外界视为是“一带一路”倡议的波动。这对推广“一带一路”项目和理念显然是不利的。

但是，在中东欧国家以“当代中国”为题设立专门研究机构，现在可谓正逢其时。

首先，“一带一路”倡议的实施，已经为中东欧国家了解现代中国开启了重要的窗口，其政商各界和民间舆论正需要对中国快速加深了解。

其次，中东欧国家是欧洲国家，具有与西欧类似的汉学传统，但在中东欧国家，这种汉学研究也比较薄弱，往往仍停留在对中国古典文化的研究和介绍上，难以像西欧国家那样一方面以本国政治制度的稳定为前提，另一方面广泛借助华裔人士，在传统汉学基础上发展出对中国近代、现代、当代的系统性研究，因此明确地以“当代中国”为对象设立研究机构，是十分必要的。

相信在全面介绍当代中国的基础上，随着中国国力的进一步提升和中东欧各界对当代中国的深入了解，“一带一路”倡议也将逐步深入人心。假以并不太长的时日，设立以“一带一路”倡议为主题的研究智库，将水到渠成。

（三）中国社会科学院进行的重要尝试

2014 年 12 月 31 日，国务院总理李克强访问塞尔维亚，参加中国中东欧国家领导人峰会。在峰会上，李克强总理宣布了推动中国和中东欧国家合作的《贝尔格莱德纲要》，明确提出“中方支持建立中国中东欧国家智库交流与合作中心”。外交部表示支持由中国社会科学院牵头组建该中心。

2015 年 12 月 16 日，“16 + 1 智库交流与合作网络”（China-CEECs' Think Tanks Exchange and Cooperation Network，简称“16 + 1 智库网络”）于第三届“中国—中东欧国家高级别智库研讨会”上正式揭牌成立，并于 2019 年更名为“17 + 1 智库交流与合作网络”。

2017 年 4 月 24 日“中国—中东欧研究院”成立暨揭牌仪式在匈牙利科学院举行，这是中国首家在欧洲独立注册的智库，是中国在海外设立的第一个国家级区域研究机构。中国社会科学院欧洲研究所时任所长黄平担任中国—中东欧研究院首任院长，中国社会科学院时任院长王伟光任名誉院长。研究院的职责是广泛联络中国和中东欧及欧洲其他地区的专家学者和学术智库机构，支持开展课题研究，举办学术会议，组织智库对话，实施人才培训以及联合出版项目，全面推动和加强“16 + 1”智库合作及中欧人文交流①。2019 年 2 月 14 日，“中国—中东欧国家智库交流与合作网络”第二届理事大会在北京召开。中国社会科学院副院长、党组成员、16 + 1 智库网络学术委员会主任蔡昉出席会议，并就全球化、世界经济发展形势发表主题演讲。全国政协常务委员、民族和宗教委员会主任、中国社会科学院原院长王伟光，中国社会科学院副院长、党组

① 《中国—中东欧研究院在布达佩斯成立》，2017 年 4 月 24 日，新华网，http://www.xinhuanet.com//world/2017-04/24/c_1120866550.htm，2019 年 9 月 27 日访问。

成员蔡昉，以及中国社会科学院顾问、原常务副院长王洛林，担任“16+1智库网络”理事会顾问。

从2019年起，更名后的“17+1智库网络”和“中国—中东欧研究院”继续在中国和中东欧的智库交流中扮演重要角色，成为中国智库与外国智库开展高层次国际交流的典范。其学者至今已出版大量专著和论文，并完成了大量研究报告和资料整理工作。如由刘作奎研究员撰写的《欧洲与“一带一路”倡议：风险与回应》系列报告已成为中外各界研究中国与欧洲在“一带一路”合作问题上的重要参考。

可以预见，未来中国和中东欧学者联合撰写智库报告、出版著作等进行深度合作的潜力将逐步得到发挥。在“一带一路”倡议的实施过程中，让中国话语在中东欧智库的报告中占据应有的位置，应该是中国智库和智库管理者未来的重要工作之一。

（中国社会科学院世界历史研究所 鲍宏铮）

参考文献

［1］徐刚：《中东欧智库及其对华交往：认知与自觉》，《国外社会科学》2013年第3期。

［2］王灵桂、高子华：《境外主要战略智库关于“一带一路”倡议研究评析》，《文献与数据情报学》2019年第1期。

［3］爱沙尼亚“实践”政策研究中心，http：//www. praxis. ee。

［4］爱沙尼亚国防与安全国际中心，https：//icds. ee。

［5］保加利亚开放民主新闻平台，https：//www. opendemocracy. net/。

［6］保加利亚自由战略中心，https：//www. cls – sofia. org。

［7］北马其顿研究和政策制定中心，http：//www. crpm. org. mk。

［8］波兰社会经济研究中心，http：//www. case – research. eu。

［9］捷克欧洲政策研究所，http：//europeum. org。

［10］美国的“米塞斯研究所”，https：//mises. org。

［11］塞尔维亚政策研究中心，https：//cep. org. rs/。

[12] 斯洛文尼亚欧洲一体化民族委员会，http：//cdinstitute. eu/。

[13] 土耳其“东方论坛”，https：//www. sharqforum. org。

[14] 土耳其亚洲战略研究中心，https：//tasam. org/。

[15] 希腊欧洲和对外政策基金会，https：//www. eliamep. gr/。

拉丁美洲和加勒比地区智库研究报告

尽管拉丁美洲和加勒比（以下简称“拉美”）地区是“一带一路”倡议的新加入者和最后覆盖到的地区，但拉美地区从历史渊源、现实条件和远景规划上同“一带一路”倡议密不可分。中国—拉美和加勒比国家共同体第二届部长级会议后，中拉“一带一路”合作已经推进到共建阶段，双方以高峰论坛为引领、多领域多双边合作为支撑的架构基本成型。[①] 其中，智库作为中拉共建“一带一路”高质量发展阶段的重要一方，在双方合作中发挥着关键性的作用。

本报告分为四个部分：第一部分对拉美地区智库发展阶段进行了回顾，特别是基于中国社会科学评价研究院自主研创的“全球智库综合评价 AMI 指标体系”对代表性智库的特点进行了归纳和分析；第二部分对拉美地区智库的中国研究进行了概括和介绍；第三部分在第二部分的基础上重点对拉美地区智库关于“一带一路”倡议的研究进行了分析和讨论；第四部分是结论和启示。

一　拉美地区智库发展沿革及运行特点

近年来在全球范围内，智库（Think Tank）发展获得了长足的进步，智库类型多样化，关注领域得到拓展。全球金融危机之后，国际形势迅

① 赵本堂：《共建“一带一路”开启中拉合作新愿景》，《拉丁美洲研究》2019 年第 3 期。

速变化。2015 年以来，欧洲和美国民粹主义兴起，拉丁美洲和加勒比地区经济形势每况愈下。在这样的背景下，拉美地区智库也出现了新的变化。本研究将在 2015 年中国社会科学评价研究院全球智库评价项目组研究成果的基础上，重点对 2015—2019 年拉美地区智库的发展进行研究。

（一）拉美地区智库发展阶段及其研究领域

拉美地区智库的发展大致经历了四个阶段，其发展演变同该地区各国的发展阶段紧密联系。20 世纪之前，从殖民地独立起来的拉美国家以“先定加入者”的身份参与到国际分工当中，成为各个宗主国的资源来源地和产品销售市场。拉美成为世界体系中的“外围”。

第二次世界大战在改变全球秩序的同时，也促进了整个发展中地区国家思想的解放和智库的发展。二战后到 1960 年之前是拉美地区智库发展的第一阶段，拉美地区智库实现了“从无到有”。在这一时期，智库在国家和地区发展战略方面发挥了不可替代的作用。巴西瓦加斯基金会（Fundação Getulio Vargas）、乌拉圭拉美人类经济研究中心（Centro Latino-americano de Economia Humana）、墨西哥学院国际研究中心（El Colegio de México，Centro de Estudios Internacionales）等拉美国家的智库和以联合国拉丁美洲和加勒比经济委员会（Economic Commission for Latin America and the Caribbean）为代表的国际组织在拉美发展进程中作用明显。

拉美地区智库发展的第二阶段是 20 世纪 60 年代和 70 年代。这是拉美独立之后经济发展最为辉煌的时代，如巴西曾创造了“经济奇迹”[①]。拉美各国在军事独裁政府的统治时期，经济获得了一定的发展，尽管一些进步知识分子专业技术人才遭到镇压，但仍有不少学者开始进行联合，创办一系列独立的研究机构，分析社会问题，寻求专制政权下政策的替代方案[②]。墨西哥经济研究和教育中心（Centro de Investigación y Docencia

① 1968—1973 年间，巴西取得 10% 以上的经济高速增长，让全球为之震惊，被称为“巴西奇迹”。

② 杨卓颖：《拉美智库特点及启示》，《中国社会科学评价》2016 年第 4 期。

Económicas）、墨西哥何塞·玛利亚·路易斯·莫拉博士研究所（Dr. José María Luis Mora Institute）、阿根廷国际关系理事会（Consejo Argentino para las Relaciones Internacionales）、巴西应用经济研究所（Instituto de Pesquisa Econômica Aplicada）以及拉美社会科学院（Facultad Latinoamericana de Ciencias Sociales）在绝大多数国家建立的分院均建立于这一时期，在各国发展进程中的作用不容忽视。

第三个阶段是20世纪80年代拉美“失去的十年”和90年代华盛顿共识影响下的“改革十年”。在这20年中，经济遭到重创的拉美国家逐步完成了民主转型，建立起文人政府。非政府组织、政党和知识分子建立起智库网络，积极参与社会治理。尤其在华盛顿共识之后，受美国的影响，拉美国家智库的数量大幅增加。这一时期建立的主要智库有阿根廷1853阿特拉斯基金会（Fundación Atlas 1853）、巴西国际关系中心（Centro Brasileiro de Relações Internacionais）、委内瑞拉自由经济知识传播中心（Centro de Divulgación del Conocimiento Económico para la Libertad）。[①] 值得一提的是，加勒比国家的智库大部分建立于这一时期，影响力较大的有多米尼加共和国前总统莱昂内尔·费尔南德斯（Leonel Fernández）创立的全球民主与发展基金会（Fundación Global Democracia y Desarrollo）、巴哈马的拿骚学院（Nassau Institute）和特立尼达和多巴哥的加勒比农业发展研究所（Caribbean Agriculture Research and Development Institute）。

第四个阶段是21世纪以来，随着全球智库发展热，拉美地区的智库迎来了又一波高潮。经济全球化浪潮带来发展契机的同时也给拉美国家的发展造成了挑战。智库的关注重点集中在国际关系、环境问题、贸易和经济等议题上。这一时期建立的智库主要有巴拉圭发展研究院（Instituto Desarrollo）、巴西金砖国家政策中心（Centro de Estudos e Pesquisas BRICS）、阿根廷拉美开放与发展中心（Centro para la Apertura y el Desarrollo de America Latina）、墨西哥外交事务委员会（Consejo Mexicano de

① 杨卓颖：《拉美智库特点及启示》，《中国社会科学评价》2016年第4期。

Asuntos Internacionales) 等。

2015 年以来，拉美地区智库的研究主要集中在五大领域：一是科技、就业和老龄化等社会问题，尤其是移民带来的影响；二是全球化和逆全球化对当地行业和就业产生的影响；三是崛起的中产阶级群体研究，特别是青年群体；四是国际权力从西方向东方转移的过程中，尤其是面临中国的崛起，拉美国家面临的机遇与挑战；五是全球贸易紧张局势环境下对于拉美国家的影响。2018 年 9 月，宾夕法尼亚大学智库项目组（Think Tanks and Civil Societies Program）在乌拉圭首都蒙德维的亚召开了拉美地区智库峰会。此次峰会上，经济波动、气候变化、移民、腐败、贸易摩擦、传统和非传统安全成为讨论的主题。这也反映出在全球“百年未有之大变局”下，拉美国家的智库结合全球形势变化以及本地区面临的政治和经济挑战，在研究重点上发生了改变[①]。

（二）样本组成及更新

智库是以公共政策为研究对象、以影响政府决策为研究目标、以公共利益为研究导向、以社会责任为研究准则的专业研究机构。不同机构和学者对智库的定义和统计方式存在差异（Mendizábal y Sample，2009；Castillo，2010；McGann，2019；Tarango，2019），因此在样本选择方面也不同。有的机构追求全面性，有的专注于学术研究，有的则根据研究主题进行筛选。但无论哪种分类，非营利性、进行学术研究和公共政策咨询是智库的基本组成要素。

目前，全球范围内对智库综合研究影响力较大的研究力量包括美国宾夕法尼亚大学智库项目组的《全球智库报告》、中国社会科学评价研究院的国际智库评价团队和“关于智库”（On Think Tanks，OTT）项目。首先，宾夕法尼亚大学智库项目组的《全球智库报告》始于 2008 年，是最早对全球智库进行研究的机构。尽管在智库认定、研究领域和智库排

① 2015 年之前，拉美国家的智库主要关注社会平等、保护人权、减少贫困、推动地区发展。详见杨卓颖，《拉美智库特点及启示》，《中国社会科学评价》2016 年第 4 期。

名，评价方法的客观性以及专家遴选机制和透明度等方面存在偏颇，但其影响力在全球范围内较为广泛。根据宾夕法尼亚大学智库项目组发布的《2018 年全球智库报告》，全球共有智库 8162 家[①]。其中，欧洲和北美（含墨西哥）智库机构占比 51.4%，比例较 2017 年有所下降。亚洲、拉丁美洲、非洲、中东以及北非的智库数量及类型延续了增加的趋势。拉美地区智库总数为 1109 家，占全球的 13.59%，相较于 2015 年的 835 家智库（占比 12.19%），拉美地区智库近年来在总数和全球份额方面均实现了突破。阿根廷的智库数量达到 227 家，成为拉美地区智库数量最多的国家。其次，OTT 每年也会发布一份智库报告，并且使用索引对智库进行追踪[②]。2018 年，OTT“全球智库索引”项目的统计数据显示，全球共有超过 2700 家智库，欧洲和拉丁美洲是智库数量最多的地区。其中，拉美地区智库总数为 618 家，约占全球智库总数的 23%。OTT 项目的特点是智库认定较为严谨，但依旧存在指向性不明确、研究领域划分不清和前后评价标准不一的问题。

中国社会科学评价研究院[③]全球智库评价项目组自 2011 年开始进行全球智库评价，并于 2015 年发布了首份《全球智库评价报告》，从吸引力、管理力和影响力三个层次建立“全球智库综合评价 AMI 指标体系”对全球智库进行评价[④]。本报告延续了上一轮智库评价的基础数据，结合 2015—2019 年拉美地区国家以及西班牙和葡萄牙两国智库发展的新形势[⑤]，以及本年度项目的研究主题对样本进行了更新。首先，一些研究机构在近年来几乎处于停摆或官方网站无更新状态，予以剔除；其次，一

① 资料来源：Think Tanks and Civil Societies Program（TTCSP），https：//repository. upenn. edu/ttcsp/，2019 年 7 月 31 日访问。

② 资料来源：On Think Tanks，https：//onthinktanks. org/initiatives/directory/，2019 年 7 月 31 日访问。

③ 前身是中国社会科学评价中心。

④ 荆林波等：《全球智库评价报告（2015）》，中国社会科学出版社 2016 年版。

⑤ 需要说明的是，由于拉美国家在历史沿革、文化、语言等诸多方面同西班牙和葡萄牙有着天然的联系，因此本年度“全球智库评价”项目将西班牙和葡萄牙两国智库和拉美国家智库划分在一起进行研究。

些研究机构的官方网站始终无法打开，予以剔除；再次，结合“一带一路”研究主题，将近年来新成立的研究机构（特别是依托于高校研究者的研究所和研究中心）纳入样本中①。最终样本包括129家来自拉美地区国家的智库，以及22家和4家分别来自西班牙和葡萄牙的智库。129家拉美地区智库分布在阿根廷（24家）、巴西（24家）、墨西哥（20家）、智利（12家）、哥伦比亚（7家）、秘鲁（6家）等6个主要国家，另外还包括玻利维亚、乌拉圭等南美洲和中美洲其他国家以及加勒比地区的巴哈马、海地、特立尼达和多巴哥、多米尼加共和国共计16个国家的36家智库。

（三）拉美地区智库的运行特点——基于AMI指标②分析

中国社会科学评价研究院自主研创的“全球智库综合评价AMI指标体系”将主观与客观方法有机结合，同时运用定性和定量分析指标，在吸引力、管理力和影响力三个方面建立起覆盖面更广的五级指标，对智库进行全面评价，并充分发挥专家和第三方评估的作用。③

1. 吸引力

吸引力是指智库发展的外部环境。良好的外部环境可以从声誉、人才、资金、环境等方面提升智库的吸引力。巴西瓦加斯基金会（Fundação Getulio Vargas）是拉美129家智库中吸引力表现最好的智库，在各项二级指标中均领先。始建于1944年的瓦加斯基金会存续时间最长，历史美誉度高，同时在拉美地区以及全球均具备有质量的学术声誉和决策声誉。人才方面，瓦加斯基金会拥有学士、硕士和博士学位授予权，并且向全球的学术研究人员提供进修机会和平台。截至2018年年底，瓦加斯基金

① 需要说明的是，新纳入的智库样本必须有正式研究成果发表或建立了相关实体。

② 本部分基于中国社会科学评价研究院自主研创的“全球智库综合评价AMI指标体系”相关内容加以研究分析，该指标主要从吸引力（A）、管理力（M）、影响力（I）三个方面对全球智库进行综合分析与评价。

③ 荆林波等：《全球智库评价报告（2015）》，中国社会科学出版社2016年版，第24—34页；荆林波：《智库评价方法综论》，《晋阳学刊》2016年第4期。

会在读本、硕、博学生数量依次为 4841 人、1879 人和 443 人，并且有 88673 人参加各类继续教育培训。瓦加斯基金会的馆藏文献丰富，并且年度图书出版量在拉美地区智库中领先，2018 年共出版图书 180 本，教师、研究员共发表学术成果 3181 项。① 瓦加斯基金会还建有自己的数据库，编制投入产出表和价格指数。

巴西应用经济研究所（Instituto de Pesquisa Econômica Aplicada）在数据库建设方面也颇具特色。目前，巴西应用经济研究所的价格指数分为 5 大类，即通用价格指数、农产品价格指数、房地产景气指数、行业指数、价格和成本指数。

2. 管理力

管理力是智库管理者评价客体的能力和促进评价客体发展的能力，包括战略、结构、系统、人员等具体方面。

共同价值观是智库全体成员为实现其使命而认可和推崇的基本信念，也是其研究成果遵循的原则和基础。例如，巴哈马拿骚学院（Nassau Institute）在文化理念方面清晰明确。创立于 1995 年的拿骚学院力促资本主义和自由市场，以奥地利经济学派的经济主张为研究价值观，强调有限政府、个体自由和法制。②

顶层设计，尤其是系统性规划和专业化建设能力是智库战略管理力的重要体现。例如，瓦加斯基金会在巴西率先开设了公共与工商管理本科和学术研究生课程，以及经济学、心理学、会计学和教育学等研究生专业。通过编制国际收支、国民账户以及多项经济指数，为建立国家经济数据支撑体系做出了贡献。这些数据使得研究人员和普通民众能够更好地理解巴西经济和社会的运行状况。

人员素质、结构和产出能力也是智库管理力的重要体现。拉美大多数智库在研究人员组成方面注重多样性。一些规模较小的智库注重吸收

① 资料来源：FGV，https：//portal. fgv. br/ institutional，2019 年 9 月 15 日访问。

② 资料来源：https：//www. nassauinstitute. org/about – the – nassau – institute/，2019 年 9 月 16 日访问。

兼职研究人员和客座研究员，利用横向经费填补纵向资金的不足。例如，建立于 1999 年的哥伦比亚和平思想基金会（Fundación Ideas para la Paz）全职人员只有 16 人，行政 9 人和 7 名科研人员。但是，通过聘用 114 名兼职研究员和 3 名外籍研究人员在 2017 年完成了 1 项政府交办课题、10 篇学术论文和 10 份研究报告。①

3. 影响力

影响力是智库评价吸引力和管理力的直接体现，又分为政策影响力、学术影响力和社会影响力三个方面。

瓦加斯基金会高度重视国际合作，费用“AA”制和成果共享是国际合作的突出特点。基金会与 40 多个国家的 160 多个高校、学术机构建立了长期合作关系。这些合作可以分为两级五大类。第一级是总部级合作，由基金会总部签订的合作协议约占总数的 20% 左右，合作方主要有欧、美发达国家的著名智库以及世界银行等国际组织；第二级是所属单位签订的合作协议，主要是基金会所属的大学与其他国家的大学签订的合作协议。第一类项目是全球范围的联合开发项目。第二类是长期研究咨询项目。第三类是联合研究项目。第四类是研讨会和成果发布类项目。第五类是人员交流项目。目前瓦加斯基金会有近 20 位学者关注中国研究，巴西经济研究所、里约热内卢法学院、圣保罗经济学院是研究中国较多的机构，经济研究所的葡萄牙语版《经济形势》、英文版《巴西经济》和圣保罗经济学院的《农业商务》等杂志发表的关于中国的文章较多。②

传统媒体和新媒体以及多媒体网站也是智库社会影响力的重要体现。129 家拉美地区智库均有独立的网站，大部分智库的网站每日或每周更新，更新内容除学术研究之外，还包括举行论坛和学术研讨会的通知等。巴西国际关系中心（CEBRI）和墨西哥经济学研究与教育中心（CIDE）推出手机版和 ipad 版网站，提供了多样化的获取方式。几乎所有样本智

① Fundación Ideas para la Paz 的问卷反馈，2018 年 8 月 16 日。

② 谢文泽：《巴西瓦加斯基金会研究、培训、教育“全面开花”》，http：//cass. cssn. cn/xueshuchengguo/guojiyanjiuxuebu/201601/t20160107_2815519. html，2019 年 9 月 17 日访问。

库或智库主要研究人员均开立了领英（LinkedIn）等新媒体账号，第一时间发布研究成果和研究动态。还有一些智库提供信息订阅功能，定期推送相关成果。例如，中国—巴西企业家委员会（CEBC）通过邮件形式，每天推送中国和巴西经贸关系的新闻；阿根廷国际关系理事会（Consejo Argentino para las Relaciones Internacionales）则定期推送相关研讨会信息和学术成果。

（四）拉美地区智库研究新变化

首先，智库更加重视政策咨询和技术支持作用。世界处于百年未有之大变局，国际秩序重塑，异常复杂的世界产生诸多不确定性。在此背景下，拉美国家的智库将其研究重点聚焦于全球变局，通过比以往任何时候更为严谨、更具创新性以及更负责任的方式，使其研究保持相关性和影响力①。拉美地区智库聚焦于通过相关研究找到当前各国面临的发展困境的解决办法，重视可操作性和效率。从专注于研究向研究与咨询并举不仅是智库保证获得资金支持的转型之道，更是适应当前全球形势的主动选择之举。

其次，智库的经费来源拓宽同时面临竞争。拉美地区智库的经费主要来自于政府的金融和科技部门、委托或合作研究项目收入。以哥伦比亚为例，近年来，越来越多的企业开始对智库进行投入，以期影响公共决策②。美国是拉美地区智库经费的重要来源方。例如，波多黎各新经济中心（Centro para la Nueva Economía）的资金主要来自于企业和基金会的资助，如美国的花旗基金会（Citi Foundation）和福特基金会（Ford Foundation）。另一方面，随着智库数量的增加，智库之间也存在争抢资金的情况，此外，还需要面临 NGO、咨询公司、法律公司和教育机构等实体的资金竞争。

---

① James G. McGann，2018 Latin America Think Tank Summit Report：Think Tanks：A Bridge over Troubled Waters and Turbulent Times，https：//repository. upenn. edu/ttcsp _ summitreports/24，2019 年 7 月 2 日访问。

② 同上。

再次，中国成为智库研究的热点。随着中国的迅速崛起和国际影响力的扩大，拉美地区智库对中国的研究得到加强。特别是继2008年之后，中国在2016年发布了第二份《中国对拉美和加勒比政策文件》[①]，明确了中拉全面合作的新阶段。中国—拉美和加勒比国家共同体论坛（以下简称“中拉论坛”）的成立为中拉合作提供了新的平台，形成整体合作与双边合作并行发展、相互促进的新局面。中拉论坛第二届部长级会议成功召开，标志着“一带一路”倡议正式延伸至拉美，中拉开启共建“一带一路”的新阶段，这也为拉美地区智库的研究确立了新的主题。

与此同时，随着中拉合作的提质升级，中国的拉美研究智库也开始增多。2000年之前，中国的拉美研究智库主要包括中国社会科学院拉丁美洲研究所、北京大学拉丁美洲研究中心、中国现代国际关系研究院、复旦大学拉丁美洲研究中心、南开大学拉美研究中心和湖北大学巴西研究中心。2010年以来，全国范围内的拉美研究中心开始大量建立。在教育部实行备案制之前，西南科技大学（2010年）、浙江外国语大学（2011年）、天津外国语大学（2012年）先后建立了教育部国别和区域研究培育基地“拉美研究中心”。实行备案制之后，国内大多数有西班牙语或葡萄牙语专业的高校均建立了拉美研究中心或以拉美国家为研究对象的研究中心。截至2018年底，全国拉美研究中心的数量达到60个[②]。

二　拉美地区智库的中国研究

2008年，首份《中国对拉美和加勒比政策文件》出台，拉美地区智库的中国研究开始冒头。随着2016年11月第二份《中国对拉美和加勒比政策文件》的颁布，关注中拉关系的研究机构和学者数量日益增加，

① 中华人民共和国外交部：《中国对拉美和加勒比政策文件》，https://www.fmprc.gov.cn/web/zyxw/t1418250.shtml，2019年7月28日访问。

② 崔守军：《拉丁美洲研究的现状与反思》，中国社会科学网，http://www.cssn.cn/gjgxx/gj_lmjj/201812/t20181218_4795042.html，2019年8月15日访问；中国社会科学院拉丁美洲研究所编：《当代中国拉丁美洲研究》，中国社会科学出版社2017年版。

关注重点和学科背景日渐多样。研究的媒介包括建立中国研究中心、召开中国为主题的多学科研讨会、双边和多边智库合作等。

（一）中国研究网络

包括墨西哥、阿根廷、巴西等国在内，拉美地区的大国基本均建立了中国研究中心或中国研究网络。其研究范围涉及经济、法律、社会和人文交流等多个领域，尤以经济研究为主。这些研究中心的特点是由特定研究人员为中心发起建立，并形成网络。这些研究人员或为华裔，或在中国生活多年，或在中国获得学位，或从事中国相关问题研究超过10年以上。

首先，墨西哥国立自治大学（Universidad Nacional Autonoma de México，UNAM）的教授恩里克·杜塞尔·彼得斯（Enrique Dussel Peters）为主要召集人发起建立了拉丁美洲和加勒比地区中国学术网（Red ALC-China）。该学术网的研究主要包括中拉之间的经济、贸易和投资；政治及国际关系；自然资源和环境；历史文化；中文学习。Red ALC-China 还出版了多部论文集，将拉美地区研究中国问题的研究人员的研究成果编辑成册，对中拉关系的方方面面进行了深入研究。自 2014 年发布首份中拉关系学术论文集以来，截至 2019 年 8 月已经出版 18 本论文集。[①]例如，该学术网 2015 年出版的论文集以超越传统基础原材料的视角分析中国与拉丁美洲和加勒比地区的关系，在中国和拉美国家引起了广泛关注[②]。其次，巴西知名智库瓦加斯基金会 2017 年在其法学院下成立了中巴研究中心，旨在发挥专业优势，为中巴企业界合作提供法律政策解读。瓦加斯基金会中国研究中心的主任为高文勇（Evandro Menezes de Carvalho），他曾在复旦大学金砖研究中心访学，现担任《今日中国》葡萄牙语

---

① 资料来源：Red ALC-China，https：//www. redalc – china. org/v21/es – es/mn – publicaciones，2019 年 9 月 15 日访问。

② A. Armony y E. Dussel，Beyond Raw Materials：Who are the Actors in the Latin America and Caribbean – China Relationship，*Buenos Aires*：*Red Académica de América Latina y el Caribe sobre China*，*Universidadde Pittsburgh*，2015.

版的执行主编。2018 年 10 月，巴西学术界和教育界筹建了“巴西中国问题研究网络”，首次会议有约 150 位中国研究者参加，共同推动以及加强巴西对于中国以及中国道路的了解。

再次，阿根廷多所高校建立了亚洲或中国研究中心。阿根廷萨尔瓦多大学（Universidad del Salvador Argentina）于 1967 年就设立了阿根廷第一家东方研究中心，并从 2004 年起开设当代中国研究专业，是最早涉足中国问题研究的阿根廷大学。当前，阿根廷规模较大的中国问题研究中心包括萨尔瓦多大学当代中国研究中心、阿根廷天主教大学（Universidad Católica Argentina）中国研究中心和布宜诺斯艾利斯大学（Universidad de Buenos Aires，UBA）中国研究中心，主要从事中阿或阿根廷与亚太国家关系的研究。布宜诺斯艾利斯大学官网还增设了中文版。布宜诺斯艾利斯大学社会科学学院中的 Gino Germani 研究所同中国社会科学院拉丁美洲研究所阿根廷研究中心一同开展双边关系研究。曾于 1979 至 1982 年在中国学习，主要研究兴趣为中国外交政策分析的马豪恩（Jorge Malena）教授同时担任萨尔瓦多大学和天主教大学两家中国相关问题研究智库的负责人。

最后，拉美其他国家也有一些高校建立了相关研究中心，聚焦中国问题，如秘鲁太平洋大学（Universidad del Pacífico）中国与亚太研究中心，智利大学（Universidad de Chile）国际研究所等。

（二）以中国为主题的研究

随着中拉关系不断向前推进，“中国”作为关键词在拉美地区智库学者研究中出现的频率越来越高。例如，2017 年 7 月在乌拉圭举行的“拉丁美洲政治学协会”会议上，有 23 篇论文标题与中国相关，而涉及“美国”的研究论文只有 6 篇。全球范围内影响力最大的“拉丁美洲研究协会”（Latin American Studies Association，LASA）年会中，与中国相关的讨论数量也在近年来实现了显著增加。2019 年 LASA 年会上，与中国相关的小组讨论接近 20 场，涵盖文学、历史、经济、国际政治等多个领域，而这在 2017 年的 LASA 年会上还不明显[①]。

拉美国家智库学者以中国为主题的研究主要包括中国的整体形象、中拉经贸关系、人文交流等。一些大国还特别重视同中国之间的关系，定期举行研讨会。其中，经济领域的研究始终是重点。

首先，关于中国的整体形象研究以汉学家为主，他们长期跟踪中国的发展，有的还在中国接受培训，熟悉中国的情况。例如，马豪恩是阿根廷知名的中国问题专家，阿根廷国际关系理事会研究员和萨尔瓦多大学当代中国研究系主任。他于 1979 年随外交官父亲来到中国，从此与中国结下不解之缘，长期关注和研究中国问题。马豪恩长期致力于在阿根廷宣传中国，出版了两部研究中国问题的专著，在阿根廷国内外主流杂志上发表过 30 篇有关中国的论文，对扩大中国在当地影响、促进两国人民之间的相互理解和友谊发挥了积极作用。[②] 瓦加斯基金会中国研究中心主任高文勇在中国有多年的工作生活经历，先后就职于中国高校和媒体，受邀参加各种研讨会并不断在媒体发声，分享他对中巴关系以及中国在世界舞台角色的独到见解。

其次，西班牙、阿根廷、巴西、墨西哥等国家的智库学者高度关注双边关系，并多次举办研讨会。西班牙卡洛琳娜基金会（Fundación Carolina）的研究员雪利奥·里奥斯（Xulio Ríos）分析了中拉关系，并从第三方角度对西班牙在中拉共建“一带一路”形势下面临的机遇与挑战进行了分析。阿根廷国际关系理事会下辖的亚太、中国研究工作小组，主要开展各种相关的国际交流讲座与研讨会，定期举办与亚太问题相关的小型会议。2017 年 8 月，由巴西知名智库瓦加斯基金会主办的“国际舞台上的中国”研讨会在里约热内卢举行，与会政治经济学和国际关系领域专家学者围绕中国在当前世界格局中的角色及作用展开深入探讨。2019 年 5 月 8 日，巴西国际关系中心在里约召开中国问题研讨会，以

---

① 张琨：《“跨太平洋”视角下的拉丁美洲研究——美国拉丁美洲研究协会 2019 年年会侧记》，http：//igs. shu. edu. cn/info/1012/1917. htm，2019 年 7 月 4 日访问。

② 马豪恩：《拉美专家看中国系列 - 中国：大国的构建》，林华译，五洲传播出版社 2017 年版。

“互利共赢的中巴关系：2019 年议程” 为主题，全面分析中国和巴西的双边关系。

再次，中拉经贸关系始终是拉美地区智库重点关注的话题，而成本与收益是拉美地区智库学者最重要的关切。巴西里约热内卢天主教大学国际关系问题专家保罗·罗贝尔认为，自 2008 年全球发生经济危机以来，中国已成为拉动世界经济增长的引擎。当前世界格局经历深刻变化，中国正走上舞台中央，承担起更多国际责任。罗贝尔还指出，由中国主导的金砖机制成为推动国际金融体系改革和全球治理的重要力量，“随着金砖国家新开发银行和应急储备金的运转，金砖国家合作机制已具备制度化特征”。墨西哥国立自治大学经济系中国—墨西哥研究中心长期跟踪两国经贸关系，并出版了多部研究论文集，不仅聚焦中墨贸易和金融联系，还拓展到中拉经贸关系方面。[①] 一些拉美学者对中拉经贸合作持负面评价。莱伊·詹金斯（Rhy Jenkins）认为，中国和巴西经贸关系实现跨越式发展后，巴西经历了严重的“去制造业化”，中国是造成这一现象的直接原因，使巴西重新“初级产品化”[②]。巴西米纳斯联邦大学（Universidade Federal de Minas Gerais）教授克莱利奥·迪尼兹（Clélio Diniz）也认为，中国经济崛起改变了世界经济版图，对西方资本主义产生结构性危机。在这一过程中，巴西经历了“去制造业化”和研发投资下降[③]。

最后，中拉人文交流成为中拉经贸关系后拉美地区智库学者关注最多的问题。随着“一带一路”倡议延伸至拉美，“民心相通”越来越受到重视，华人学者、拉美问题研究人员、大学教师、记者、外交官以及独立作者已经出版或发表了一些有关华侨华人移民的书籍、论文、专题报道和回忆录。其中，巴西和秘鲁最为典型。由中国在巴西建立的孔子学院和当地智库联合发起召开的“巴西华人移民国际研讨会”，于 2018 年

---

① Red-LAC，https：//www. redalc – china. org/v21/es – es/，2019 年 8 月 8 日访问。

② Jenkins，R.，Is Chinese Competition Causing Deindustrialization in Brazil?，*Latin American Perspectives*，Vol. 42，No. 6，2015，pp. 1 – 6.

③ Clélio Campolina Diniz，Expansão asiática，corrida científica e tecnológica mundial，desindustrialização no Brasil，Texto Para Discussão No. 565，*Cedeplar*，Setembro de 2017.

和2019年连续举办。2018年8月，首届巴西华人移民国际研讨会在圣保罗大学召开，2019年6月，第二届研讨会在里约天主教大学召开。华人移民巴西的历史、华人在巴西当地融入与社会流动、华人移民对巴西经济和文化的影响等成为两届研讨会上学者重点关注的议题①。2019年6月，秘鲁天主教大学孔子学院举办“华人抵秘一百七十周年”研讨会，秘鲁多家智库研究员参会并发言，秘鲁天主教大学还成立了中国—秘鲁移民史研究中心。

当前，以中国为主题的研究以经贸合作为主，自2015年以来人文交流的研究开始涌现。尽管中国经济的飞速发展为拉美国家经济增长和就业提高创造了条件，但仍有一些不同的声音，认为中国对拉美国家经济和社会造成了冲击，产生了不利的后果。这也成为双方智库学者在研究中的争论所在。

（三）中拉智库合作

第二份《中国对拉美和加勒比政策文件》对中拉合作的领域进行了细分，作为双方合作的重要内容，智库合作成为中拉论坛框架下的关键分论坛。

1. *多边智库论坛*

首先，中拉智库论坛已经成为中国—拉共体论坛的组成机制之一。中国—拉美和加勒比智库交流论坛（简称“中拉智库论坛”）旨在加强中国同拉丁美洲和加勒比国家智库之间的经验交流与知识分享，为中拉关系不断深化提供智力支持。自2010年首届中拉智库论坛举办以来，已经成功举行四届（表13）。自创办以来，论坛始终坚持加强中国和拉美加勒比国家经验交流和知识分享、为中拉关系不断深化提供智力支持的宗旨积极开展活动，现在已经成为中拉之间范围最广、影响力最强的中拉智库交流平台。2015年，中国—拉共体论坛正式成立以后，中拉智库论坛

① 束长生：《2018年首届巴西华人移民国际研讨会总结报告》，《华人研究国际学报》2018年12月。

纳入该论坛的主要机制，成为其专业领域分论坛的重要组成部分。其中，第四届中拉智库论坛首次在拉美国家举办，同时成为第一届拉共体—中国高级别学术论坛，此次论坛为2018年1月的中拉论坛第二届部长级会议提供了政策建议[①]。

表13　　中拉智库论坛

	时间	地点	主办方	主题
第一届	2010年11月	北京	中国人民外交学会	面临重要机遇的中拉关系——未来十年展望
第二届	2013年7月	北京	中国国际问题研究基金会和中国人民外交学会	新机遇，新挑战，新思路——新形势下的中拉关系
第三届	2016年7月	北京	中国国际问题研究基金会和中国人民外交学会	中拉合作新时刻——开拓进取，共创未来
第四届	2017年10月	智利圣地亚哥	联合国拉丁美洲和加勒比经济委员会	推进中拉全面合作

资料来源：作者整理。

其次，由中国社会科学院拉丁美洲研究所和中国社会科学杂志社作为中方牵头机构建立的非官方"中拉学术高层论坛"已经成为中国的拉美研究智库和拉美的中国研究智库之间合作的桥梁，巴西圣保罗州立大学、智利安德烈斯·贝略大学与阿根廷国立科尔多瓦大学是拉美国家的联合发起机构。自2012年起，"中拉学术高层论坛"已经成功举办八届，来自秘鲁、巴西、墨西哥、阿根廷、智利等国家的智库学者参与其中。

① 资料来源：中国—拉共体论坛，http://www.chinacelacforum.org/chn/zyjz/zylyflt/zlzkjllt/，2019年7月4日访问。

表 14　　中拉学术高层论坛

	时间	地点	主题
第一届	2012 年 11 月	巴西圣保罗	全球治理、中拉关系
第二届	2013 年 10 月	中国北京	城镇化：公平正义与社会政策——来自中国拉美国际经验的比较
第三届	2014 年 11 月	智利圣地亚哥	国家形象：中国在拉美、拉美在中国的国家形象
第四届	2015 年 11 月	中国上海	中拉携手迈进命运共同体新纪元
第五届	2016 年 11 月	阿根廷科尔多瓦	中国与拉美战略信任关系的建立——进一步深化命运共同体
第六届	2017 年 6 月	中国北京	结构性转型与中拉关系前景
第七届	2018 年 9 月	巴西玛瑙斯	全球化发展新时代与中拉合作新机制
第八届	2019 年 10 月	中国福州	地区与全球大变局下的中拉关系展望

资料来源：作者整理。

2. 双边智库论坛

除多边机制外，中国和拉美国家还建立了双边层面的智库论坛，通过双方智库人员的交流，为双方合作进言献策。其中，中国—巴西智库论坛最具代表性。2019 年 4 月 27 日，中国驻巴西使馆举办“中巴智库论坛”并就“一带一路”国际合作倡议、金砖机制、中巴合作等内容展开讨论。来自中国公共外交协会、巴西古斯芒基金会、应用经济研究所、亚洲拉美研究中心等智库机构的专家学者、巴西多所高校和主流媒体代表出席。中国驻巴西大使杨万明强调，中巴智库论坛将成为两国智库、高校、媒体等各界进一步密切交流的平台，为增进中巴社会交往汇聚更多能量，共同推动新时期中巴关系持续深入发展。此次论坛期间，各智库研究人员围绕“一带一路”对接拉美、金砖合作、中拉和中巴关系及人文交流等主题进行了深入交流。与会各方一致认为，应不断加强中巴智库、媒体、人文等领域交流，充实两国全面战略伙伴关系，为两国合作开辟更广阔空间[①]。

3. 双边智库合作

除多边和双边智库论坛外，越来越多的中国和拉美国家智库探索联合研究之路，建立起双边智库合作机制。例如，2017 年 8 月，中国人民大学重阳金融研究院与巴西国际关系研究所签署战略合作备忘录，双方签署的智库战略合作备忘录，建立了中巴双边二轨渠道，极大推进了两国政治互信。中国人民大学重阳金融研究院还与巴西最大的独立智库巴西国际关系中心在里约热内卢共同主办中巴“金砖国家和一带一路”智库对话会，也签署了一份战略合作协议。

中国社会科学院作为思想库、智囊团，在与拉美地区智库和合作中发挥了关键性的作用。2016 年 11 月 8 日，中国社会科学院拉丁美洲研究所与秘鲁天主教大学和中华拉美论坛共同举行了首届“中拉智库对话”，来自中国、墨西哥、阿根廷、秘鲁、危地马拉和巴西等拉美国家的智库学者聚焦于中国和拉美国家智库研究共同面临的机遇和挑战，讨论的主题涉及政府治理、自然资源管理和国际关系。[②] 2019 年 5 月，中国社会科学院—巴西坎皮纳斯州立大学中国研究中心正式成立，双方已经完成了对金砖国家社会和青年的比较研究，即将启动对社会公正等问题的研究，未来的研究将进一步扩展到经济学、国际关系等领域[③]。

三　拉美地区智库的“一带一路”研究

（一）关于“一带一路”的研讨会

拉丁美洲和加勒比地区是海上丝绸之路的“自然延伸”以及“一带

① 外交部，《驻巴西大使杨万明出席中巴智库论坛并就“一带一路”倡议等致辞》，https：//www. mfa. gov. cn/web/zwbd_673032/gzhd_673042/t1659163. shtml，2019 年 7 月 4 日访问。

② 资料来源：On Think Tanks：“Latin American and Chinese Think Tanks：common challenges and opportunities”，https：//onthinktanks. org/events/latin – american – and – chinese – think – tanks – common – challenges – and – opportunities/，2019 年 9 月 16 日访问。

③ 资料来源：《中国社会科学院—坎皮纳斯州立大学中国研究中心揭幕》，http：//sociology. cssn. cn/xshd/dwjl/wshd/201905/t20190513_4885377. shtml，2019 年 7 月 4 日访问。

一路”建设“不可或缺的参与方”。这一说法是习近平主席在2017年“‘一带一路’国际合作高峰论坛”期间与阿根廷总统毛里西奥·马克里的会晤中首次提及，并且出现在中拉《“一带一路”特别声明》里。该声明在2018年1月的中拉论坛第二届部长级会议上通过，将“一带一路”倡议视为中国与拉美之间“为实现互利合作而搭建的新的平台”，并且重申了中国“邀请拉丁美洲和加勒比国家加入”该倡议。

随着“一带一路”倡议延伸至拉美并落地开花，越来越多的国家及其智库开始关注中拉共建“一带一路”的机遇与挑战。作为拉美首强，巴西智库以中国研究为内容的研讨会开始对“一带一路”进行深入研究。2019年4月25日，杨万明大使应邀出席由巴西农牧业联合会举办的中巴农业合作研讨会开幕式并发表题为《加强“一带一路”合作，推动中巴农业合作联动发展》的演讲。巴西外长阿劳若、农牧业联合会主席马丁斯、农业部副部长里贝罗等出席。2019年5月7日，巴西瓦加斯基金会主办“一带一路与里约：五通与中巴关系”研讨会。2019年4月，阿根廷国际关系理事会举办“一带一路”倡议专题研讨会。与会人员高度赞扬“丝路精神”，认为“一带一路”倡议契合当前各国合作发展趋势，“五通”理念有利于促进区域合作。2019年5月，LASA年会上，中国人民大学的崔守军教授与墨西哥国立大学的恩里克·杜塞尔（Enrique Dussel）教授联合组织了“中国、拉丁美洲与加勒比：变化国际秩序中的挑战与机遇”分会讨论小组，就中国对拉外交政策的形成、“一带一路”在拉丁美洲以及中国在拉丁美洲所带来的影响等诸多问题作出自己的解读。2019年6月28日，由墨西哥国立自治大学亚非倡议发起人阿莉西亚·希龙（Alicia Giron）主持召开的“中国及其‘一带一路’倡议”，将拉美地区和非洲地区参与中国“一带一路”倡议作为对比，分析了各自面临的机遇与挑战。

2017年中国与巴拿马建交，这一外交成果有效拉近了中国与中美洲和加勒比地区国家的政治往来。2019年2月，“巴拿马与‘一带一路’研讨会”在北京举行，巴拿马贸易和工业部长内斯特·冈萨雷斯（Nestor Gonzales）参会。巴拿马运河管理局经济学家埃迪埃·塔皮埃罗（Eddie

Tapiero）介绍了其关于“一带一路”倡议与巴拿马关系的专著。

（二）拉美地区智库学者对“一带一路”的认知

1. “一带一路”倡议是拉美国家发展的机遇

“一带一路”倡议聚焦发展，以促进基础设施建设和互联互通为核心内容，同拉美国家的发展战略“不谋而合”，为各国再次实现现代化的努力提供了机遇。墨西哥国立自治大学拉美加勒比与中国学术研究中心负责人恩里克·杜塞尔（Enrique Dussel）表示，“一带一路”倡议给拉美国家提供了获得资金和技术的平台，能促进拉美区域内和拉美与亚太其他地区的互联互通，是宝贵的机遇①。联合国拉美经委会副执行秘书马里奥·西莫里（Mario Cimoli）认为，“一带一路”倡议是拉美区域一体化及助推其开展国际合作的催化剂。“一带一路”投融资合作可以成为一个平台，促使中国在拉美地区的投资更加多样化，并且有利于中国和欧盟、美国等发达国家和地区同拉美地区展开三方合作②。巴西瓦加斯基金会研究员奥利弗·施廷克尔（Oliver Stuenkel）将“一带一路”倡议喻为“21世纪的马歇尔计划”，随着越来越多的拉美国家加入该倡议，将使中国在拉美地区多年来的耕耘得到制度化③。秘鲁国立圣马尔克斯大学教授约翰·瓦迪格拉西亚诺维多（Jhon Valdiglesiasoviedo）指出，作为研究人员，秘鲁的学者更加关注该国如何更好地参与“一带一路”倡议以及该倡议能够给秘鲁人民带来何种收益④。巴西瓦加斯基金会中国问题专家高文勇（Evandro Menezes de Carvalho）认为，拒绝“一带一路”倡议意味着拒绝来自中国的巨额资金，这将使巴西失去搭乘中国这辆高速飞驰的经济快车实现共同发展的机会。他还认为，巴西在投资领域有完善的法律法规，能够将不利于巴西发展的投资阻挡在国门之外，而这适用于来

---

① 赵本堂：《共建“一带一路”开启中拉合作新愿景》，《拉丁美洲研究》2019年第3期。

② 资料来源：在中国社会科学院拉丁美洲研究所的演讲，2019年4月24日。

③ 资料来源：https：//www. wsj. com/articles/china－buildsbridges－and－highways－while－the－u－s－mouths－slogans－1517308205，2019年6月4日访问。

④ 资料来源：在中国社会科学院拉丁美洲研究所的演讲，2019年7月16日。

自全球的所有投资者，因此对来自中国的投资设卡完全没有必要[①]。巴巴多斯中央银行前行长、加勒比货币金融研究中心主任德莱尔·沃雷尔（DeLisle Worrell）指出，中国经济的成功将为加勒比国家的经济繁荣做出贡献[②]。

截至2019年5月底，同中国签署“一带一路”合作文件的拉美国家达到19个，但传统意义上的拉美大国只包括智利和秘鲁[③]。对于一些国家来说，尽管未签署合作协议，但具体项目合作也符合“一带一路”倡议的“五通”精髓。例如，墨西哥新总统奥夫拉多尔执政后提出，尽管墨西哥和中国在贸易领域存在同质竞争，但以尤卡坦半岛铁路和该国东南部石油开采冶炼为代表的项目完全可以利用中国“一带一路”倡议带来的投资机遇[④]。巴西瓦加斯基金会代主席金特拉在“‘一带一路’与里约：五通与中巴关系”研讨会上表示，“一带一路”是中方提出的一项重要国际合作倡议，超越地缘概念，是世界各国共同分享发展机遇的平台。中国是巴西和拉美的重要合作伙伴，巴西各界应在巴中现有合作基础之上，加强研究“一带一路”倡议，结合具体合作需求，探讨推动两国现有合作机制和“一带一路”的协调对接，扩大对华合作机遇。巴西学界、法律界应在其中发挥积极作用，为两国政府和企业在“一带一路”框架内加强合作提供智力支持[⑤]。巴西瓦加斯基金会金融专家夏华声（Hsia Huasheng）接受新华社记者采访时表示，“一带一路”框架内的许多项目

---

① 资料来源：高文勇于2019年7月16日访问中国社会科学院拉丁美洲研究所时的访谈。

② DeLisle Worrell, “How China’s Economic Success Contributes to Caribbean Prosperity”, January, 2018 http://www.delisleworrell.com/Inaugural%20Confucius%20Institute%20Lecture%3A%20How%20China%E2%80%99s%20Economic%20Success%20Contributes%20to%20Caribbean%20Prosperity，2019年4月5日访问。

③ 这19个国家分别是智利、厄瓜多尔、萨尔瓦多、多米尼加、巴巴多斯、古巴、巴拿马、特立尼达和多巴哥、苏里南、安提瓜和巴布达、玻利维亚、多米尼克、圭亚那、乌拉圭、哥斯达黎加、格林纳达、委内瑞拉、秘鲁、牙买加。

④ 资料来源：https://www.modaes.com/entorno/amlo-extiende-lamano-a-la-moda-mexicana-en-plena-renegociacion-del-tlcan.html，2019年6月24日访问。

⑤ 中国驻巴西使馆：《驻巴西大使杨万明在瓦加斯基金会“‘一带一路’与里约：五通与中巴关系”研讨会上发表主旨演讲》，https://www.fmprc.gov.cn/ce/cebr/chn/gdxw/t1661883.htm，2019年7月30日访问。

都聚焦基础设施建设，可以帮助创造一个更加良好的营商环境，降低区域内的物流成本，提升所覆盖人口的生活水平，让更多发展中国家和地区民众能够享受到全球化带来的生活便利，是一项功在长远的伟大事业。夏华声说，巴西新政府提出以投资拉动发展，鼓励开展基础设施建设，这些计划完全可以与“一带一路”倡议进行深入对接，从而推动巴中关系走向纵深发展。巴西是一个开放的经济体，新政府希望市场能够在资源配置上发挥重要作用。在巴西经济发展过程中，中国企业可以发挥重要的助力作用。许多中国企业已经成功实现了本地化，创造了大量的就业机会，与巴西本土企业一起共同推动巴西经济和社会发展。[①]

西班牙中国政策观察网站 2019 年 3 月 18 日发表阿根廷拉普拉塔国立大学政治经济研究中心研究员胡安·塞瓦斯蒂安·舒尔茨的文章称，拉丁美洲是“一带一路”倡议的重要合作伙伴。拉美拥有世界人口的 8%，石油储量占世界总储量的 22%，也是世界粮食生产的主要地区。“一带一路”倡议给这里带来了新的发展机遇，拉美将在新的多极秩序中发挥重要作用[②]。

2. “一带一路”倡议是改变世界秩序的手段

阿根廷拉普拉塔国立大学政治经济研究中心研究员胡安·塞瓦斯蒂安·舒尔茨指出，中国 2013 年提出的“一带一路”倡议在各大洲互联互通的基础上打造了一个新的架构。从 2017 年开始，该倡议呈现强劲的推进势头，凸显了一种新的世界秩序，它有望终结美国作为单极强国的霸权地位。“一带一路”倡议建立在生产和劳动的基础上，将结束金融投机的游戏规则，是包容性和尊重主权的计划，反对社会排斥和经济依赖。它是一个合作与和平的计划，反对强加于人。欧洲、拉丁美洲和非洲国家都在此倡议中受益，西班牙等海上贸易国家可以成为与其他国家互联

① 资料来源：《“一带一路”推动巴中关系向纵深发展——访巴西瓦加斯基金会金融专家夏华声》，新华网，http：//www. xinhuanet. com//2019 - 04/16/c_1124373731. htm，2019 年 4 月 17 日访问。

② 资料来源：http：//politica - china. org/areas/politica - exterior/occidente - el - fin - de - su - preeminencia - artificial，2019 年 6 月 4 日访问。

互通的纽带，非洲有望摆脱传统殖民大国的束缚，南美则在新的多边合作中发挥重要作用。①

巴西坎皮纳斯大学教授佩德罗·罗西（Pedro Rossi）认为，对于25%的国内生产总值来自于外资的巴西来说，多边主义对该国的经济发展具有非常重要的意义。作为世界上重要的新兴市场国家之一，巴西在多边主义中应该承担更多责任。中国在促进多边主义、促进全球经济发展中扮演着重要角色，“一带一路”倡议正是多边主义的具体体现。中国与巴西都是发展中的大国，是金砖国家、新兴市场国家，也是全球经济发展最迅速的两个国家。巴西应加强与中国的双边对话，稳固与中国的关系，加强双边合作。②

3. 拉美地区智库学者对“一带一路”的疑虑

由于“一带一路”倡议多涉及基础设施建设，且需要投入巨额资金，因此有部分学者担心因参与该倡议造成拉美国家的债务负担增加，失去发展动力。波多黎各学者里卡多·巴里奥斯（Ricardo Barrios）认为，互联互通并未改变以采掘业和大宗商品为重心的中拉商贸关系。因此，当“一带一路”在拉美地区铺路的时候，该地区的各国领导人和决策者们必须以审视的眼光对这一倡议进行严格的检查③。他甚至认为，加强互联互通会进一步强化中拉各国之间原本就不对等的关系。同时，对（中国在拉美工程项目长期存在的）环境上的担忧以及对当地社区（尤其是原住民）权利的关切也依然存在。巴西智库伊瓜拉佩研究所（Instituto Igarapé）教授阿德里亚纳·阿布登尔（Adriana Abdenur）和罗伯特·穆加（Robert Muggah）也表达了对中国经济在拉美影响力提高的忧虑，认

① 《阿根廷学者：“一带一路”意味着在各大洲打造新的生产架构》，https://www.yidaiyilu.gov.cn/index.htm，2019年10月4日访问。

② 中国社会科学网，http://www.cssn.cn/hqxx/bwych/201907/t20190712_4933066.shtml，2019年7月5日访问。

③ China's Belt and Road lands in Latin America，https://dialogochino.net/11326-chinas-belt-and-road-lands-in-latin-america/，2019年4月5日访问。

为巴西需采取政治和经济上的应对[①]。这些论断虽过于片面，但也反映出当前拉美地区智库学者对参与到“一带一路”倡议当中的认知并不完全一致。

四　结论和启示

智库作为重要的政策咨询渠道和学术研究平台，越来越受到各国政府、政党、非政府团体和NGO的广泛关注。经过半个多世纪的发展，拉美地区智库在研究能力、研究内容和影响力方面均实现了突破。拉美地区关于中国的研究力量也实现了增强。相较于拉美地区智库的中国研究网络，中国的拉美地区智库研究仍显薄弱，尚未形成合力。中国的拉美研究智库未来应在以下几个方面进行努力。首先，重视智库联合网络构建，发挥各自优势。全国60多个拉美研究机构应该突破传统的研讨会或论坛模式，进一步打造智库联盟；其次，智库产品种类和呈现形式可以更加多样化。当前中国的拉美研究智库产品主要还是论文和专著，研究报告和音频、视频类成果少。最后，细分研究领域，做实做精。中国的拉美研究智库应该发挥各自专业特色，结合研究人员特点精耕细作，避免扎堆研究热点问题。

尽管拉美是最后被纳入“一带一路”合作框架的地区，但已经成为发展速度最快的地区之一。中国将稳步扩大签署共建“一带一路”合作文件范围，进一步向西欧、北美、拉美国家扩展，积极开展第三方市场合作。进一步推进基础设施建设，建设高质量、可持续、抗风险、价格合理、包容可续的基础设施。既要加强铁路、公路、机场、港口等硬联通，又要推进政策、规则、标准等软联通。既要畅通陆海空丝绸之路，又要畅通数字丝绸之路，既要共建基础设施，又要共建经济走廊，还要

① Adriana Erthal Abdenur e Robert Muggah，A Nova Rota da Seda e o Brasil，https：//diplomatique. org. br/a – nova – rota – da – seda – e – o – brasil/，2019年7月22日访问。

加强管护和后期运营①。在这个过程中，加强双方智库交流将更好地服务于中拉共建“一带一路”，实现“高质量发展”的共同目标。首先，依托拉美地区建立的中国研究网络，加强现有网络建立国（巴西、墨西哥、阿根廷）同中国智库的交流与合作。其次，突破传统论坛形式，鼓励“青年论坛”等多样化的对话交流形式，充实双方各自的研究队伍力量。最后，重视除经贸领域之外的合作对话，加强中拉合作的多维性和多样性。

中拉双方应抓住共建“一带一路”的历史机遇，从畅通政策沟通渠道、夯实设施联通基础、加快贸易畅通节奏、提升资金融通水平、铺设民心相通桥梁等五个方面开展合作，为新时期两国实现共同发展注入新动力。当然，智库交流在这一过程中不可或缺，并将发挥重要的影响力。

（中国社会科学院拉丁美洲研究所　王 飞）

参考文献

［1］ Castillo A. （2010）, Relaciones públicas y Think Tanks en América Latina: Estudio sobre suImplantación y Acción, *Razón y Palabra*, 14 （70）: 1 –22.

［2］ Tarango, J. , Delgado, R. M. and Machin – Mastromatteo, J. D. （2019）, Latin American academic and research Think Tanks: Characterization of a Model and Its Presence in the Region, *Information Development*, 35 （1）, 165 – 170.

［3］ Mendizábal E. and Sample K. , *Dime a Quién Escuchas: Think Tanks y Partidos Políticos en América Latina*, Lima: Instituto Internacional para la Democracia y la Asistencia Electoral, 2009.

① 《“一带一路”将向西欧、北美、拉美国家扩展》，中国“一带一路”网，https: //www. yidaiyilu. gov. cn/xwzx/roll/94317. htm，2019 年 7 月 22 日访问。

非洲智库研究报告

近年来，随着非洲的经济增长和政治地位的提升，非洲智库发展迅猛，数量大幅增长，但也面临着区域发展不平衡、对西方资金和思想过度依赖的困境和挑战，智库的可持续发展成为非洲智库最为关心的问题。作为非洲的战略合作伙伴，中国在中非合作论坛的框架下通过中非智库论坛等机制致力于以资金和能力培训助力非洲智库建设，中非智库交流成为中非合作新的增长点，助力中非命运共同体和“一带一路”的建设。与欧美智库对“一带一路”多持怀疑态度不同，非洲智库对“一带一路”的看法更加积极，认为中国为非洲带来新的发展机遇，更注重对“一带一路”具体项目的期待。但与欧美智库相比，非洲智库仍然缺乏对“一带一路”的研究，设有中国研究中心的非洲智库数量较少；且受殖民历史影响，非洲智库的议题设置很难跳出西方殖民主义思维框架。面对这些问题，中国应进一步推动非洲智库的机制建设和能力建设，加强非洲学者的学术和政策影响力。

由于殖民主义带来的消极影响，过去的非洲不但经济发展滞后，非洲思想、非洲声音也在国际舞台长期缺位或处于边缘化的地位。非洲自身的发展战略长期由西方的智库所主导，制约了非洲本土方案的发展。随着非洲经济的崛起，非洲智库不仅数量不断增加，议题也更多元化，但非洲智库仍面临着独立性和可持续性等方面的挑战。中国致力于通过资金和能力建设助力非洲智库建设，中非智库交流成为中非合作新的增长点，助力中非命运共同体和“一带一路”的建设。

本报告主要分为四个部分：第一部分对非洲智库近年来的研究和发展概况进行了梳理，对智库的类型和运行特点进行了归纳；第二部分对中非智库交流状况、非洲智库有关中国研究的代表性机构、学者等进行了概括和评价；第三部分对非洲智库及其学者近年来关于“一带一路”主题的相关研究进行了分析和讨论，对其中代表性的观点和成果进行了介绍；第四部分是通过对非洲智库的研究提出如何加强非洲智库建设和中非智库交流的政策建议。

一 非洲智库发展概况

非洲智库的历史可以追溯到20世纪30年代。1934年，南非国际事务研究所创立，当时主要的关注点是国际关系。自20世纪60年代纷纷独立以来，非洲国家不断探索发展道路，努力提升非洲在国际关系中的地位，大量非洲智库应运而生，成为非洲知识精英凝聚集体认知、影响政策制定的重要平台。例如，1961年，尼日利亚国际事务研究所成立，目的是为确立尼日利亚在国际事务中的发展方向提供参考。

表15　具有影响力的非洲智库

智库所在国	智库名称	成立时间	智库类型
南非	South African Institute of International Affairs 南非国际事务研究所	1934	专业型
南非	African Center for the Constructive Resolution of Disputes （ACCORD）非洲建设性解决争端研究中心	1992	专业型
南非	The Human Sciences ResearchCouncil （HSRC）南非人类科学研究理事会	1968	综合型
南非	Institute for Security Studies （ISS）安全问题研究所	1991	专业型
南非	Food, Agriculture and Natural Resources Policy Analysis Network （FANRPAN）粮食、农业和自然资源政策分析网络	1994	专业型

续表

智库所在国	智库名称	成立时间	智库类型
肯尼亚	African Economic Research Consortium 非洲经济研究联合会	1988	专业型
肯尼亚	Africa Center for Technology Studies（ACTS）非洲技术研究中心	1988	专业型
肯尼亚	African Technology Policy Studies Network（ATPS）非洲技术政策研究网络		综合型，网络型
肯尼亚	Kenya Institute for Public Policy Research and Analysis 肯尼亚公共政策研究与分析院	1997	专业型
尼日利亚	Nigerian Institute of International Affairs 尼日利亚国际事务研究所	1961	专业型
尼日利亚	Center for the Study of the Economies of Africa 非洲经济研究中心	2008	专业型
埃及	Al-Ahram Center for Political and Strategic Studies 金字塔政治与战略研究中心	1968	综合型
埃塞俄比亚	Organization for Social Science Research in Eastern and Southern Africa（OSSREA）东部和南部非洲社会科学研究组织	1980	综合型，网络型
埃塞俄比亚	Ethiopian Development Research Institute 埃塞俄比亚发展研究所	1999	专业型
埃塞俄比亚	Ethiopian Foreign Relations Strategic Studies Institute（EFRSSI）埃塞俄比亚对外关系战略研究所（现用名，原名埃塞俄比亚国际和平与发展研究所）		专业型
埃塞俄比亚	Institute for Peace and Security Studies，Addis Ababa University 亚的斯亚贝巴大学和平与安全研究所	2007	专业型
埃塞俄比亚	United Nations Economic Commission for Africa（UNECA）联合国非洲经济委员会	1958	专业型
加纳	African Center for Economic Transformation 非洲经济转型中心	2008	专业型
坦桑尼亚	REPOA，FKA Research onPoverty Alleviation 坦桑尼亚减贫研究中心	1994	专业型

续表

智库所在国	智库名称	成立时间	智库类型
摩洛哥	Center for Studies and Research in Social Sciences 社会科学教学与科研中心		综合型
突尼斯	Tunisian Institute for Strategic Studies 突尼斯战略研究所	1993	专业型
全非	Afrobarometer 非洲晴雨表	1999	综合型
塞内加尔	Council for the Development of SocialScience Research in Africa 非洲社会科学发展研究理事会	1973	综合型，网络型

资料来源：作者整理。

（一）非洲智库的现状

近年来，非洲智库发展方兴未艾。据中国社会科学评价研究院的数据库，除了政府智库数量增加，民营智库在非洲也迅速崛起。据美国宾夕法尼亚大学研究编写的《全球智库报告 2018》，全球共有智库 8162 家。其中，欧洲智库数量继续稳居第一，共计 2219 家（27.2%），北美洲拥有智库数与去年持平，为 1972 家（24.2%），欧洲和北美洲集聚了全球 51.4% 的智库机构，比例较去年有所下降。与此同时，亚洲、拉丁美洲、非洲、中东以及北非的智库数量及类型仍在不断增长，其中，撒哈拉以南非洲地区拥有智库 612 家（7.5%），北非的智库数量为 72 家（0.9%），整个非洲地区拥有智库 684 家（约 8.4%）①。

1. 非洲智库的分类

从研究领域和议题上划分，非洲智库可分为综合型智库和专业型智库。例如，南非人类科学研究理事会（HSRC）的研究领域涉及人文社会科学的方方面面，是类似于中国社会科学院的综合型研究智库。南非安全研究所（ISS）则专门研究跨国犯罪、移民、海事安全与发展、维和、预防犯罪和刑事司法以及对冲突和治理的分析等安全相关议题；非洲技术研究中心（African Centre for Technology Studies）专门研究非洲能源和技术，均属专业型智库。

① 根据《全球智库报告 2018》中撒哈拉以南非洲，与中东及北非智库的数据计算得出。

此外，非洲还拥有一定数量的区域型、次区域型智库和网络型智库。区域型、网络型智库是非洲独有的特色，这主要是源于泛非主义及非洲区域一体化的影响。在西方殖民者入侵之前，撒哈拉以南非洲的许多地区尚未形成国家。西方入侵使得当代非洲国家的形成最初是以殖民地形式出现的。由于共同的历史遭遇和斗争目标，非洲各族在民族独立和解放运动中对于非洲大陆的认同超过了对殖民地国家的认同。非洲国家独立后，泛非主义积极引导非洲大陆的统一，推动经济一体化进程。[①] 非洲区域一体化是非洲政治家和知识精英长期以来孜孜以求的目标，一方面，非洲五十多个国家国情虽各不相同却面临共同的发展掣肘；另一方面，非洲国家深知单个国家力量有限，唯有发出共同的非洲声音才能提高非洲的国际地位。因此，区域型、次区域型和网络型的智库成为非洲独有的特点。例如，1999 年成立的非洲晴雨表（Afrobarometer）是一家覆盖全非洲 30 多个国家、无党派的民间独立调查研究机构，在非洲 30 多个国家开展民主、治理、经济状况和相关问题的民意调查。肯尼亚智库东非大裂谷研究所（Rift Valley Institute）以苏丹和南苏丹、非洲之角、东非、大湖区域作为研究重点。成立于 1985 年的津巴布韦南部非洲研究和文献中心（SARDC）作为区域知识资源中心，目的是加强区域政策观点，跟进南部非洲一系列问题的执行情况，并在国家和区域两级开展合作。南部非洲研究和文献中心主要由专题研究所组成，侧重于研究区域经济一体化，包括区域经济发展研究所，环境资源研究中心，两性平等性别中心，以及中非研究所等。[②]

2. 非洲智库自主发展意识的提高

随着非洲经济的快速增长，非洲智库自主设置议题、在国际舞台发声的意识进一步提高。其一，为了促进非洲的独立研究，非洲较有影响力的政治家纷纷成立以自己的名字命名的基金会。通过自身的政治影响力推动非洲本土知识的生产，促进非洲与外部的交流，培养非洲青年领

① 舒运国：《非洲经济一体化 50 年》，《西亚非洲》2013 年第 1 期。

② https：//www. sardc. net/en/，2019 年 10 月 12 日访问。

袖，成为非洲智库中的重要力量，也彰显了非洲智库自主性的提升。例如，塔博·姆贝基基金会、多斯桑托斯基金会等。

其二，非洲智库自己出资邀请世界各地的学者参加研讨会。例如2019年9月，摩洛哥智库新南方政策中心出资邀请中国和西方的学者共同讨论“中摩共建一带一路”，改变了以往西方出资举办会议的惯例。

（二）非洲智库的运行特点

目前的研究对非洲智库的运行特点、政策影响机制缺乏系统的梳理。本文将抓住非洲最有特色的运行特点，结合“全球智库综合评价 AMI 指标体系”进行阐述。AMI 指标体系由智库的“吸引力、管理力和影响力”共同组成。

1. 吸引力

非洲国家曾长期面临人才流失（“brain drain”）的挑战，智库更加如此。由于非洲本土智库在人员工资和待遇方面并无太大竞争力，工作人员在经过一段时间培训和锻炼后，个人能力得到提高，常常离开本土智库去国际组织等高薪行业工作。

然而，随着越来越多的非洲政治家意识到智库的重要性并亲身投入智库的建设，智库对有高学历和专业背景的年轻人的吸引力逐渐增强。为了促进非洲的独立研究，非洲较有影响力的政治家纷纷成立以自己的名字命名的基金，通过自身的政治影响力推动非洲本土知识的生产，促进非洲与外部的交流，培养非洲青年领袖。例如，安哥拉在位27年的前总统成立的多斯桑托斯基金会每年自主出资召开国际研讨会，邀请各国学者研讨非洲在21世纪的发展方向和战略。南非前总统成立的塔博·姆贝基基金会以促进“非洲复兴”为己任，除了学术研究，还通过非洲领导力培训项目培养非洲精英青年。曼德拉发展研究所则由曼德拉遗孀格拉萨女士担任董事会主席，是一所秉持泛非主义、面向全非的知名智库，致力于为非洲国家解决政治、经济和社会发展问题提供政策咨询和智力支持，主要关注非洲国家青年事业发展。目前正在推进的项目主要包括非洲青年领导力培训项目、非洲青年学生奖学金项目和青年领袖参加大选和国家治理项目等。

2. 管理力

非洲智库无论规模大小，几乎都注重独立运行，并保持研究部门、管理部门等组织结构的完整性。以非洲技术政策研究网络（ATPS）为例，作为致力于提高非洲科技能力的跨学科网络，在全世界五大洲 51 个国家拥有 1500 多名成员和 3000 多名利益攸关者。网络秘书处设在肯尼亚内罗毕，在 30 个国家设立分会（其中 27 个在非洲，3 个在澳大利亚），通过国家分会的成员执行网络项目。

非洲技术政策研究网络能够管理如此庞大的智库网络，主要在于其战略管理和组织架构能力。理事会定期制定五年发展战略规划，并长期投入、持续跟踪非洲科学和技术研究领域。在组织规范方面，非洲技术政策研究网络部门配置完整，组织严密。网络委员会是决策机构，秘书处是执行机构，秘书处下设各国分会的区域协调委员会，委员会管理各国分会，会员则包括政府官员、研究机构、私营部门、非政府组织等。

另一著名的网络型智库非洲社会科学研究发展理事会（Council for the Development of Social Science Research in Africa，简称 CODESRIA 或非洲社科理事会）被公认为非洲大陆社会科学知识生产的顶级学术智库，其能够在欧美主导的世界知识生产体系中成为非洲本土知识生产的阵地，成功的主要原因在于完善的管理制度。非洲社科理事会成立于 1973 年，总部设在达喀尔，是独立的泛非研究组织。非洲社科理事会作为智库的主要贡献是推动和促进对学术和政策皆有影响力的非洲社会科学研究，但不直接参与研究本身。非洲社科理事会在欧美主导的世界知识生产体系中能够成为非洲本土知识生产的阵地实属不易，其成功的部分原因在于完善的管理制度。非洲社科理事会最重要的机构设置是全体大会和执行委员会。全体大会是非洲社科理事会的最高决策机构。全体大会围绕某个科学主题每三年召开一次，在非洲国家轮流举行。大会期间进行的讨论构成了制定非洲社科理事会知识议程的核心。在三年一度的会议上，大会选举执行委员会主席、副主席和成员，并核准执行委员会建议的科学委员会的组成。该组织的所有成员均可参加大会，但只有已经缴纳会

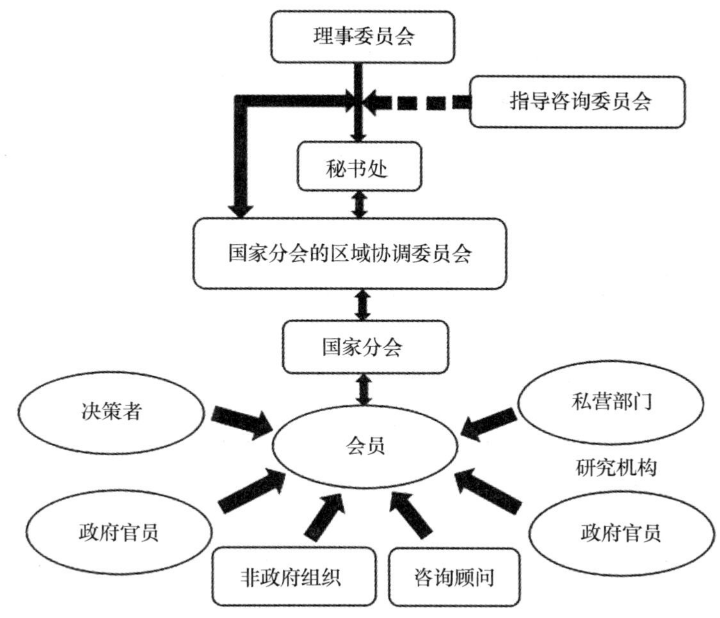

图4　非洲技术政策研究网络（ATPS）的组织结构

资料来源：非洲技术政策研究网络（ATPS）官网介绍。

费的机构和个人成员才有权投票。执行委员会是仅次于全体大会的管理机构。它负责通过监督理事会的总体活动、工作计划和预算以及国际工作人员的参与，确保实现理事会的目标。执委会由大会选举产生，共十名成员，分别来自非洲大陆五个次区域，即南部非洲、中部非洲、东非、北非和西非的代表，名额分配须保证各次区域的平等地位。执委会对全体大会负责，由主席主持。执行委员会每年举行两至三次会议，审查理事会的预算、工作计划及活动。所选的主席和执行理事兼顾个人学术、领导能力和非洲各次区域的平衡。

3. 影响力

非洲智库打造政策影响力、学术影响力、社会影响力、国际影响力主要通过以下途径。

（1）举办国际会议，打造品牌效应。塔纳非洲安全问题高级别论坛（Tana Forum）是非洲每年一度的高级别会议，非洲领导人和利益攸关方汇聚一堂，共同探讨非洲领导的安全解决办法。埃塞俄比亚的斯亚贝巴大学和平与安全研究所（Institute for Peace and Security Studies/IPSS，Addis Ababa University）虽只是附属大学的智库，但作为塔纳论坛的秘书处全程参与论坛的举办。由和平与安全研究所作为主办方赋予了塔纳论坛二轨外交的特色。论坛在非洲独有的猴面包树下举行会议，为小组讨论、会场的互动和双边会谈提供了非正式空间，成为非洲国家元首和政府首脑正式会议的有效补充。

从座位安排到着装守则，智库作为主办方的二轨特色使得参会者能够真正触及问题的核心。论坛主席、尼日利亚前总统奥卢塞贡·奥巴桑乔在论坛开始时脱下 boubou（非洲人作为男士正装的宽大长袍），向与会者表示“解下领带，卷起袖子”的姿态为世人所熟知。

（2）积极参与全球议题讨论和设置，提高非洲智库的世界影响力。2017 年，德国担任 G20 轮值主席国期间，继续中国将非洲作为 G20 重要议题的做法，并发起了非洲 T20 会议。南非国际事务研究所成为由 G20 国家和非洲国家智库组成的 T20 非洲常设小组的联合主席。2018 年，阿根廷担任 20 国集团主席国期间，南非国际事务研究所作为常设小组成员提交了政策简报，并向 20 国集团首脑会议提交建议。南非国际事务研究所还是全球经济治理非洲项目（Global Economic Governance Africa Project）的成员之一，该项目已就电子商务、基础设施融资、税收以及 G20 与非洲等相关议题进行了一系列研究。

值得指出的是，尽管存在颇具影响力的非洲智库，但大部分非洲智库缺乏政策影响力、社会影响力和国际影响力，其主要原因是非洲国家政府并没有真正重视智库在决策过程和社会发展中的作用，未给予经济和政策方面的支持。

（三）非洲智库面临的挑战

非洲智库峰会自首届于 2014 年在南非比勒陀利亚召开以来，至今共举办六届，峰会的创立既凸显了智库在非洲日益重要的作用，也是对智库面临的挑战的回应。非洲智库的可持续性、非洲智库对非洲发展的作用一直是峰会专注的重点（参见表16）。2014年2月3日，首届非洲智库峰会在南非举行，主题为“智库与非洲转型”，峰会执行秘书 Frannie Leautier 博士报告说，30%的非洲智库可能会关闭或陷入严重危机。

表16　　历届非洲智库峰会

峰会届数	召开时间	召开地点	主办方	峰会主题
第一届	2014	南非比勒陀利亚	非洲能力建设基金会（ACBF），伦敦大学国王学院非洲领导力中心，德国艾伯特基金会，德国阿登纳基金会，宾夕法尼亚大学，安全研究所（ISS）	智库与非洲转型
第二届	2015	埃塞俄比亚的斯亚贝巴	非洲能力建设基金会，宾夕法尼亚大学，联合国非经委	智库的崛起：实际问题的实际解决方案
第三届	2016	津巴布韦	非洲能力建设基金会（ACBF）	为非洲智库创造可持续的未来，以支持联合国可持续发展目标和非洲2063年议程
第四届	2017	美国华盛顿	布鲁金斯学会，威尔逊中心，巴西瓦加斯基金会，美国卡内基基金会，宾夕法尼亚大学	适应未来：提高非洲智库的能力、质量和可持续性
第五届	2018	摩洛哥	宾夕法尼亚大学，摩洛哥国际合作机构（AMCI），亚洲开发银行	深化专业知识，加强可持续性：非洲思想库面临的当代挑战
第六届	2019	肯尼亚	肯尼亚公共政策研究与分析研究所（KIPPRA）	应对非洲实现可持续发展目标面临的执行力挑战

资料来源：作者整理。

1. 非洲智库的区域分布不平衡

作为非洲知识生产的中心，南非拥有92家智库，是非洲拥有智库最多、研究实力最强的国家。南非最著名的智库包括南非国际事务研究所（South African Institute of International Affairs）、南非安全问题研究所（Institute for Security Studies）、南非自由市场基金会（Free Market Foundation），以及非洲建设性解决争端研究中心（African Center for the Constructive Resolution of Disputes）等。南非是20国集团和金砖国家中唯一的非洲国家，南非智库不但数量最多，影响力也最大，议题最为多元。

非洲其他大国拥有智库的数量分别为：肯尼亚56家，尼日利亚51家，埃及39家（仍是北非国家中拥有智库数量最多的国家，但较2017年的52家下降较多），加纳38家，乌干达32家，津巴布韦和埃塞俄比亚各26家，喀麦隆22家。智库在非洲各国的分布基本与非洲国家的经济体量和战略地位一致，非洲小国的智库力量较为薄弱。由于财力、人力的限制，非洲智库大多仅设总部在本国首都，很少有实力在其他国家设立分部或代表处。

2. 西方资金对非洲智库影响巨大

非洲智库面临的最大挑战是资金来源的不稳定性及对西方援助的依赖性。目前，非洲智库的财政来源主要依靠国际援助，以安全领域的非洲智库为例，80%的资金来源于欧洲①。以泛非智库非洲晴雨表为例，当前第七轮的财政资助来自：瑞典国际开发合作署（Swedish International Development Cooperation Agency，SIDA）、易·卜拉欣基金会、比尔及梅林达·盖茨基金会、威廉和弗洛拉·休利特基金会、美国国务院、美国国家民主捐赠基金（National Endowment for Democracy）和透明国际（Transparency International）。前几个回合的资助者包括英国国际发展部（UK department for international development，DFID）、莫·易卜拉欣基金会、瑞

① James G. McGann，2018 Africa Think Tank Summit Report：Deepening Expertise and Enhancing Sustainability：Insights into Contemporary Challenges Facing African Think Tanks，https：//repository. upenn. edu/ttcsp_summitreports/23/，2019年8月18日访问。

典国际开发合作署、美国国际开发署（U. S. Agency for International Development，USAID）、世界银行、比尔及梅林达·盖茨基金会、杜克大学中国研究中心、透明国际、安全研究所、丹麦外交部、丹麦国际开发署和加拿大国际开发署。

南非国际事务研究所的资金援助几乎全部来自国际援助，主要包括三种资助形式：对机构的援助、项目援助（一般为长期项目）、更为灵活的委托研究（一般为短期项目）；其最主要的三大援助机构是德国阿登纳基金会、丹麦外交部和瑞典国际开发合作署。

首先，西方对援助的形式、作用、路径进一步反思，人道主义援助成为未来对非援助的重点；其次，西方对非洲智库的援助大多采用项目援助、而不是预算援助的形式，这导致非洲智库的架构和人力资源建设都很薄弱。以项目制聘用的智库研究人员在项目结束后离开智库，造成智库人员流失，研究缺乏传承，“有库无智”的现象进一步加剧。

3. 西方思想对非洲智库影响巨大

随着大国在非洲的竞争日益激烈，非洲在世界相对边缘的地位似乎得到改善，而非洲研究也日益受到重视。但遗憾的是，非洲本土尚未成为非洲知识生产和传播的中心，非洲学者在非洲知识的生产体系中仍处于边缘和依赖地位。[①] 西方在非洲长期的殖民主义统治、对非洲人才的培养和价值观渗透、西方媒体和话语权在非洲的强势地位、西方对非洲的研究广度和深度都直接影响到了非洲智库的思想。

加纳智库非洲经济转型中心早在2009年就发表“向东看”的研究报告，但近十年来西方思想仍对非洲智库影响巨大，这体现在：其一，西方学者直接在非洲智库工作或担任领导职务。例如南非斯坦陵布什大学中国研究中心的负责人是欧洲人，特别是在2016年中心领导更替后其中国研究大多引用西方观点，并中断与中国协议合作方的学者互访协议。英国伦敦政治经济大学的知名教授克里斯·奥尔登（Chris Alden）同时兼

① 周瑾艳：《多视角观察非洲知识生产与发展》，《中国社会科学报》2019年1月21日第7版。

任南非国际事务研究所的研究员。

其二，一些在欧美留学的非洲知识精英毕业后留在欧美的大学和研究机构从事与非洲问题相关的教学和研究工作，进一步推动西方与非洲思想界的深入联系。①

对外部资金的依赖进一步影响了非洲智库的公信力。援助造成非洲的经济依赖性，西方的思想霸权则令非洲失去政策空间和自主权。从自由主义的结构改造方案到通过良治改善营商和投资环境，非洲一直迷失在西方开具的药方中。非洲政策的制定几乎全是在非洲大陆之外完成的，缺失非洲本土思想对发展道路的引领。在经济发展和工业化的思想市场里，占据主导地位的是位于华盛顿和巴黎的政治家和学者，非洲国家没有能够坚持独立思考和分析，也未能坚持从自身的国情出发制定工业化战略②。

除了资金可持续性的挑战，非洲智库还面临着能力建设和专业性方面的挑战，对农业、气候、基础设施等非洲重点发展的行业缺乏真正深入的专业研究。此外，大部分非洲智库主要关注本国和本区域的议题，对国际议题关注不够。

二　非洲智库的中国研究与中非智库交流

习近平总书记指出，“要发挥智库作用，建设好智库联盟和合作网络”。2019 年 4 月，第二届“一带一路”国际合作高峰论坛“智库交流”分论坛举行。来自 60 多个国家和地区的 300 多名智库、媒体代表，围绕“共享人类智慧，共促全球发展”的主题深入交流，达成共识。

在非洲，中国不但作为战略合作伙伴修建了大量基础设施建设，也致力于通过资金和能力培训助力非洲智库建设，促进非洲智库为现实问

① 贺文萍：《中国在非洲的软实力建设：问题与出路》，载张宏明主编：《非洲发展报告（2015）——中国在非洲的软实力与中国在非洲面临的新问题》，社会科学文献出版社 2015 年版。

② 周瑾艳：《中国方案与非洲工业化道路的新可能》，《文化纵横》2019 年第 1 期。

题提供政策咨询；为政府、企业和民间搭建桥梁，与国际同行交流；为全球问题贡献本土方案。中非智库交流致力于“一带一路”与非洲各国发展战略的对接，构建中非命运共同体。

（一）中非智库论坛与非洲智库发展

中非智库论坛是中非合作论坛框架下的中非民间对话的固定机制，每年在中国和非洲各举行一次。它以“民间为主、政府参与、坦诚对话、凝聚共识”为宗旨，每届论坛邀请国内政府部门、主要涉非非政府机构、学术单位、高校、企业和非洲国家相关组织、机构等参会，以此促进中非学者交流对话和对非研究、增进中非人民相互了解、扩大中非思想界的共识，服务中国企业走向非洲和非洲企业走进中国。①

中非智库论坛以中非共同关切的议题推动中非发展经验和治国理政经验的交流。例如，2018 年的会议以“改革开放和中非关系”为主题，高度契合中非自主探索发展道路的现实需要，希望通过非洲智库领袖的舆论引导力和社会影响力促进非洲和世界各国了解中国、了解中国共产党、了解中国的改革开放。2019 年的中非智库论坛以“全面落实中非合作论坛北京峰会成果”为主题，下设三个分议题：（1）携手构建更加紧密的中非命运共同体；（2）共建“一带一路”与非盟《2063 议程》紧密对接；（3）中非智库媒体交流合作与中非话语权建设。

表 17　　中非智库论坛（2011—2019 年）

	时间	地点	主办方	主题
第一届	2011	杭州	浙江师范大学	
第二届	2012	埃塞俄比亚的斯亚贝巴	浙江师范大学非洲研究院和埃塞俄比亚的斯亚贝巴大学和平与安全研究所联合主办	新形势下中非如何维护与拓展共同利益

① 《中非智库论坛第一届会议在杭隆重开幕》，https：//www. fmprc. gov. cn/zflt/chn/xsjl/zfl-hyjjljh/t873978. htm，2019 年 8 月 23 日访问。

续表

	时间	地点	主办方	主题
第三届	2013	北京	中非合作论坛中方后续行动委员会指导、浙江师范大学主办	中非智库 10 + 10 合作伙伴计划启动
第四届	2015	南非比勒陀利亚	浙江师范大学、南非外交部、南非马蓬古布韦战略反思研究所共同主办	非洲 2063 愿景下的发展新趋势
第五届	2016	浙江义乌	浙江师范大学、义乌市人民政府共同主办	中非产能合作与非洲工业化
第六届	2017	埃塞俄比亚的斯亚贝巴	浙江师范大学非洲研究院和非盟领导力学院共同举办	中非减贫发展高端对话会
第七届	2018	北京	中非合作论坛中方后续行动委员会秘书处主办，浙江师范大学非洲研究院、国务院参事室国际战略研究中心联合承办	改革开放和中非关系
第八届	2019 年 8 月	北京	中非合作论坛中方后续行动委员会秘书处主办，浙江师范大学非洲研究院承办，中国非洲研究院、中国国际问题研究院协办	全面落实中非合作论坛北京峰会成果

资料来源：作者整理。

（二）中非联合研究交流计划与非洲智库发展

2010 年，“中非联合研究交流计划”和“中非智库 10 + 10 合作伙伴计划”正式启动。该计划是中非合作论坛第四届部长级会议上宣布的对非合作新八项举措之一，是巩固中非友好民意基础、深化中非新型战略伙伴关系的重要措施。具体支持中非学者和智库进行互访讲学、专题调研、开展国际学术研讨会、出版联合研究成果等交流形式，目的是从战略高度谋划中非关系发展大计，探索中非互利合作的途径，促进中非人文的广泛交流，推动国际社会增加对非洲的关注和支持。

中非联合研究交流计划的 10 家中方智库单位分别为中国社会科学院

西亚非洲研究所、北京大学非洲研究中心、外交学院非洲研究中心、浙江师范大学非洲研究院、中国国际问题研究院、中国现代国际关系研究院、中央党校国际战略研究院、上海国际问题研究院、上海师范大学非洲研究中心、云南大学非洲研究中心。非方的智库单位包括塞内加尔非洲社会科学研究发展理事会、尼日利亚国际事务研究所、南非国际问题研究所、南非斯坦陵布什大学中国研究中心、喀麦隆国际关系研究所、摩洛哥穆罕默德五世大学非洲研究所、埃塞俄比亚的斯亚贝巴大学和平与安全研究所、肯尼亚非洲经济研究所等。

2019 年 3 月，中非联合研究交流计划指导委员会在外交部举行扩大会议，会议指出，应深化对国别、区域和专题问题研究，加强对非公共外交和治国理政经验交流，加强政府部门和学术机构交流互动，促进非方更加积极参与中非智库交流合作，为推动落实论坛北京峰会成果、推动新形势下中非关系更大发展发挥积极作用。

需要指出的是，“中非联合研究交流计划”和“中非智库 10 + 10 合作伙伴计划”实施以来，非洲智库对中国研究偏弱的状况并没有得到实质改变。设有中国研究中心的非洲智库数量较少。非洲智库中很少有设立中国研究中心的（参见表 18），由中国、非洲单独或联合设立的更少，这导致非洲对中国缺乏了解，易受西方媒体和学者对中国的不实批评影响。

表 18　　设有中国/中非研究中心的非洲智库

国别	智库名称	智库负责人	智库成立时间	中非项目/中心成立时间	中非项目资助方
南非	南非国际事务研究所 South African Institute of International Affairs	伊丽莎白·西迪罗普洛斯（Elizabeth Sidiropoulos）	1934	2009	瑞典国际发展署（SIDA）
南非	斯泰伦博希大学中国问题研究中心 Center for Chinese Studies, Stellenbosch University	罗斯·安东尼 Ross Anthony	2004	2004	

续表

国别	智库名称	智库负责人	智库成立时间	中非项目/中心成立时间	中非项目资助方
南非	约堡大学非洲—中国研究中心	David Monyae 戴维·蒙亚埃（外方主任）	2018	2018	依托约堡大学孔子学院
肯尼亚	非洲政策研究所 Africa Policy Institute	彼得·卡万加 Peter Kagwanja	2007	2013	
肯尼亚	中非卓越基金会 Sino Africa Centre of Excellence（SACE）Foundation	Isaac Kwaku Fokuo	2013	2013	
津巴布韦	津巴布韦南部非洲研究和文献中心南部非洲中非关系研究所 Institute for China Africa Studiesin Southern Africa，SARDC		1985	2007	
尼日利亚	尼日利亚中国问题研究中心 Center for China Studies	Charles Onunaiju			
尼日利亚	拉各斯大学中尼发展研究院 University of Lagos Nigeria-China Development Studies	费米·塞布 Prof. Femi Saibu	2018	2018	依托拉各斯大学

资料来源：作者整理。

（三）中非人文交流与非洲智库发展

2018 年 9 月，中非合作论坛北京峰会暨第七届部长级会议在北京成功召开。习近平主席宣布，中国将同非洲共同实施产业促进、设施联通、贸易便利、绿色发展、能力建设、健康卫生、人文交流、和平安全“八大行动”。

实施人文交流行动是八大行动之一，中国决定设立中国非洲研究院，同非方深化文明互鉴；打造中非联合研究交流计划增强版；实施 50 个文体旅游项目；支持非洲国家加入丝绸之路国际剧院、博物馆、艺术节等联盟；打造中非媒体合作网络；继续推动中非互设文化中心；支持非洲符合条件的教育机构申办孔子学院；支持更多非洲国家成为中国公民组团出境旅游目的地。[①]

设立研究机构，加强中非智库交流是人文交流行动的重要举措。2019 年 4 月，"中国非洲研究院"成立，同非方开展人文和社会科学、发展经验等领域交流，就中国改革开放四十年、发展中国家发展道路、中非共建"一带一路"等前沿课题进行深度研究，定期举办研讨会、发表学术报告、开展学者互访，与非方共同创办《中国—非洲学刊》等研究期刊，未来三年资助 50 项中非共同专题研究项目。[②] 鼓励非洲专家智库开展中国问题研究，继续打造"中非智库论坛"品牌，构建中非智库合作网络，加强中非联合调研和学术交流机制。

三 非洲智库对"一带一路"的看法

与欧美智库对"一带一路"多持怀疑态度，并发布中国在非洲修建"白象工程"，造成"债务陷阱"等不实言论不同，非洲智库对"一带一路"的看法更加积极，认为中国为非洲带来新的发展机遇，更注重对"一带一路"具体项目的期待。非洲对"一带一路"的关注主要集中于以下方面。

（一）非洲在"一带一路"中的地位

南非国际事务研究所的研究认为，尽管非洲最初在"一带一路"中处于边缘地位，但该计划对非洲大陆与中国的关系变得越来越重要[③]。中

① 《中非合作论坛北京峰会"八大行动"内容解读》，http：//www. mofcom. gov. cn/article/ae/ai/201809/20180902788421. shtml，2019 年 8 月 23 日访问。

② 同上。

③ Cobus van Staden，Chiris Alden & Yu-Shan Wu，In the driver's seat? African agency and Chinese power"，https：//saiia. org. za/download/in – the – drivers – seat – african – agency – and – chinese – power/，2019 年 8 月 18 日访问。

非合作在许多方面预示着“一带一路”的发展[①]。

尼日利亚中国问题研究中心主任查尔斯·奥努纳伊朱认为，作为一个由广泛磋商推动，并且将由大家共同分享有益成果的国际合作框架，许多非洲国家已经成为“一带一路”倡议的合作伙伴[②]。他认为非洲在“一带一路”倡议的陆上和海上部分都具有重要地位。在陆上建设方面，中国企业通过优惠的资金支持，在埃塞俄比亚修建了亚的斯亚贝巴—吉布提铁路（非洲第一条电气化铁路），在肯尼亚修建了蒙巴萨—内罗毕铁路，在尼日利亚修建了阿布贾—卡杜纳铁路，在安哥拉修建了本格拉铁路。非洲在“一带一路”倡议的海上基础设施方面也占有显著地位，到目前为止中国公司已经建造了坦桑尼亚巴加莫约港，肯尼亚蒙巴萨港19号泊位和拉姆港三个泊位，刚果共和国的新的黑角港，尼日利亚莱基深海港，喀麦隆克里比深海港和马达加斯加塔马塔夫港。在该战略框架内，阿尔及利亚舍尔沙勒港已经建成并正在运营，而安哥拉的罗安达港正在建设之中。查尔斯认为，这些港口的显著特征是连接主要道路或位于工业园附近，从而对非洲沿海地区的经济发展具有重大影响。

（二）“一带一路”倡议如何改变非洲在世界体系的地位

喀麦隆雅温得大学哲学教授、非洲社科理事会（CODESRIA）前副主席恩克鲁·傅（Nkolo Foe）认为“一带一路”倡议在非洲与世界其他地区的关系史上是史无前例的。“西方强加的结构调整方案已经导致非洲遭受了大规模的强制去工业化……值得注意的是，中非战略伙伴关系与世界银行和国际货币基金组织的紧缩计划形成鲜明对比，并回到了世界银行制定的拉各斯行动计划的核心要求，即促进‘经济和社会领域的国家

① Cobus van Staden, China's Belt and Road Plan: How Will it Affect Africa? https: //saiia. org. za/research/chinas - belt - and - road - plan - how - will - it - affect - africa/, 2019年8月18日访问。

② Charles Onunaiju, Africa and China's Belt and Road Strategy, https: //thenationonlineng. net/africa - and - chinas - belt - and - road - strategy/, 2019年8月18日访问。

和集体自给自足'，目标是'建立新的国际经济秩序'"①。

查尔斯·奥努纳伊朱认为"一带一路"通过中国企业和其他国家一道，为提升合作国的形象做出了贡献。中国为非洲所做的最好的事情是提升了发达国家之间在非洲大陆的竞争。中国重新燃起了人们对"非洲崛起"叙事的兴趣。美国最近出资600亿美元启动的国际开发金融公司（International Development Finance Corporation，简称IDFC），日本对非洲开发会议（Tokyo International Conference of African Development，简称TI-CAD）的重新重视，欧盟的"大陆对大陆"倡议只是其中几个例子②。

（三）"一带一路"与非洲发展战略的对接

查尔斯·奥努纳伊朱认为，"一带一路"助益非洲发展和参与国际体系："一带一路"倡议将与非洲实现全面可持续增长的战略轨迹相关的所有重大问题，置于显要位置。作为国际合作的新框架和全面的全球治理进程，"一带一路"倡议满足了非洲国家克服旧的两极国际体系偏见，同时参与新兴的国际关系多极体系的努力和需要③。

南非智库认为，非洲认为"一带一路"倡议推动的基础设施建设与非洲自身的发展路径非常契合。南非约翰内斯堡大学非洲—中国研究中心的大卫·蒙耶和伊曼纽尔·马滕博认为，"非洲领导人在制定非洲发展新伙伴关系和非洲联盟《2063年议程》时已经意识到南部非洲运输网的核心作用。2013年，中国国家主席习近平在哈萨克斯坦发表了具有里程碑意义的'一带一路'讲话，非洲对此表示真心欢迎。非洲人意识到，'一带一路'完美地契合了自己对非洲大陆发展道路的看法。"南非的两

---

① La coopération《 ne s'est jamais écartée de ces principes fondateurs》，https：//www.chine-magazine.com/la-cooperation-ne-sest-jamais-ecartee-de-ces-principes-fondateurs/，2019年8月18日访问。

② Walter Ruigu，8 Things Critics of China's Belt & Road Initiative are Not Telling You，https：//www.linkedin.com/pulse/8-things-critics-chinas-belt-road-initiative-telling-you-ruigu-%E4%BB%BB%E5%8D%8E%E5%BE%B7-/，2019年8月18日访问。

③ Charles Onunaiju，Africa and China's Belt and Road Strategy，https：//thenationonlineng.net/africa-and-chinas-belt-and-road-strategy/，2019年8月18日访问。

位学者认为，非洲大陆对发展的渴求需要对全球贸易路线进行全面重新配置，以克服主要由西方设计的贸易路线的瓶颈。非洲在寻求与西方现有的贸易伙伴关系之外的东方非传统市场。这就是为什么非洲接受“一带一路”的原因，因为它契合了非洲在发展中扩大贸易路线的范围、规模和方向以及战略合作伙伴的需求①。

尼日利亚国际事务研究所的研究人员恩奋·恩卡姆·武尼（Efern Nkam Uni）指出，非洲应关注如何能够从“一带一路”中获益。基础设施建设和工业化是“一带一路”倡议最纯粹的两大承诺。“非洲应最大限度地利用‘一带一路’的投资机会建设基础设施和发展非洲大陆长期缺乏的工业能力。”武尼指出，为了最大限度地从中非合作中获益，非洲国家需要克服一些长期因素：首先是治理，非洲国家需要好的领导，政治意愿，政治延续性和政府项目连续性；其次，非洲应敦促中国信守承诺，尤其是中非合作论坛中的产能合作，非洲应尽力从中受益；最后，非洲应该能够获得中国在2018年中非合作论坛北京峰会上承诺的600亿美元的支持，以增加非洲大陆的发展资源。武尼认为关键在于非洲受益国应首先制定国家发展计划，有系统地确定投资领域，以扩大投资对发展的影响②。

（四）中国发展经验对非洲的启示

南非国际事务研究所学者劳伦·约翰斯顿（Lauren A Johnston）和罗伯特·厄利（Robert Earley）认为，非洲既要从中国的错误（能源和污染密集型产业发展）中吸取教训，又要找到可持续发展的新思路，以复制中国的发展成就。约翰斯顿和厄利认为中国在发展初期通过大量使用低成本劳动力来最大限度地利用其人口红利。在非洲，中国则通过改善基础设施的污染治理来帮助非洲直接跃入更清洁的解决方案，包括采用对

① David Monyae and Emmanuel Matambo, Meaning of the Belt and Road Initiative: a South African viewpoint , *People's Daily*, February 20, 2019.

② Efem Nkam Ubi, “How Africa Can Benefit from China's Belt and Road Initiative”, *Financial Nigeria Magazine*, June 18, 2019.

环境友好的运输基础设施，例如在较大的经济中心周围进行长途运输、绿化港口基础设施，以及在私人车辆占主导地位之前在城市地区先发制人地发展公共交通。通过积极借鉴中国的发展经验，非洲可以提高自身发展进程的效率，减少对环境的破坏①。

（五）非洲对“一带一路”的疑虑的回应

目前对“一带一路”的批评主要来自美国，其警告非洲等发展中国家，从中国借贷过多会有风险。认为中国通过向经济脆弱的国家发放贷款以施加政治影响力和更广泛的控制。从宏观和长远的角度来看，同合作国或合作方的分歧并不是中国落实“一带一路”倡议最大的挑战。最难面对和处理的主要是西方对“一带一路”的缺乏经验证据的“概念性”批评和恐华舆论②。

尽管对中国在非洲的具体个案项目仍有不同看法，但总体而言，“新殖民主义”“债务负担”“白象工程”等西方设置的话语陷阱在非洲智库中并无市场。

尼日利亚国际事务研究所的研究人员武尼认为指责中国令非洲陷入“债务陷阱”并不合理，因为非洲向西方借贷的资金超过中国，并且非洲需要基建和工业化，不借助外部资金和技术援助，仅仅靠非洲自身无法实现。因此非洲不应让“中国怀疑论”破坏其与中国的投资合作③。

南非国际事务研究所认为“中国制造债务陷阱”的说法忽视了非洲政府的能动性。尽管美国指责中国通过掠夺性贷款利用“一带一路”扩大实力，但全球众多南方国家认为，这是一个历史性机遇。发展中国家

---

① Lauren A. Johnston and Robert Earley, “Can Africa Build Greener Infrastructure While Speeding Up Its Development? Lessons from China?”, https://saiia.org.za/research/can-africa-build-greener-infrastructure-while-speeding-up-its-development-lessons-from-china/，2019 年 8 月 18 日访问。

② 郑永年、刘伯健：《“一带一路”作为国际公共产品的发展议程》，http://www.cdrf.org.cn/jjh/pdf/yidaiyilu.pdf，2019 年 8 月 18 日访问。

③ Efem Nkam Ubi, How Africa Can Benefit from China's Belt and Road Initiative, *Financial Nigeria Magazine*, June 18, 2019.

可以参与到马歇尔计划以来全球规模最大的基础设施建设中。“该计划将耗资超过 1 万亿美元，并将极大地影响未来的全球秩序。中国政府将其视为迈向全球领导地位的重要一步，许多非洲国家的政府都渴望抓住机遇”①。

（六）部分非洲国家对“一带一路”态度模糊

毛里塔尼亚中国文化交流中心的亚尔巴·卡拉赤博士认为，毛塔对“一带一路”的态度模糊不清，这体现为：毛塔融入“一带一路”朋友圈较晚，毛塔未派任何官员参加第二届“一带一路”国际合作高峰论坛，毛塔截至今天未加入亚投行，而周围国家阿尔及利亚、摩洛哥、突尼斯、科特迪瓦甚至正在动荡的利比亚都加入了亚投行，毛塔至今未拟定与“一带一路”对接的本国愿景。②

尽管非洲是“一带一路”的先行先试，但与欧美智库相比，非洲智库对“一带一路”的研究仍然不多，非洲尚未成立专门研究“一带一路”的智库。主要原因是由于殖民历史的影响，非洲部分精英深受西方思想影响，一些非洲智库的议题设置也很难跳出西方思维框架。

四 结语及政策建议

目前中非合作已从以基础设施建设为主导的经济、外交合作发展到当前经济合作、社会发展合作、人文交流等软硬件合作齐头并进的阶段，非洲不仅在援助、贸易、投资上“向东看”，更在发展经验、治国理念和道路上“向东看”③。习近平总书记强调，“一带一路”建设中要“智力

---

① China's Belt and Road plan: How Will It Affect Africa?, https://saiia.org.za/research/chinas-belt-and-road-plan-how-will-it-affect-africa/，2019 年 8 月 18 日访问。

② 参见第八届中非智库论坛第二分议题会议综述，2019 年 8 月 26—27 日。

③ 周瑾艳：《非洲智库对新时代中国方案的认知及其对中非治国理政经验交流的启示》，《国外社会科学》2018 年第 5 期。

先行，强化智库的支撑引领作用”。[①] 非洲智库作为非洲政府和民众的桥梁可在中非治国理政经验交流中发挥重要作用，中国应在中非合作论坛的框架下加强中非人文交流，打造中非联合研究交流计划增强版，巩固中非智库论坛机制建设，并通过新成立的非洲研究院加强对非洲智库的资金和智力支持。

目前，中国的软实力建设不仅面临来自“西方批评”和“非洲担忧”的双重舆情挑战，而且还面临中国与非洲之间的相互了解和沟通严重不足以及在非洲难以听到“中国声音”等障碍[②]。在“一带一路”的建设中，中非智库应加强经济发展经验和治国理政经验交流，其关键在于推动非洲智库的机制和能力建设，提高非洲智库在非洲和全世界的学术和政策影响力。

（一）推动非洲智库的机制建设

中非智库交流不应仅限于召开大会，而应给非洲智库建设提供一定的物质和资金支持，用于购买办公室设备，支持人力资源建设。中国对非洲的无偿援助中可设立专款专用于支持非洲智库建设，在非洲智库内设立中国研究中心或中国研究项目。

鼓励中国在非企业资助非洲智库，开展行业研究，这也有助于中资企业更好地了解当地的局势，履行企业社会责任。非洲智库有接受私人基金和企业资助的惯例，例如南非国际事务研究所的“发展有效性项目”的资助方包括英美董事基金（Anglo American Chairman's Fund）、英美铝业公司（Anglo Platinum）。

---

① 《“一带一路”，中国智库“动”起来》，http：//www. gov. cn/xinwen/2019 - 03/29/content_5377949. htm，2018 年 8 月 23 日访问。

② 贺文萍：《中国在非洲的软实力建设：问题与出路》，载张宏明主编《非洲发展报告（2015）——中国在非洲的软实力与中国在非洲面临的新问题》，社会科学文献出版社 2015 年版。

（二）推动非洲智库的能力建设

1. 招聘非洲学者在中国非洲研究机构工作，具体的形式可包括长期聘用常驻非洲学者，设立非洲访问学者计划、招聘非洲实习生等方式。

2. 针对中非关系中的热点、敏感点、难点问题（如债务问题）进行联合研究。

3. 资助非洲智库的学术研究和出版发行。中国非洲研究机构的中非联合研究交流计划的经费开支应更灵活，允许非洲学者利用经费进行研究和出版，允许中方学者在非洲当地支付非洲顾问、项目助理和当地陪同人员的费用。

4. 在中国非洲研究机构设立“非洲智库青年学者培训班”，公开招募对中国和中非研究感兴趣的非洲智库青年学者，全额资助差旅和住宿。通过在中国一到三个月的培训班，向非洲青年学者讲授中国经验，交流共同感兴趣的研究课题，鼓励中非学者设立共同的研究课题，在培训结束后继续支持研究课题。每年举办一届这样的培训班，建立非洲智库青年学者数据库，定期邀请培训班校友来中国交流。

5. 邀请非洲智库学者来中国进行实地调研。提供资金和政策保障，支持非洲智库学者到中国的地方政府、企业开展田野调研，了解中国的发展经验，中国与世界互动学习的经验。

（三）加强非洲学者的学术和政策影响力

1. 支持中非智库联合举办研讨会，支持非洲学者在研讨会上展示自己的学术成果。

2. 资助非洲学者在非洲各地演讲和出版，提高在非洲当地的学术和政策影响力。

3. 通过传统媒体和自媒体传播非洲智库的研究成果。中非学者可在非洲主流媒体联合撰写中非关系的专栏，不但要对“债务陷阱”“白象工程”等针对中国的不实言论进行解释，也要主动出击，主动展示中非共同研究的成果。

4. 建立非洲智库数据库，系统梳理非洲智库的类型、运行特点及其有影响力的智库学者。

（中国社会科学院西亚非洲研究所 周瑾艳）

参考文献

［1］贺文萍：《中国在非洲的软实力建设：问题与出路》，载张宏明主编：《非洲发展报告（2015）——中国在非洲的软实力与中国在非洲面临的新问题》，社会科学文献出版社 2015 年版。

［2］王珩：《非洲智库影响力提升》，《中国社会科学报》2015 年 2 月 11 日第 B03 版。

［3］郑永年、刘伯健：《“一带一路”作为国际公共产品的发展议程》，http：//www. cdrf. org. cn/jjh/pdf/yidaiyilu. pdf，2019 年 8 月 18 日访问。

［4］周瑾艳：《多视角观察非洲知识生产与发展》，《中国社会科学报》2019 年 1 月 21 日第 7 版。

［5］周瑾艳：《非洲智库对新时代中国方案的认知及其对中非治国理政经验交流的启示》，《国外社会科学》2018 年第 5 期。

［6］周瑾艳：《中国方案与非洲工业化道路的新可能》，《文化纵横》2019 年第 1 期。